PRÉSENTATION

par

Mireille Calle-Gruber

Que Michel Butor signe, depuis près de quarante années, une oeuvre "en expansion infinie", ainsi qu'il fut dit à plusieurs reprises lors de ces rencontres, voilà qui complique singulièrement la tâche de ses lecteurs et exégètes. Lesquels se trouvent souvent conduits à lotir et découper la masse insaisissable de ses textes: qui se consacrant au "nouveau romancier", qui au prosateur poète; qui au librettiste d'opéra et qui à l'essayiste; qui suivant, fasciné, le rêveur éveillé, alchimiste, magicien, et qui l'artisan des mots ami des pâtes du peintre et du pétrissement des sculpteurs.

En choisissant d'interroger "la création selon Michel Butor", le colloque qui réunit à Queen's University, du 4 au 6 octobre 1990, des spécialistes de son oeuvre mais aussi des critiques opérant sur des terrains d'affinité, ce colloque avait l'ambition d'interroger une oeuvre. *Et sans doute est-ce là une des premières tentatives de considérer la production butorienne dans* sa dynamique*: c'est-à-dire selon les forces qui la traversent et en réélaborent le constant devenir. Il s'agissait en somme de mesurer sur pièces ce que Michel Butor me disait lors d'un entretien récent: "J'ai l'impression d'avoir fait toujours la même chose (...). J'ai essayé, certainement, de varier ce que je faisais parce que j'ai bien vu chez d'autres écrivains qu'une monotonie s'installait. (...) Tout en essayant cela, ce sont toujours les mêmes thèmes qui se sont élaborés mais, heureusement pour moi, élaborés d'une façon neuve. (...) Je suis* *à l'affût de ce qui peut me permettre de faire autre chose"* [1].

Ce parti pris durant le colloque, non pas de "tout prendre" (et de risquer ainsi la pléthore des listes sans fin) mais de chercher à induire certaines règles intrinsèques de l'expansion et, sinon une logique opératoire du moins des modes de fonctionnements en leurs avatars, devait donc conduire à saisir la portée espace-temps de l'écriture de Butor (P.Hassoun), depuis la lointaine Modification *relue dans la distance (B.T. Fitch) jusqu'à la récente fiction autobiographique du* Retour du boomerang *(B.Didier) ou les dernières* Improvisations *critiques sur Michaux, Flaubert et Rimbaud, les "frères de plume" (M. Calle-Gruber). Le projet contraignait en somme à tenir une double démarche: renouveler, par leur mise en perspective, la lecture des premiers livres; porter au jour une partie encore peu étudiée de l'oeuvre tardive. Redécouverte et découverte, donc.*

Le parti pris du colloque comportait, non moins, deux aspects déterminants: d'une part, il postulait le concept d'oeuvre comme travail de permanente refonte, *ou encore comme un voyage au long cours; d'autre part, il entraîna bientôt à adopter pour le texte de Butor la démarche que lui-même adopte pour les textes des autres, à savoir cette paradoxale traversée qu'Antoine Compagnon, à propos de Montaigne* (Essais sur les Essais) *et de Proust* (Essais sur les Modernes), *nomma un "structuralisme dynamique".*

Il faut le reconnaître, une des difficultés quant à l'oeuvre de Michel Butor vient de ce que beaucoup de ses créations sont peu accessibles: je veux parler des écrits dûs à circonstances artistiques, commis sur supports de terre, toile, carton avant que de papier (dont certains viennent d'être réunis dans Au jour le jour)[2]; *ou bien de ceux qui ont une existence multiforme et pluri-éditoriale avant d'être emmenés dans le flux d'un récit plus ample,* Matière de rêves *par exemple. Or le colloque de Queen's University se donna les moyens de son ambitieux*

1 *M. Calle, Les Métamorphoses-Butor*, Entretiens avec M. Butor, J-F. Lyotard, B.Didier, J.Starobinski, F.van Rossum-Guyon, L.Dällenbach, H. Pousseur, H.Scheffel, M.Sicard, collection Trait d'union, Presses Universitaires de Grenoble-Le Griffon d'argile à Québec, 1991.
2 *M. Butor, Au jour le jour*, Carnets, Plon, Paris, 1989.

LA CRÉATION SELON MICHEL BUTOR

COLLOQUE DE QUEEN'S UNIVERSITY

Référence de la reproduction en couverture:

Vue de la ville de Kingston, Canada. Dessin de E. Whitefield. Tiré de "Whitefield's Original Views of North American Cities", No.33. Kingston, 1855. Propriété de *Douglas Library*, Queen's University.

Je remercie Marie Surridge pour le constant soutien du Département d'Etudes Françaises de Queen's University; Clive Thomson pour son précieux concours dans l'organisation du colloque; Mary Ann Mojsiuk et Harry Warder dont la compétence et le soin ont permis cette publication.

LA CRÉATION selon MICHEL BUTOR
RÉSEAUX – FRONTIÈRES – ÉCART

COLLOQUE DE QUEEN'S UNIVERSITY

Textes réunis et présentés
par
MIREILLE CALLE-GRUBER

L. BAZIN • Th. BELLEGUIC • J. BÉNARD • G. BOURQUE
M. BUTOR • M. CALLE-GRUBER • A. COMPAGNON
L. DÄLLENBACH • A. DESBIZET • B. DIDIER • B. FITCH
P. GOBIN • B. HAVERCROFT • F.-Y. JEANNET
J. LAMOTHE • L. OPPENHEIM • M. PIERSSENS
J.-P. VIDAL • L. ROUDIEZ
J. WAELTI-WALTERS • M. ZUPANCIC

LIBRAIRIE A.-G. NIZET
PARIS
1991

ISBN 2-7078-1142-4

projet en s'adjoignant plusieurs manifestations connexes dont, en particulier, l'exposition "Butor pluriel" qui regroupait au Musée Agnes Etherington, de curieux livres-objets résultant de la rencontre, sur une table de travail, de l'écriture et des matériaux. Parmi les autres séances qui enrichirent le colloque, il y eut une lecture publique de l'écrivain ainsi qu'un séminaire de quelques jours pour lequel il accepta d'analyser, non en auteur omniscient mais en lecteur attentif, le cours de la Modification *puis de* Mobile *et du* Génie du lieu *- ce qui permit de tracer dans sa production des diagonales de lecture inédites et de singulières perspectives.*

Ces trajets en tous sens, soutenus par les diverses approches des communications qu'on va lire, mirent en évidence le principe constitutif de l'oeuvre butorienne qui est celui-là même du palimpseste*: lieu de dépôt des savoirs et des techniques où l'écriture est affaire de stratifications; mais aussi de débords, frontières, passages ainsi que Jean-Pierre Vidal le souligna en analysant la prégnance de la métonymie. Le texte inédit de Michel Butor ci-après emblématise parfaitement le processus de sa création.* Palimpseste, *en effet, par son montage en refrain, est accumulation et (dé)voilement; énumérant l'histoire de la fabrique du texte qui est aussi histoire de l'écriture et donc histoire du monde, c'est notre* ronde culturelle *qu'il reparcourt sans fin et dont la reprise porte à déplacer voire brouiller toute généalogie.*

C'est bien tel principe du palimpseste qui fut au coeur de toutes les interventions et qui permit de poser la cruciale question du statut d'une écriture et d'une lecture conscientes de leur intertextualité. Et du statut, par suite, de cette "création"-là, qui ne se prend plus aux mirages de l'originalité, ni de la splendide solitude, ni de la gratuité de l'invention. Qui a fait long feu de l'illusion démiurgique et se prend pour ce qu'elle est: une forgerie travaillant répétitions, variantes, décalages, mise en rapports et remise en circuit. Réseaux, frontières, écart: tels sont les mots d'ordre/désordre de la création selon Michel Butor - création qui n'est pas seulement littéraire mais fraye avec tous les arts, toutes les activités. Le dispositif se présenta sous différentes espèces: faisant proliférer les livres sous le livre (J.Waelti-Walters, P.Gobin); soustrayant le récit à la logique de l'intrigue pour l'adonner aux mille et un possibles du rêve (J.Lamothe) et des savoirs du non-savoir (M.Pierssens); aux inventions orphiques (M.Zupancic); au jeux de la forme emblématique où "l'oeuvre modèle son modèle" (L.Bazin); compliquant la trame romanesque de son propre mode d'emploi, par quoi le roman devient "une matière narrative à assumer" (B.T.Fitch). Surtout, la diversité des facettes mises en lumière par la variété des interventions a ainsi montré comment tout livre de Michel Butor est une immémoriale mémoire à pied d'oeuvre, où l'écriture est relecture et la lecture réécriture (G.Bourque) et comment, par le truchement de ses alter ego *littéraires et de cette écriture palimpseste, Michel Butor, en convoquant les plus modernes de nos classiques et les moins classiques de nos modernes, n'a cessé de chercher à répondre à la question de son ouvrage propre. De son* ouvroir *propre - au sens oulipien du terme. Et comment sa création se nourrit de l'interrogation même à l'endroit du* créer.

Deux points fondamentaux devaient, par suite, polariser la réflexion et firent l'objet de fructueuses controverses en table ronde dont nous avons jugé utile de restituer, en fin de volume, l'essentiel (Discussion I: Texte, intertexte, création dialogique; Discussion II: La notion de genre en question). *D'une part, en effet, travaux et discussions cernèrent la passionnante problématique de la citation et de l'insert - passionnante d'être à la fois si vastement culturelle et si précisément technique. Où l'on s'efforça de distinguer entre intertextualité et dialogisme et entre dialogismes culturel et personnel (L.Dällenbach); d'évaluer l'enjeu du dialogue fictif ramenant à soi par le biais de l'autre (B.Didier); où l'on parla altérité et altération (B.Havercroft). D'autre part, le métissage partout en activité dans la pratique butorienne devait mettre rapidement en crise la notion de "genre" qui fut envisagée à l'enseigne philosophique sous l'angle d'une "anesthétique" (L.Oppenheim); dans le rapport à la signature, à l'épistolarité (F-Y.Jeannet), et au biographique (J.Bénard). Cette interrogation à l'égard d'une oeuvre particulièrement subversive des "genres" codifiés par l'art mais aussi par la langue - et subversive des* auctoritates *en tous genres - fit lever des accents nouveaux ouvrant des prospectives peu fréquentées: avec les écrits de la Correspondance, qui jouent de la distance et que F-Y. Jeannet désigne du beau nom de "long-courrier"; avec la méditation que proposa L.S. Roudiez sur "la parole provoquée par le graphique" c'est-à-dire sur la nécessité qui fonde le rapport de l'écrivain Butor aux peintres; avec la démarche de T.Belleguic et A.Desbizet qui décomposèrent un fragment de* Brassée d'avril *pour en redonner une composition musicale dont Annick Desbizet a bien voulu nous autoriser à publier les partitions. Cette démarche allant ainsi jusqu'au bout de la logique butorienne: c'est-à-dire de l'injonction à "réécrire" et du paradoxe proximité-distance qu'elle implique.*

C'était, par suite, porter à l'évidence ce qui ressortit de l'ensemble des conférences: à savoir la chaîne des oeuvres *qui forment celle de Butor, laquelle, à son tour, porte à générer, dans ses traces, des oeuvres (d') autres. Car les diverses analyses montrèrent chez Michel Butor la singularité d'un entassement scriptural qui loin de thésauriser l'érudition, engage en tout point une formidable dépense, plus proche en cela du principe du potlatch que de la collection muséale des biens culturels et du patrimoine.*

Il va sans dire que l'active présence de Michel Butor, ses interventions lors des discussions, furent un précieux apport aux rencontres de Queen's University. Certes, on pourrait croire, par la façon dont est construit ce volume des Actes - Palimpseste *à l'entrée, l'intervention de l'écrivain en clôture - que Michel Butor a, ici, le dernier mot. On comprendra bientôt qu'il en va différemment et que pareille composition met en scène le débord: car entre le premier et le dernier texte, il advient un tel brassage de gloses, commentaires, bibliothèques, discours critiques et créateurs, que l'embrassement (et la maîtrise) de ce matériau par "l'auteur" est devenu tout simplement impensable - toute notion d'"auteur" elle-même abolie dans le débordement que l'écriture appelle. Il est évidemment emblématique que l'un des mots de la fin soit ici:* citations.

On le pressent: c'est tout un nouvel éclairage que ces lectures conjointes et contrastées jettent sur l'oeuvre Butor. Et au terme du présent ouvrage collectif un rééquilibrage s'esquisse quant aux visées et aux enjeux de cette production. Il n'y a plus: Butor Nouveau Roman, puis une nébuleuse de textes non identifiés. L'oeuvre aujourd'hui paraît former ellipse autour de deux foyers: Nouveau Roman *d'une part;* Matière de rêves *de l'autre. Et en ce second foyer surgissent à la fois les affinités avec un certain surréalisme et la précise confrontation entre inscription et matériaux apprise à l'atelier des artistes.*

C'est sur le trajet de l'ellipse *qu'il importe dès lors d'insister. Non seulement parce que c'est façon de désigner une oeuvre qui "ne tourne pas rond" mais plus encore parce que, cependant,* elle fait le tour, *selon sa cohérence propre, de la question du décentrement qui la meut et/car la sollicite.*

Il n'y a pas, en effet, rupture diachronique (d'abord *le Nouveau Roman,* ensuite *Matière de rêves) mais d'un foyer à l'autre, apparemment incompatibles,* un passage *qui les articule. Ou encore, à le formuler plus précisément, ce passage constituerait donc la logique interne de l'oeuvre Butor: selon quoi sa désaffection du roman était inscrite déjà dans sa manière de travailler le "nouveau roman", en particulier dans les manipulations de la phrase par prélèvements et inserts textuels de plus en plus exorbitants - jusqu'à l'éclatement de la phrase en mille phrases, jusqu'au dépassement du roman pour des formes textuelles plus accueillantes à l'hétérogène. Autrement dit, à sans cesse poser la limite pour la dépasser, à la dépasser pour la marquer plus loin ou elle devra être encore franchie, cette écriture se contraint de* renouveler *à tout moment les termes du contrat qui signe son expulsion: et qui est d'aller jusqu'au bout de sa propre* expérience - sa mise à l'essai.

TEXTE INÉDIT

PALIMPSESTE

Michel Butor

pour Jean Cortot

Si je soulève "palimpseste" un autre mot apparaît: "imprimé".

Alors je commence à entendre des bruits de machines dans des ruelles pluvieuses du Nord, et je vois des rouleaux et des burettes à huile tandis que les pages ruissellent les unes après les autres au sortir de leurs laminoirs.

Dans les rues les librairies soulèvent leurs rideaux de fer, ouvrent leurs grilles, et je découvre dans les vitrines toutes sortes d'ouvrages qui me tentent, qui multiplient mes tentations: voyager, apprendre des langues, parcourir des musées, faire la cuisine, pratiquer tel ou tel artisanat.

Mais voici les journaux dans leurs kiosques et les affiches sur les murs, les prospectus, menus, invitations, modes d'emploi. La ville se couvre ainsi de feuilles qui aboutissent au bout de quelques temps dans les ordures, mais souvent après s'être épaissies en énormes couches que les enfants ou les artistes déchirent pour découvrir leurs profondeurs, faire jaillir par des fenêtres les mots enfouis ou les couleurs.

Le vent saisit les saisit parfois comme des feuilles d'automne et il arrive ainsi qu'un texte vienne se percher sur un arbre comme un oiseau ou battre sur une vitre tel le corbeau d'Edgar Poe avant que la pluie l'y colle et bientôt l'y dissolve.

Si je gratte "imprimé", je lis par dessous "épreuve".

Alors c'est l'émotion de voir son texte sous un habit différent auquel souvent on ne s'attendait nullement; les caractères ne sont pas ceux auxquels on avait pensé vaguement, la longueur des lignes surprend; et puis tout cela apparaît si définitif, malgré la possibilité qu'on vous donne de corriger quelques erreurs; celles de l'imprimeur bien sûr, mais aussi celles que l'on a faites, fautes d'orthographes invétérées, mauvaises habitudes prises dès l'enfance, et qui viennent souvent d'un effort pour rendre la langue plus systématique et en préfigurent l'évolution.

Et puis toutes les inadvertances qui viennent du dérangement: les coups de téléphone, les sonneries à la porte d'entrée, l'arrivée d'un enfant avec un problème urgent, tout ce qui vous arrache à ce submersible dans lequel on explorait les océans de l'écriture.

Epreuves sportives, en particulier la course d'obstacle; mais surtout le parcours initiatique avec toutes ses portes, grilles, examens, questions, que ce soit dans nos monstrueuses administrations pour lesquelles il manque toujours un document, un talisman, ou dans le monde de l'après vie chez les Egyptiens.

Que d'attentes aux guichets des consulats, des mairies pour obtenir le papier qui va permettre le voyage, l'allocation, la survie, avec toutes ces conversations ou s'étalent les soucis et les misères tandis que l'horloge tourne!

Si je traverse "épreuve" j'arrive sur "manuscrit".

Alors c'est le plaisir de glisser sur la feuille de papier en produisant toutes sortes de boucles. Puis le crayon, le stylo, la plume décolle parce que c'est la fin d'un mot, puis vient atterrir gracieusement ou rageusement pour commencer le suivant, et au bout de la ligne il y a ce mouvement de retour jusqu'à l'autre côté.

Ainsi chaque sillon vient s'ajouter aux autres pour former des paragraphes qui descendent jusqu'au bas de la page qu'il faut alors changer pour continuer.

Toutes les lettres qui s'amassent sur le bureau même dans les temps de grève postale, car on prend celle-ci comme prétexte pour accumuler encore du retard; et certes il y en a qui sont tapées à la machine ou même imprimées (mais celles-ci pour la plupart vont immédiatement au panier, sauf si ce sont naturellement des injonctions policières, juridiques, administratives ou professionnelles).

Et s'il est certain que la façon de taper à la machine révèle quelque chose, comme la main révèle mieux notre correspondant, dès l'adresse sur l'enveloppe, c'est le visage même, la silhouette qui s'évoque, tel un djinn sortant de sa bouteille ou de sa lampe.

Si je rature "manuscrit", je parviens à "brouillon".

C'est le brouillard de la forêt des mots avec lesquels on cherche à traquer des phrases et des idées. La main revient des dizaines de fois sur ce qu'elle avait essayé.

Des flèches viennent déplacer des lignes entières, des paragraphes, des renvois fleurissent les marges, puis dès qu'une certaine fatigue arrive, ce sont les gribouillages, les petits dessins; figures, paysages, carrés ou cubes plus ou moins ombrés qui envahissent toutes les parties disponibles.

On obtient ainsi de véritables nuages que traverse parfois le soleil de la lecture pas trop décevante, ou qui font tomber la pluie donnant le courage de refaire toute une partie dont on se croyait délivré.

C'est le bouillon de la sorcière dans lequel sa cuiller plonge ou son miroir pour y découvrir les arrières pensées de ceux qui viennent la consulter, ou bien c'est l'athanor de l'alchimiste, théâtre où se joue l'aventure du monde avec ses ères, strates, stades, et que nous observons pour tenter d'y déceler de bons présages et surtout les écueils qu'il convient d'éviter.

Si j'efface "brouillon" j'en arrive à "esquisse".

Ce sont les premiers rais de lumière qui apparaissent lorsque s'entrouvrent ces portes de bronze ou de béton auxquelles on a frappé depuis si longtemps parce que derrière quelque judas grillagé on a cru apercevoir les allées de quelque jardin.

Alors il s'agit de glisser quelque outil, une bûche, un caillou pour les empêcher de se refermer. C'est qu'il faudra encore bien des efforts pour gagner quelques centimètres, découvrir les leviers les machines qui permettront de ne pas se laisser pincer au risque de la perte d'un membre.

C'est parfois le mouvement d'une phrase une formule de début qui vous arrive alors que l'on désespérait presque, lors d'une promenade ou plutôt d'un trajet, que ce soit dans le métro, le tram, le bus, l'auto, le train, l'avion, au cours d'une lecture, d'un repas, d'une conversation même; et l'interlocuteur s'étonne de voir votre regard se fixer tout à fait ailleurs.

Ou bien c'est un certain nombre de repère ou balises dans le territoire entrevu, qu'il faut noter au plus tôt pour s'y retrouver lors de ces hésitations angoissées où l'on a l'impression que si la porte est bien maintenue quelque peu ouverte, la lumière qui en parvenait s'est soudain atténuée, presque dissipée, parfois même que des ténèbres s'en diffusent.

Lorsqu'"esquisse" s'efface, on voit apparaître "inscription".

C'est toute la navigation des caractères et des alphabets qui nous emporte. On passe du Grasset au Garamond, puis de la gothique à l'onciale. A côté des lettres latines voici les cyrilliques et les grecques, bientôt les redoutables et fascinants archipels montagneux des hiéroglyphes, cunéiformes, idéogrammes.

On a quitté le papier depuis longtemps; ce sont des parchemins, des papyrus que l'on feuillette, et même des briques, des tessons, des ossements. Les phrases couvrent tableaux, tapisseries, enseignes; et en enlevant tout cela ce sont les graffitis des parois ou colonnes, les pictogrammes sur les tentes, les tatouages sur la peau.

Mais ce ne sont pas seulement les mots qui s'inscrivent, tous les bruits s'y mettent, les cris, les sons musicaux; et ce n'est pas seulement ce que l'oreille capte, mais aussi ce que nous proposent les yeux pour lesquels il faut organiser le labyrinthe; et ce ne sont pas seulement les yeux qui déchiffrent, mais aussi les extrémités des doigts comme ceux des aveugles pour les monticules du Braille.

L'encre nous retient par son odeur, mais ce sont toutes les odeurs qu'il faudrait un jour mettre en inscription.

Lorsqu'"inscription" fait défaut, il demeure "trace".

Toutes celles que laissent les animaux et que déchiffrent d'autres qui les traquent pour les dévorer ou les caresser.

Toutes celles que laissent les hommes partout où ils passent, par exemple ces taches sur les assiettes, les nappes, le carrelage des restaurants, qu'il faut soigneusement effacer pour qu'un autre puisse profiter de ces objets et de ces lieux sans trop de dégoût.

Celles que nos doigts dessinent, avec leurs courbes si délicates, sur tout ce qui brille quelque peu, si bien que pour déjouer les poursuites il est important de ganter ses mains.

Celles qui détruisent peu à peu la végétation le long des trajets les plus fréquentés, constituant ainsi des sentes, puis des sentiers, des chemins, des routes qui se consolident en autoroutes avec leurs floraisons de pancartes.

Lorsque "traces" disparaissent, on s'en remet à "fouilles".

A la pioche d'abord, à la pelle, faisant transporter par des indigènes des tonnes de caillasses dont on conserve seulement quelques unes mais alors comme des objets précieux, dans des réserves qui sont les premières ébauches des musées, des publications, du savoir futur.

Puis beaucoup plus délicatement avec des couteaux, des brosses, des pinceaux, photographiant à chaque heure comme pour transformer le lieu en livre, tandis que s'élèvent les reconstitutions et les inévitables discussions
discussions qui s'y attachent.

Alors les siècles remontent peu à peu et se mettent à faire partie de nos souvenirs d'enfance. Le mouvement du retour se combine à celui de l'oubli, nos rêves s'enfoncent sous les sables pour déboucher aux antipodes.

Et ce sont comme des vêtements que l'on enlève peu à peu d'une femme endormie qui se réveille et vous livre en douceur ses inépuisables secrets.

Lorsque "fouilles" s'épuisent, on croit rencontrer "sol".

Mais sous la ville de Troie il en est une autre antérieure, et plusieurs, et quand on arrive au-dessous de toutes les villes, du moins dans nos connaissances actuelles, il y a les établissements humains avec leurs pierres polies ou taillées, leurs foyers aménagés, leurs tas de coquilles et d'ossements, leurs coprolithes.

Au dessous des hommes on descend par les escaliers de la géologie jusqu'aux rayons des dinosaures et des ammonites, puis des trilobites et des premières algues; on quitte nos palmiers et nos chênes pour explorer forêts de lepidodendrons et sigillaires.

Les derniers fossiles quittés ce sont les anciens cratères,

l'archéologie des continents avec sa dérive; puis on remonte l'histoire des planètes et des étoiles, jusqu'à celle des galaxies.

Et sous le texte de Michel il y a celui de Marcel, sans oublier naturellement celui d'Arthur, de Paul, Honoré, Jean-Jacques, Denis; et suivons aussi les autres filières; James, William, Publius, Homère.

Si bien que le moindre imprimé, la moindre épreuve, tout manuscrit, brouillon, inscription, toutes les traces, fouilles et sols sont palimpseste.

Gaillard, le 11 novembre 1988

CONFÉRENCES

ALLOCUTION D'OUVERTURE

PAUL HASSOUN

L'espace écrit de la littérature compose et structure le temps de notre vie. Je ne sais pas si Michel Butor adhèrerait à cette formule à l'emporte-pièce, mais, quant à moi, je ne doute pas que son oeuvre ait posé des jalons, des points de repère, des espaces de réflexion et d'étonnement tout au long de notre vie, de ma vie, intellectuelle.

Si les non-spécialistes peuvent s'interroger sur les dates d'écriture ou de parution de ses ouvrages:

"voyons, *Passage de Milan* c'était en 54 ou en 55 et *la Modification* c'était le Renaudot ou le Goncourt?"

et les curieux imprécis sur son âge:

"mais il est célèbre depuis tant d'années, j'en ai toujours entendu parler - mais enfin, il a au moins 75 ans!"

pour moi Michel Butor appartiendra toujours à l'espace et non pas au temps.

Vous tous ici, savez que sa force de vie et de création, que son inlassable curiosité intellectuelle, que sa passion irraisonnable mais raisonnée pour l'homme et ses entours, pour cet espace qui le structure, qui le définit et qu'à simplement s'y déplacer il crée et modifie à son tour, font de lui un créateur "incontournable".

J'emploie à dessein ce mot à la mode tant sont ancrés en Michel Butor les contours spatiaux et les tensions arachnéennes qui les soutiennent et les dirigent et qui, tout en même temps le soutiennent et le dirigent.

J'aimerais passionnément vous dire que cet homme me débonde et j'aimerais encore vous parler de lui mais j'aurai bien plus de plaisir à l'entendre parler, à vous écouter en parler.

Aussi bien, je termine vite cette allocution et rentrant dans mon rôle de fonctionnaire de la culture - que voilà un métier raisonnable - je remercie très vivement et très sincèrement, vous vous en doutez, l'Université Queen qui sous la bienveillante direction de son Principal, le Dr. David Smith a organisé ce somptueux colloque où sont réunis tant d'universitaires célèbres. Merci de m'avoir écouté et bons travaux!

BUTOR ET LES CLASSIQUES

Antoine Compagnon

Les temps ont changé. J'intitule aujourd'hui "Butor et les classiques" une réflexion sur les rapports que Michel Butor entretient, ou a entretenu, avec les écrivains auxquels il consacrait ses *Essais sur les modernes*, anthologie publiée en 1967 chez Gallimard et composée d'un choix d'articles extraits des recueils précédemment publiés aux Éditions de Minuit, en 1960 et 1964, *Répertoire I* et *Répertoire II*. Je pense en particulier à Baudelaire et à Proust, ces modernes classiques par excellence. Il se trouve que vers cette époque - cruciale dans l'histoire de l'oeuvre de Butor: c'est le moment de transition entre les quatre grands romans "traditionnels", *Passage de Milan* (1954), *L'Emploi du temps* (1956), *La Modification* (1957) et *Degrés* (1960), et l'idéal ou l'utopie de l'oeuvre totale qui le hantera à partir de *Mobile* (1962) et ne le lâchera plus - Butor a écrit sur mes quatre écrivains préférés dans la littérature française, ceux entre lesquels je tourne en rond depuis des années, mes classiques si vous voulez: Montaigne, Racine, Baudelaire et Proust, comme un quarté gagnant. Je rôde autour des mêmes écrivains que Butor. Le choix, direz-vous, n'a rien d'original, mais je me demande quand même dans quelle mesure je suis redevable à Butor de cette inclination ou de cette obsession. Comment Butor a-t-il marqué les goûts de ma génération, qui est caractérisée par le fait qu'elle a lu ce qu'on a appelé le "nouveau roman" avant de découvrir Balzac et Zola, ou en même temps qu'elle les découvrait?

Sur Montaigne, on connaît les *Essais sur les "Essais"* (Gallimard, 1968), qui avaient d'abord paru en 1964 sous la forme de préfaces aux *Essais* dans la collection de poche 10/18. Sur Racine, je songe à l'article "Racine et les dieux", repris dans *Répertoire I*. Sur Baudelaire, à l'article "Les Paradis artificiels", également dans *Répertoire I* puis dans *Essais sur les modernes*, et surtout à *Histoire extraordinaire: essai sur un rêve de Baudelaire* (Gallimard, 1961). Sur Proust enfin, trois articles de Butor ont marqué l'époque: "Les "moments" de Marcel Proust" (*Monde nouveau*, décembre 1955), repris dans *Répertoire I* et alors daté de 1950-55, puis dans *Essais sur les modernes*; "Trois oeuvres d'art imaginaires chez Proust", d'abord publié à Londres (Athlone Press, 1964), puis repris dans *Répertoire II* et *Essais sur les modernes*; et enfin "Les sept femmes de Gilbert le Mauvais", publié dans le numéro spécial de la revue *L'Arc* sur Proust en 1971, pour l'année du centenaire de la naissance de l'écrivain, puis repris en volume chez Fata Morgana (1972) et dans *Répertoire IV* (1974).

Laissant Racine et Baudelaire de côté, j'évoquerai aujourd'hui seulement le Montaigne et le Proust de Michel Butor, comme Proust parlait du Balzac de M. de Guermantes. Ce choix s'explique par deux raisons, l'une qui concerne Butor et l'autre Montaigne et Proust. Quant à la première raison, la réflexion de Butor sur les *Essais* et sur la *Recherche* me semble en effet avoir joué un rôle non négligeable, et peut-être décisif même, dans l'évolution de son oeuvre propre et dans cette transition vers le désir d'oeuvre totale, musicale, architecturale, que j'ai déjà signalée. Dans son article sur "Les oeuvres d'art imaginaires chez Proust", Butor voulait "montrer comment à travers elles Proust prend peu à peu conscience du développement de son propre travail, comment elles sont des modes de sa réflexion créatrice" (*EM*, 130). Disons que les *Essais* et la *Recherche*, plus que d'autres livres, semblent les "oeuvres d'art imaginaires" de Butor, tout autant sinon plus essentielles que la toile peinte par Martin de Vere dans *Passage de Milan*, même si je vois dans le nom de cet artiste un hommage à un autre écrivain et un écho de l'adresse londonienne où Henry James composa ses plus grands romans: De Vere Gardens. Quant à la deuxième raison, liée, elle, à Montaigne et à Proust, elle tient à ce que les prises de position de Butor ont, plus nettement que pour Racine et Baudelaire, coïncidé avec une réévaluation de ces deux écrivains, avec un changement de direction décisif dans la réception des *Essais* et de la *Recherche* au début des années 1960, et il n'est pas absurde de penser que Butor, avec d'autres, pas tout seul bien sûr, a contribué au renouvellement de l'intérêt pour ces oeuvres.

*

Après des siècles de lecture moraliste ou historiciste des *Essais*, Butor fut en vérité l'un des tout premiers à s'attacher au livre de Montaigne de manière à peu près exclusivement formelle, et l'on trouve ainsi dans son petit livre souvent expéditif, sous la forme d'intuitions non poursuivies, l'ébauche de beaucoup des approches récentes des *Essais*. Jean-Yves Pouilloux commençait ainsi en 1969 son ouvrage, *Lire les "Essais" de Montaigne*, l'un des plus importants pour le renouveau de l'écrivain, en se référant au titre de Butor, *Essais sur les "Essais"*, par opposition à un titre conventionnel comme *Essais sur Montaigne*, et en y voyant l'affirmation que "l'oeuvre seule, isolée, comme constituée à part de tout environnement, se suffit à elle-même pour former une unité, ou si l'on veut une totalité, interprétable[1]".

Moi-même, ne devrais-je pas voir dans les quelques pages de Butor intitulées "Des citations" l'amorce de mon livre, *La Seconde Main* (1979)? Butor distinguait à toute vitesse les citations comme rehauts ou incrustations, puis les citations défensives, puis les citations comme pièges anonymes ou comme monstres bigarrés, jouant à plusieurs niveaux de subtilité selon l'érudition du lecteur (*EE*, 114-119). Toutes ces distinctions fondamentales, Butor n'était-il pas alors l'un des seuls à les prendre au sérieux? En 1960, on avait encore l'habitude de lire Montaigne en sautant ses citations. Ou encore, quelle n'est pas ma surprise de constater aujourd'hui que Butor ne fut pas indifférent à ce petit chapitre I, 46, "Des noms", rarement jugé digne de commentaire jusque-là et sur lequel je devais fonder mon analyse du nominalisme dans *Nous, Michel de Montaigne* (1980). Or Butor signalait l'abandon par Montaigne de ses titres nobiliaires sur la page de titre de l'édition de 1588 des *Essais*, celle

[1] J.-Y. Pouilloux, Lire les "Essais" de Montaigne, Paris, François Maspero, 1969, p. 11.

qui ajoute le livre III, et remarquait que Montaigne avait souvent souligné l'insuffisance, la vanité de tout nom jusqu'au moment où il fut devenu "le Michel «des *Essais*»" (*EE*, 181), où le livre lui eut donné un nom qui fût assez sien. Voilà en puissance le schéma de mon propre livre. Ne vous méprenez pas. Je ne suis pas en train de suggérer que j'aurais tout emprunté à Butor sans que j'eusse jusqu'à présent jugé opportun de reconnaître ma dette, je ne suis pas en train d'avouer un plagiat, mais ce type de questions - sur les citations, sur le nom propre -, il faut croire, vint à un certain moment sur le devant de la scène, et Butor y fut sensible avant d'autres.

Ainsi, il est encore notable que le seul chapitre des *Essais* sur lequel il s'arrête spécialement et qu'il analyse un peu longuement soit le chapitre III, 5, "Sur des vers de Virgile", qui devait devenir dans la période suivante le lieu commun majeur de la critique. Qui n'a pas glosé "Sur des vers de Virgile"? Ce chapitre est construit autour de deux citations, l'une de Virgile et l'autre de Lucrèce, comme une ellipse autour de ses deux foyers, et Butor en dégage judicieusement le thème sous la forme du titre du chapitre II, 15, "Que le désir s'accroît par la malaisance" (*EE*, 165-170). Depuis lors, chacun y est allé de son commentaire d'un chapitre tenu pour l'un des plus modernes des *Essais*, au sens d'ouvert, de paradoxal ou d'aporétique, Montaigne y rencontrant une limite de la sincérité qui est tout simplement le désir. Il lui faut des citations pour dire le plus intime de lui-même, à savoir sa sensualité, et dans ces citations il constate que moins elles en disent plus elles suggèrent. Cette fois, c'est le bel article de Jean Starobinski, "Dire l'amour", repris dans *Montaigne en mouvement*, que Butor préfigurait[2]. Bref, même si Butor ne se réfère jamais à la rhétorique en tant que telle, il est assez clair que ses *Essais sur les "Essais"* anticipent le souci rhétorique, c'est-à-dire l'intérêt primordial pour l'*inventio* et la *dispositio*, pour l'écriture des *Essais*, qui domine depuis une vingtaine d'années dans les travaux sur Montaigne, par opposition aux analyses biographiques attachées à l'objet de la représentation.

[2] J. Starobinski, "Dire l'amour", Montaigne en mouvement, Paris, Gallimard, 1982.

Pouilloux toutefois, aussitôt après avoir signalé ce qui distinguait manifestement le titre de Butor d'un titre conventionnel comme *Essais sur Montaigne*, ajoutait que tous deux n'en partageaient pas moins un même principe - une illusion à ses yeux - fixant au commentaire la fonction d'extirper un sens et une vérité d'un texte connu et méconnu: "il s'agit de rendre explicite ce qui, *dans le livre même*, résidait déjà, mais caché, non dit, implicite"[3], tandis que Pouilloux appelait de ses voeux une lecture de Montaigne qui se problématise elle-même et fasse résider le sens dans le cercle de la lecture. Or il est indéniable que, s'adressant à Montaigne, déchiffrant avec une certaine minutie les *Essais*, Butor se comporte comme tous les allégoristes et prend en vérité de livre de Montaigne pour prétexte à son interrogation propre sur la composition, la structure du livre qu'il désire, construction non linéaire mais à trois ou quatre dimensions, ésotérique et musicale.

"Cette question de la *composition* des *Essais* est évidemment de toute première importance", pose d'emblée Butor, mais il postule aussitôt un ordre derrière ou sous le désordre apparent des *Essais*, une unité mystérieuse, une "figure déterminante formée par chacun des livres, figure que les alluvionnements successifs ne détruisent pas, mais précisent, raffermissent au contraire en la diversifiant" (*EE*, 18)[4]. Butor part en quête du chiffre des *Essais*, de la clé - Butor croit-il que les livres ont des clés? On connaît la phrase gentiment ironique de Julien Gracq sur les critiques qui prennent les livres pour des serrures -, et il la trouve dans un sorte de structuralisme génétique ou dynamique qui reconstruit dans une diachronie fictive la composition du livre.

Comment les *Essais* ont-ils commencé? Telle est la question fondamentale, qui porte donc sur le départ de l'oeuvre considéré comme sa solution. On se souvient du début du chapitre I, 28, "De l'amitié", où

[3] J.-Y. Pouilloux, ibid., p.12.

[4] Lors d'une table ronde au cours du colloque, Butor a signalé qu'à l'origine de son insistance sur la composition, l'architecture des Essais, il y avait eu une réaction contre l'éditeur qui lui avait proposé de présenter les chapitres de Montaigne dans l'ordre qui lui plairait, ce qui lui avait semblé monstrueux (cf. infra, p.311)

Montaigne suggère que l'origine de son livre, après la retraite de 1571, a résidé dans le projet de donner une sorte de cadre ou d'écrin à l'oeuvre inédite de son ami La Boétie, mort en 1563, le *Discours de la servitude volontaire*:

> *Considérant la conduite de la besongne d'un peintre que j'ay, il m'a pris envie de l'ensuivre. Il choisit le plus bel endroit et milieu de chaque paroy, pour y loger un tableau élabouré de toute sa suffisance; et, le vuide tout au tour, il le rempli de crotesques, qui sont peintures fantasques, n'ayant grace qu'en la varieté et estrangeté. Que sont-ce icy aussi, à la verité, que crotesques et corps monstrueux, rappiecez de divers membres, sans certaine figure, n'ayants ordre, suite, n'y proportion que fortuite?*

Mais Montaigne ne suivra le procédé de son peintre que pour la seconde des opérations évoquées, l'adjonction des grotesques, ne se sentant pas à la hauteur de la première, la composition du panneau central. Il l'empruntera donc à son ami mort, d'abord sous la forme du *Discours sur la servitude volontaire*, puis, quand ce discours aura été publié en 1574 et 1576, et aura pris la réputation d'un pamphlet monarchomaque ou régicide, sous la forme de vingt-neuf sonnets tout juste retrouvés.

Le passage tient sans doute de la profession d'humilité traditionnelle, d'autant plus nécessaire à une page où il s'agit de louer La Boétie; il n'en offre pas moins une explication claire et plausible de la genèse des *Essais*, nulle part contredite dans le livre et volontiers acceptée aujourd'hui par les critiques. Or Butor y a insisté le premier. C'est d'ailleurs la seule intuition que les spécialistes ont bien voulu retenir de son livre, car ils ont rejeté son invention d'une structure cachée dans les *Essais*: "Of the many provocative views that Butor advances, this alone seems to be both new and sound", écrivait le respecté Donald Frame[5].

Butor prend à la lettre la déclaration de Montaigne et en déduit

[5] D.M. Frame, "Considerations on the Genesis of Montaigne's Essais", Montaigne: Essays in Memory of Richard Sayce, Oxford, Clarendon Press, 1982, p. 2.

que tous les *Essais* ne sont autre chose qu'un encadrement maniériste:

> *Depuis les* Loges *de Raphaël, la peinture de la fin du XVIe siècle, "maniériste", donne d'innombrables exemples de ce type de composition: un tableau central entouré d'une guirlande de "grotesques" (EE, 67).*

La réinterprétation du désordre de Montaigne dans les termes du baroque n'était pas inédite: c'était notamment la thèse de Richard Sayce. Mais Butor en fait dépendre la structure du livre I jusque dans son détail:

> *Il est bien probable qu'au moment où Montaigne a pris sa retraite, il pensait en finir assez vite avec cet entourage, cette peinture, pouvoir publier rapidement l'inédit de La Boétie et passer ensuite à d'autres travaux, ou loisirs. Mais cette mise en valeur lui pose de plus en plus de problèmes, si bien qu'il reprend son commencement mainte fois: il essaie, puis essaie encore, si bien qu'il se trouve au bout de quelque temps devant un ensemble croissant de notes et de points de départ avortés (EE, 67-78).*

Et de citer fort justement à l'appui de cette idée, dans le chapitre "De l'oisiveté", un passage fort ressemblant au début de "De l'amitié" et pouvant confirmer que les "grotesques" auraient constitué le point de départ des *Essais*. La conception du livre I comme d'un triptyque autour de "De l'amitié" amène à revaloriser tous ces chapitres tenus pour mineurs depuis Villey, qui n'y voyaient que collections de miscellanées. Ils sont maintenant reconsidérés comme parties d'une unité supérieure: le livre. Butor a donc eu le mérite de s'attacher très tôt à la structure du livre comme dépassement du désordre des *Essais*, organisant le livre I autour du chapitre 29, qui introduit en effet les vingt-neuf sonnets de La Boétie.

Mais Butor ne s'arrêtait pas là. Sur la définition du milieu du livre I, il fonde un réseau de symétries qui le recouvrent en entier. De même dans le livre II, où l'on passerait de la dimension singulière de la guirlande aux deux dimensions du jardin:

> *Montaigne voit que le type de composition "maniériste" qu'il a adopté pour le premier livre à des fins de mise en valeur, peut s'utiliser aussi à des fins de stratégie défensive. Il va en quelque sorte transposer dans l'espace la disposition en surface des grotesques pour arriver à la figure d'un de ces jardins si fréquents à la fin du XVIe siècle, labyrinthes remplis de délices et de dangers (EE, 110-111).*

Enfin, une troisième dimension s'ajouterait dans ce livre III pour faire de celui-ci un monde:

> *Le premier, à l'origine, c'était la guirlande de grotesques "maniériste" autour du tableau central dérobé, le* Discours de la servitude volontaire *de La Boétie; le second, c'était la forteresse à l'apparence de jardin autour du premier et de la traduction de la* Théologie *de Sebond. Que va être le troisième anneau, sinon le monde tout autour? (EE, 187).*

Butor en parle comme d'une architecture de galeries à la Piranese, et résume significativement sa propre entreprise comme la construction d'une sorte de modèle dynamique de la prolifération du texte:

> *On pourrait ainsi réaliser une carte des deux premiers livres, en quelque sorte hydrographique, montrant la plus ou moins grande responsabilité de leurs diverses régions dans la formation des fleuves ou lacs du livre III; la considération de la plus ou moins grande charge en annotations de ces régions, permettrait de les affecter d'indices de probabilité. On aurait ainsi la possibilité de se représenter dans son détail la dynamique de l'ensemble de l'oeuvre (EE, 171-172).*

Butor semble ici partie prenante du structuralisme des années 1960, cherchant à construire des modèles. Mais celui de Butor est immédiatement et paradoxalement diachronique.

L'analyse numérologique des *Essais*, tout juste entamée par Butor, a connu ensuite une immense fortune, elle a été systématisée à outrance et poussée jusqu'à l'absurde comme grille de lecture systématique et exhaustive. La numérologie, qui chez Butor s'était d'abord présentée comme une ouverture du livre, l'a ensuite figé et refermé, plus qu'aucune autre méthode, dans une sorte d'ésotérisme cabbalistique. Ce résultat était-il fatal? Ne doit-on pas penser, avec Pouilloux notamment, qu'une telle lecture, malgré son apparente bonne volonté dans la reconnaissance du désordre des *Essais*, où elle ne voit pas un échec, n'envisage le désordre que pour le réduire à un sens et une unité sous-jacents, à un système:

> *Ces lectures, écrit Pouilloux, se refusent à tenir compte du désordre en tant que tel; elles escamotent, sans doute malgré elles, une innovation fondamentale de Montaigne lui-même, cette innovation intellectuelle, philosophique, qui lui rend tous sujets possibles, toute opinion soutenable, toute beauté saisissable, parce qu'il s'est assigné un objet radicalement différent, parce que les* Essais *sont parvenus à déplacer toute question, y compris celle de leur fin*[6].

Mais si l'analyse de Butor tend ainsi à méconnaître la nature même de l'écriture des *Essais*, qui jamais ne se veut dogmatique ni conclusive, fût-ce sous une forme chiffrée, mais toujours à l'essai, elle est en revanche tout à fait symptomatique des intentions de Butor à la fin de sa première époque romanesque, voyant dans le livre un labyrinthe subtil, une architecture mentale complexe, un mobile romanesque comme il imagine *La Comédie humaine* de Balzac ou la *Recherche du temps perdu* de Proust.

*

Butor concluait ses *Essais sur les "Essais"* en reprenant à son compte, c'est-à-dire en la citant sans guillemets, une phrase de Montaigne qu'il avait citée quelques pages auparavant: "Qui ne voit que j'ay pris

[6] J.-Y. Pouilloux, ibid., p. 59.

une route par laquelle, sans cesse et sans travail, j'iray autant qu'il y aura d'ancre et de papier au monde?" (*EE*, 191), si ce n'est que Butor y substituait "mais certes non sans travail" (*EE*, 216). Il s'y confirme que le rêve est l'oeuvre totale qui ferait éclater les genres. "J'ai du pain sur la planche pour cent ans", disait aussi Butor en 1962, dans ses "Réponses à *Tel Quel*"[7].

L'affinité des *Essais* de Montaigne et de la *Recherche du temps perdu* de Proust comme textes tous deux en expansion infinie est indiquée par Butor à propos de la prolifération des ajouts dans les marges de l'exemplaire de Bordeaux entre 1588 et la mort de Montaigne en 1592. "Lorsque la marge, écrit-il, n'est plus assez grande pour la contenir, cette végétation déborde en "papiers ou encarts" (*EE*, 160). Et plus loin, compatissant avec les éditeurs de l'édition posthume de 1595: "Quant aux excroissances détachées, aux boutures, elles devaient se présenter comme une telle "fricassée" selon l'expression de Montaigne, de "paperoles" selon celle de la Françoise de Proust, qu'il lui aurait été parfaitement impossible de s'y retrouver" (*EE*, 162). Les deux livres - la ressemblance est forte - ne trouvèrent leur achèvement accidentel que dans la mort de leurs auteurs, qui seule arrêta l'expansion.

Si dans le premier article sur Proust, "Les moments de Proust", daté de 1950-1955, où il cherche à décrire la succession chronologique des réminiscences et impressions dans le roman, Butor semble ignorer encore *Jean Santeuil* et *Contre Sainte-Beuve*, dont la publication, en 1952 et 1954, donna brusquement à l'oeuvre de Proust une profondeur peu soupçonnée jusque-là, c'est bien sur des considérations empruntées à l'histoire du texte, à son amplification monumentale ou même monstrueuse à partir de ses brouillons, qu'il s'appuiera, dans ses articles de 1964 et 1971, pour tenter sur Proust la même opération de "structuralisme dynamique", comme je l'ai qualifiée, que sur Montaigne. Il s'agit de rendre compte par sa genèse de l'architecture compliquée, de l'unité composée de la *Recherche*. Ce qui arrête l'intérêt de Butor, c'est toujours

[7] M. Butor, Répertoire II, p. 301.

la complexification de l'oeuvre.

Il faudrait comparer sa démarche avec celles de Jean Rousset dans *Forme et signification* (1962), de Gilles Deleuze dans *Proust et les Signes* (1964), de Roland Barthes dans "Proust et les noms" (1968), à toute une série d'essais contemporains pour justifier la *Recherche* dans les termes de sa structure généralement confondue avec son départ définitif et la clé de sa réussite. La référence, pour toute cette génération, reste une certaine méfiance vis-à-vis d'une oeuvre condamnée du temps du surréalisme puis de l'existentialisme, et seulement sortie du purgatoire depuis le début des années 1950. Proust doit encore être défendu contre lui-même:

> *Lorsque nous lisons aujourd'hui le titre* A la recherche du temps perdu, *impressionnés par tout le poids que l'oeuvre a donné à chacun des mots, écrit Butor en 1964, nous oublions en général qu'il s'agissait d'un titre élégant et frivole, tout à fait dans la lignée de son frère aîné:* Les Plaisirs et les Jours. *Nous savons bien maintenant que ce temps perdu c'est le paradis perdu de l'enfance, de la noblesse, de l'innocence, nous le savons parce que le titre de la dernière partie, "Le Temps retrouvé", et son contenu l'élucident superbement, mais, d'abord, le temps perdu, c'était le temps qu'on perd, les moments perdus, c'était un titre distingué derrière lequel cherchait à se cacher la mauvaise conscience d'un oisif. C'est le progrès même de l'oeuvre qui a forcé cette mauvaise conscience à se déclarer si superbement. Merveille de ce démon intérieur à son travail, contraignant peu à peu Proust, lequel aurait bien voulu faire des livres de "douceur" à la Bergotte, à assombrir si prodigieusement son encre (EM, 134-135).*

Déclaration étrange et ambiguë, dont la première phrase revient à justifier Gide d'avoir refusé *Swann* à la N.R.F. à cause de la réputation mondaine de son auteur, et dont la suite ratifie l'idée que jusqu'à la publication du *Temps retrouvé* on pouvait se tromper sur le sens de la *Recherche*. Butor suppose que le livre a commencé avec la "mauvaise conscience d'un oisif", encore manifeste dans "Un amour de Swann", mais que le progrès en quelque sorte organique et autonome de l'oeuvre l'a portée vers une négation de l'intention de son auteur, vers la destruction de sa symétrie initiale, et l'a conduite à se compliquer, se déséquilibrer.

Butor perçoit ce mouvement dans le développement des oeuvres imaginaires de la *Recherche*: depuis la simple sonate de Vinteuil dans *Swann*, en passant par "Le Port de Carquethuit" d'Elstir dans les *Jeunes filles*, pour aboutir au chef-d'oeuvre du septuor de Vinteuil dans *La Prisonnière*, comme si Proust traversait avec elles l'histoire de l'art. La sonate recourt encore à des thèmes fin-de-siècle, en particulier la couleur mauve, tandis que le grand tableau d'Elstir va au-delà de l'impressionnisme et que le septuor rejoint l'art sériel. Les oeuvres imaginaires donnent la clé du livre.

Dans "Les sept femmes de Gilbert le Mauvais", Butor propose un modèle différent du roman, fondé cette fois sur les sept chambres évoquées dès la première page de "Combray" et parcourues dans le large arc-boutant du livre, entre *Swann* et *Le Temps retrouvé*: Combray et Tansonville, les deux chambres de Paris, Doncières et Balbec, Venise enfin. Butor associe chaque chambre à l'un des sept titres qui composent le texte définitif de la *Recherche*, et "surtout chaque chambre est en quelque sorte consacrée à l'amour et au drame d'une personne" (*A*, 38), d'abord la mère, et puis de femme en femme, "jusqu'à ce qu'il [en] découvre une qu'il puisse ne point tuer":

> *la mère à Combray,*
> *Gilberte à Paris près des Champs-Elysées,*
> *la duchesse dans l'aile de son hôtel,*
> *Saint-Loup à Doncières,*
> *la grand-mère à Balbec,*
> *Albertine à Venise (A, 43).*

La dernière femme sera la littérature, "l'oeuvre comme mère de remplacement, comme mère construite" (*A*, 44).

Comme dans la première topique aboutissant au septuor, le sept joue encore un rôle essentiel, et comme dans l'analyse des *Essais*, la numérologie est l'instrument d'une interprétation toujours allégorique. Il s'agit de pénétrer l'oeuvre par le chiffre, de découvrir son sens latent, sa vérité cachée et son unité nichée dans sa structure profonde. C'est ainsi que Proust a été réhabilité, à "gauche" pour ainsi dire, du côté des partisans de la forme, alors que la secte des proustolâtres avait surtout recruté depuis les années 1930 du côté des curieux de la biographie et des nostalgiques du faubourg Saint-Germain. La lecture de Butor, aussi personnelle qu'elle ait été, semble exemplaire de ces années fastes pour la critique, y compris par ces considérations génétiques qui, depuis la révélation de *Jean Santeuil* et du *Contre Saint-Beuve*, paraissent constituer le passage obligé vers la compréhension de la *Recherche* et l'explication de sa structure. Butor, comme presque tous les critiques de Proust, s'interroge sur ce qui a rendu la *Recherche* possible, d'autant plus extraordinaire qu'on connaît maintenant sa face d'échec et qu'il n'est plus concevable de n'attribuer sa prodigieuse réussite qu'au hasard, comme si Proust, une fois malade et retiré du monde, avait continué de bavarder par écrit. La fascination qu'exerce sur nous la *Recherche* est pour une large part fondée sur le contraste miraculeux entre les deux brouillons échoués et la grande oeuvre. C'est de ce contraste, de ce passage, que toute la critique cherche à rendre compte, que ce soit en termes d'histoire ou de structure. Et pour Butor il y a au principe de la réussite proustienne l'élaboration d'une architecture mentale faisant du roman un univers.

Comme avec Montaigne encore, il est clair que c'est à la question de son oeuvre propre que Butor cherche à répondre par le truchement de Proust dans les années 1960, époque des *Dialogues avec 33 variations de Ludwig van Beethoven sur une valse de Diabelli* (1961), de *Description de San Marco* (1963), qui nous ramène à Proust grâce à Venise et à la cathédrale, de *6 810 000 litres d'eau par seconde* (1965), tous textes à la recherche d'un autre principe de construction que celui du roman linéaire et de sa logique artificielle. Le montage ne suffit plus comme dans les premiers livres, fondés sur la juxtaposition et les croisements, sur le puzzle spatial et temporel de *Passage de Milan* ou *Degrés*. Butor s'intéresse désormais à l'épaisseur même du texte, imagine une simultanéité équivalente au contrepoint en musique. L'idéal n'est plus pictural, comme dans la mise en abyme de la toile de Martin de Vere dans *Passage de Milan*, mais musical, comme Proust est passé du "Port de Carquethuit" d'Elstir au septuor de Vinteuil:

> *Cependant le septuor qui avait recommencé avançait vers sa fin; à plusieurs reprises une phrase, telle ou telle de la sonate, revenait, mais chaque fois changée, sur un rythme, un accompagnement différents, la même et pourtant autre, comme reviennent les choses dans la vie*[8]

La sonate en abyme dans le septuor; Montaigne, mais aussi Baudelaire, en abyme dans la *Recherche*: voilà l'oeuvre totale, aux dimensions innombrables dans le temps et l'espace.

A propos de la prolifération du livre III des *Essais*, Butor faisait un rapprochement judicieux avec les *Vies parallèles* de Plutarque, le livre de chevet de Montaigne, l'équivalent des *Mille et une nuits* ou des *Mémoires* de Saint-Simon pour Proust:

> *Hanté toute sa vie par la conception des* Vies parallèles *de Plutarque, qui dessinent dans leur ensemble une "vie parallèle" de la Grèce et de Rome, Montaigne, émerveillé par cette profusion de nature qu'il aperçoit, ayant réussi, grâce à la tour édifiée par son livre, à émerger enfin de "cette plus profonde minère de ce nouveau métal" pire que le fer ou le plomb même, dans laquelle il était "planté", arrive à une image du monde comme concert d'histoires parallèles (EE, 202).*

Construire une "image du monde comme concert d'histoires parallèles": retenons la formule, qui décrit le livre des livres que désire Butor, le livre-cathédrale dont Proust a rêvé, sans l'atteindre sans doute, comme Butor l'affirme, mais en proposant et du coup en imposant l'idéal du livre à venir. Butor comprend ainsi l'hésitation de Proust, dans *Le Temps*

[8] La Prisonnière, A la recherche du temps perdu, t. III, Paris, Gallimard, "Pléiade", éd. J.-Y. Tadié, 1988, p. 763.

retrouvé, entre les deux images du livre comme robe ou comme cathédrale:

> *l'une, la robe, correspond à l'oeuvre telle que nous l'avons, l'oeuvre inachevée et pourtant qu'il ne désespère point de parfaire sous sa forme actuelle, l'oeuvre en sept parties, prisme et Septuor, l'autre, la cathédrale, un Saint-Marc fabuleux, à l'oeuvre inachevable, telle que la mort l'interrompra nécessairement, l'oeuvre en n parties que la mort qu'il sent proche l'empêchera de continuer, hyperprisme et Variation (EM, 196).*

Suit une longue citation, une de ces amples et belles citations dont les essais critiques de Butor sont tissés - je n'ai rien dit de leur forme -, l'écrivain limitant le plus souvent son commentaire, comme les glossateurs médiévaux, à quelques lignes cousant une cicatrice parfaite. La glose est ici superbe, et résume le modèle que Butor a cherché dans les classiques et trouvé chez Montaigne et chez Proust. Elle me servira donc de conclusion:

> *C'est cet inachèvement essentiel de l'oeuvre-cathédrale qui permet à l'oeuvre-robe d'en donner une idée malgré son inachèvement accidentel. Le livre de Proust, tellement fermé à l'origine, tellement un refuge contre le monde, devient en grandissant, et en particulier par l'intermédiaire de ces étapes fondamentales de réflexion que sont les oeuvres d'art imaginaires, un livre ouvert dans lequel le monde entier doit pouvoir se voir (EM, 197).*

Faire un "livre ouvert dans lequel le monde entier puisse se voir", une "image du monde comme concert d'histoires parallèles": Butor, qui est en ce sens un classique, n'a pas renoncé à l'idéal d'une rédemption par le livre, qui rachèterait sinon la vie du moins la littérature: "Un livre, écrit-il encore, doit être un mobile réveillant la mobilité des autre livres, une flamme ranimant leur feu[9]."

[9] M. Butor, "Victor Hugo romancier", Répertoire II, p. 240.

LE RÔLE DE LA RÉÉCRITURE DANS L'EXERCICE D'ÉCRITURE

Ghislain Bourque

On peut le croire, d'autant que cela n'arrive pas sur parole, le court texte de Butor ici désignant "Corneilles et Pruniers" offre un parcours introducteur à l'endroit d'une problématique de lecture consacrée à l'art japonais.

A ce titre donc, il emprunte les voies du texte informatif compte tenu de son mandat qui est de présenter, de préparer la lecture à diverses connaissances nécessaires à la compréhension du sujet.

Pourtant, selon la mesure observée, en maints endroits repérés, il y a tout lieu de croire que les voies du texte informatif se montrent impénétrables. En cela que bien autre chose, qu'une information continue, déployée pour assigner à chaque chose une place, un rôle, un statut, ici se présente, convaincue qu'elle ne saurait être prise à l'endroit alors même qu'à peine présentée déjà elle s'amuse à montrer son envers.

Dans des circonstances où le narrateur témoigne, en parlant d'un certain nombre d'oeuvres japonaises, de "la façon dont elles rusent avec la clôture", il y a tout à craindre pour qu'un report de procédures dans l'introduction même advienne. Si bien qu'à la lecture d'une introduction où divers paramètres telles la linéarité, la transparence, l'univocité méritent de triompher, on assiste à des dérapages contrôlés, on se frotte à des clôtures détournées.

J'ai vu toutes les oeuvres dont je parle, mais pas toujours directement. Ainsi je n'ai réussi à voir ni l'original du grand rouleau de Sesshu, ni ceux des fragments du Roman du Prince Genji. *Ce sera peut-être pour un autre voyage, sinon ce sera pour certains de mes lecteurs. Je les reconstitue à partir de diverses reproductions. J'ai eu la joie de contempler à loisir le premier rouleau des* Origines du Monastère du Mont Shigi *dans les réserves du musée de Nara, d'admirer la partie déroulée du second dans les salles d'exposition, quant au troisième je ne le connais que par des photographies. Chaque oeuvre est ainsi caractérisée pour moi par un profil d'approche particulier. J'avais découvert quatre des cloisons coulissantes où Unkoku Togan a peint* Corneilles et Pruniers *dans le second volume du livre de Seiroku Noma sur l'art japonais. Quand je suis arrivé dans la salle du musée de Kyoto où cette oeuvre monumentale était momentanément exposée, j'ai bien trouvé quatre cloisons, mais à ma grande surprise ce n'étaient pas les mêmes. Les deux que j'avais vues à droite étaient à gauche et complétées par deux autres dont je n'avais pas soupçonné l'existence, la branche y étant en bas au lieu d'être en haut comme de l'autre côté supprimé. Des circonstances dérisoires font que je n'ai aujourd'hui à ma disposition que la photographie de quatre cloisons sur six, donc je ne puis parler d'une partie de cette oeuvre que par un souvenir bien incertain. Mais ceci est étroitement lié à l'une des caractéristiques fondamentales d'un certain nombre d'oeuvres japonaises, la façon dont elles rusent avec la clôture. Ce n'est pas seulement cette peinture que j'ai vue d'abord en partie sans m'apercevoir qu'il lui manquait quelque chose, mais bien d'autres, si bien que désormais je cherche toujours, même quand je suis sûr de connaître l'oeuvre complète, comment ses lignes pourraient se prolonger à l'extérieur. J'avais vu des photographies en noir et blanc des* Corneilles *de Togan et lu des descriptions les accompagnant disant qu'il n'avait utilisé que trois couleurs: noir, blanc et or. L'une de mes surprises en voyant l'original a été d'en découvrir une quatrième, le vert tendre des lichens sur les troncs et les grosses branches. Certes pour une oeuvre "en couleurs" de l'époque Momoyama, il s'agit d'une palette remarquablement restreinte, mais une oeuvre "à l'encre" peut aussi comporter de l'or. Ce qui est essentiel ici pour donner le sentiment que l'on est dans le monde polychrome, et donc pour en percevoir toute l'économie, c'est d'abord l'utilisation du blanc comme peinture venant par dessus le noir et l'or, et non comme fond transparaissant plus ou moins entre ou sous les coups de pinceau, et surtout ces petite taches vertes qui nous déclarent que le noir et le blanc sont des couleurs parmi d'autres, et non ce qui peut traduire toutes les couleurs comme dans la peinture à l'encre, même si cette traduction est soutenue, prolongée, illustrée par des demi-couleurs, des teintes douces, transparentes, comme remémorées qui accompagnent la touche dans le grand rouleau de Sesshu. Ces petites taches vertes sont tellement courantes sur les troncs d'arbres et les rochers dans la peinture polychrome de l'époque Momoyama que le spécialiste risque de ne plus même les remarquer. Or le lichen, végétal qui couvre la paroi d'une couche souvent fort mince, peut passer pour l'emblème naturel de la peinture, comme une peinture vivante. Il joue déjà un grand rôle dans la couleur des jardins secs, et comme il y a au Japon des jardins de mousse, on peut très bien imaginer qu'on y invente un jour des jardins de lichens. Lecteur qui referez ce livre, vous ne manquerez pas d'y inclure des développements qui s'imposent sur le feu et les éléments, sur les bateaux, sur les jeux, sur les bords des rouleaux, leurs débuts et leurs fins, comment les images y sont coupées en haut et en bas, et sur la façon dont sont coupés les arbres dans ces cloisons coulissantes, sur les chevelures, sur le dessin des trajets à l'intérieur des jardins et des bâtiments, sur les ombres, sur les cascades, sur les lanternes, et sur Miroku, le bienheureux qui reviendra dans les siècles des siècles réenseigner aux humains la loi qu'ils auront alors complètement oubliée, et dont les discours seront si beaux que Shaka lui-même entrouvrira les frontières de son paradis pour les écouter, tandis que le mandala universel continuera son inconcevablement lente rotation. J'ai dédié cet ouvrage au premier Japonais qui ait eu l'audace de traduire un texte français dans sa langue, et aussi à Roland Barthes à cause de son* Empire des Signes *qui a pu surprendre bien des lecteurs de l'archipel, mais certainement nous a apporté, outre la chaleur de son amour pour ce pays, beaucoup d'aperçus parfois discutables mais toujours neufs et aigus. Il était allé au Japon avant moi, et nous en avions beaucoup parlé. Il avait eu le projet que nous fassions un livre ensemble à ce sujet, mais les occupations nous ont trop séparés. Je voudrais que l'on puisse considérer ce texte comme une sorte de complément au sien, qu'on les relie comme un diptyque. Aucune des illustrations de son ouvrage ne se trouve dans celui-ci; ce n'est nullement un hasard, je l'ai conçu pour que cela soit impossible, mais parmi les oeuvres que j'ai retenues, je me suis souvent demandé laquelle aurait pu lui plaire le plus, et je crois que c'est celle-ci. J'ai connu d'abord un seul des panneaux des* Fleurs et Oiseaux des quatre saisons *de Kano Bitoku, et j'ai trouvé déjà cela assez beau, puis deux à la fois, et j'ai trouvé que c'était beaucoup mieux, mais il ne m'est pas venu encore à l'idée que la paroi en comportait quatre, et quand j'ai découvert celle-ci toute entière, quel émerveillement, puis quand j'ai constaté qu'une autre la prolongeait, et une autre. Chaque morceau doit avoir une autonomie suffisante (c'est parfois l'autonomie du support, il y a, dans certains ensembles, des panneaux tout à fait vides), mais dès que l'on a vu ceux qui le complètent, doit en donner la nostalgie. Lorsqu'on visite un monastère, il y a presque toujours un panneau caché par un autre; c'est une sorte de défi du peintre au spectateur: "comment remplirais-tu cette partie absente pour que l'ensemble de ce que tu vois soit encore plus beau?". J'ai demandé au conservateur qui m'accompagnait au musée de Kyoto si les six cloisons connues peintes de* Corneilles et Pruniers *par Unkoku Togan constituaient l'oeuvre complète ou si quelques autres étaient perdues, et il m'a répondu que c'était vraisemblablement in-complet, mais que comme on ne connaissait pas avec précision l'édifice pour lequel elles avaient été conçues, on ne pouvait être sûr. Lorsque j'ai lu depuis certaines discussions d'experts sur la question de savoir si le* Roman du Prince Genji *était achevé ou inachevé, cela a rendu un son familier. C'est le même souci qui traverse des siècles de littérature et d'art japonais, ce même souci qui hante depuis des années certains d'entre nous en Occident, une des clefs de notre liberté.*[1]

[1] M. Butor; paru dans la revue TEM, 2(été 1984) 18-19.

LA DÉRIVE DU CONTINENT

Dans le déroulement des informations, à même la continuité des événements, des distorsions se présentent. Pour introductive qu'elle soit, l'écriture fait perdre au texte des vertus qu'on lui cédait volontiers: corpus défini, méthodologie claire, conclusion garantie. Au gré de trois moments remarquables, le texte institue un parcours dont le propre est de faire dériver le caractère introductif rattaché et à sa place et à son mandat. Des regroupements d'énoncés témoignent de la nature ainsi que de l'étendue de cette dérive.

1er MOMENT: Le détournement

Ce qui étonne, dès la lecture enclenchée, c'est l'insistance que met le texte à déséquilibrer le référent. Ici, plus particulièrement, selon un cumul appréciable d'énoncés, une désolidarisation de l'original - prise à la fois comme pièce à conviction et à conjonction - advient. Si bien qu'à la lecture achevée tout lecteur est en droit de se demander si le sujet qu'il attendait tient toujours.

Dans l'ordre des énoncés retenus, on peut remarquer les relais

a) D'abord la "réserve" que, dès les tous premiers mots, le texte manifeste à l'endroit des matériaux d'origine: *J'ai vu toutes les oeuvres dont je parle, mais pas toujours directement. Ainsi je n'ai réussi à voir ni l'original du grand rouleau de Sesshu, ni ceux des fragments du Roman du Prince Genji.*

Réserve qui vient faire perdre force et vigueur au référent, taxé ici d'original, et à l'endroit duquel la convocation ne s'avère pas toujours directe.

b) Ensuite, la "digression" quand, d'un rouleau vers un autre, l'original glisse en direction de la copie:

J'ai eu la joie de contempler à loisir le premier rouleau des Origines du Monastère du Mont Shigi dans les réserves du musée de Nara, d'admirer la partie déroulée du second dans les salles d'exposition, quant au troisième je ne les connais que par des photographies.

En se propageant du plus vers le moins palpable la contemplation rapportée par le narrateur confirme le glissement opéré sur l'original. Faisant qu'au bout du compte celui-ci se retrouve toujours un peu moins référencé.

c) Puis, nouvel inconfort, arrive la "substitution", figure selon laquelle, le détournement se radicalise:

J'avais découvert quatre des cloisons coulissantes où Unkoku Togan a peint Corneilles et Pruniers *dans le second volume de Séiroku Noma sur l'art japonais. Quand je suis arrivé dans la salle du musée de Kyoto où cette oeuvre monumentale était momenta- nément exposée, j'ai bien trouvé quatre cloisons, mais à ma grande surprise ce n'étaient pas les mêmes.*

Dans son parcours en trompe-l'oeil le texte introducteur se reprogramme jusqu'à modifier ce qui en soi produisait la référence.

d) Et même ira jusqu'à la secouer dans une atmosphère où règne l'inflation. Deux extraits témoignent ici d'une prolifération référentielle pour le moins excédée:

L'une de mes surprises en voyant l'original a été d'en découvrir une quatrième (une quatrième couleur).
J'ai connu d'abord un seul des panneaux des Fleurs et Oiseaux des quatre saisons *de Kano Bitoku, (...) puis deux à la fois (...) que la paroi en comportait quatre (...) qu'une autre la prolongeait, et une autre.*

L'assise de l'original, en gagnant du terrain, ne peut se fixer. L'effervescence dans laquelle il apparaît à la fois déroute et désarme.

e) Pour enfin, au moyen de figures tout autant d'effacement que d'"aveuglement", marquer son élémentaire dissolution. Deux énoncés, bien que discrets, invitent à ne pas trop engager sa lecture du côté de l'original:

Ces petites taches vertes sont tellement courantes (...) que le spécialiste risque de ne même plus les remarquer.

Lorsqu'on visite un monastère, il y a presque toujours un panneau caché par un autre.

Voilà qui, sous bannière d'introduction, joue plutôt d'avertissement. En reconfigurant l'original Butor ruse avec la clôture. Par l'une vers l'autre figure convoquée (réserve, digression, substitution, inflation, aveuglement), il met en place un dispositif apte à provoquer un déséquilibre dans la référence. Le détournement progressif incruste dans la lecture l'idée que l'original n'est pas authentiquement référencé. Et que donc il travaille à promouvoir le trompe-l'oeil.

Mais là ne s'arrête pas la dérive, puisqu'à force de détournement le texte engage la lecture dans une voie où le gauchissement se fixe à la base du lisible.

2e MOMENT: Le gauchissement

En signalant que l'original est objet de détournement, que sa trajectoire fait quitter les sentiers de la référence, la lecture s'expose à deux sortes de régimes: l'un, plutôt indisposant, où chacune des oeuvres convoquées court, parce que sans succession, à la déshérence; l'autre, plus approprié, au sein duquel les oeuvres désignées ont recours à des mécanismes de relève.

Il va sans dire qu'ici ce sont les mécanismes de relève qui opèrent. Au nombre de trois, ils balaient le texte en proposant une alternative à un référent affolé.

a) Un premier mécanisme, que l'on dira de "supplétion", plaide en faveur de remplacements directs. Il se repère dès les toutes premières lignes du texte, et se confirme bien au-delà:

. *Je les (oeuvres) reconstitue à partir de diverses reproductions.*
. *Je ne les connais que par des photographies.*
. *Je n'ai aujourd'hui à ma disposition que la photographie de quatre cloisons sur six.*
. *J'avais vu des photographies en noir et blanc des* Corneilles *de Togan et lu des descriptions les accompagnant.*

Qu'il s'agisse donc de "reproductions", de "photographies" ou encore de "descriptions", le texte détourne l'original au profit de figures de supplétion. Par déviations interposées, il s'aligne sur ce qui le représente.

b) Un second mécanisme, quant à lui, fait entrer l'original dans la catégorie du flou, de la traduction, voire de la remémoration approximative. Perdant en précision et en spécification, l'élément ciblé s'inscrit dans une procédure de "glissement":

. *donc je ne puis parler d'une partie de cette oeuvre que par un souvenir bien incertain.*

. *et non ce qui peut traduire toutes les couleurs comme dans la peinture à l'encre, même si cette traduction est soutenue, prolongée, illustrée par des demi-couleurs (...) comme remémorées.*

Ici l'altération potentielle de l'original incite à penser qu'un peu plus que le remplacement, ce sont de discrètes mais néanmoins réelles modifications qui se préparent.

c) Modifications qui seront menées jusqu'à une dissolution dans la "complémentarité". De sorte que c'est à une trajectoire courbe que convie le texte en imposant une référence venue supplanter toutes les autres:

. *J'ai dédié cet ouvrage au premier japonais qui ait eu l'audace de traduire un texte français dans sa langue, et aussi à Roland Barthes à cause de son* Empire des signes.

. *Je voudrais que l'on puisse considérer ce texte comme une sorte de complément au sien, qu'on les relie comme un diptyque.*

Le raccordement à Barthes - lui-même introduit par la référence à un premier japonais que l'on ne nomme pas et qui sitôt convoqué s'efface - procède du plus parfait détournement. D'abord parce qu'à toute lecture préalable il commande un détour par Barthes, plus spécifiquement du côté d'une de ses oeuvres "L'empire des signes", ensuite parce que le travail postulé va s'arracher au pur référent japonais pour s'associer à celui élaboré par un occidental.

Définitivement ce ne sont plus les oeuvres d'art japonais qui rusent avec la clôture, car depuis les manoeuvres de détournement l'introduction s'est, par l'entremise d'épreuves strictes de gauchissement, affranchie. Par menus déséquilibres calculés le texte en est arrivé à signaler que de référent il n'y en aura pas, excepté peut-être celui en creux que laisse châtoyer plus d'une vacance (qu'elles soient d'oeuvres d'art ou, plus spécifiquement, d'auteur).

De la sorte, si les conditions du lisible ont paru s'établir dans le contrat retors de référenciation qu'affichait l'original, il est à prévoir que de nouveaux dispositifs porteront l'affranchissement obtenu - serait-il pervers - plutôt du côté du scriptible.

3e MOMENT: Le redressement

Le tout est affaire de relance. Après avoir provoqué un déséquilibre des plus patents du côté de la référence il revient au texte de désigner par quel chemin la situation pourra être redressée. En l'état de la question les avenues de redressement ne se présentent pas à la pelle. Car si l'original bat de l'aile à quoi bon le maintenir de manière intégrale. Il faut plutôt profiter de la vacance constatée, et d'une certaine manière produite, pour rajouter à la référence le coefficient d'inventivité qui lui fait si dramatiquement défaut.

Encore ici divers mécanismes aident à ériger un parcours cohésif de redressement:

a) Un premier énoncé, qui ne crée rien à strictement parler, permet d'établir à la fois les limites d'une lecture et le tremplin d'une écriture.

. *Ce sera peut-être pour un autre voyage, sinon ce sera pour certains de mes lecteurs. Je les reconstitue à partir de diverses reproductions.*

L'appel à la "reconstitution" signale à souhait la nécessité d'un renforcement de lecture qui vienne solidariser diverses composantes du texte. Sans nécessairement rajouter aux éléments de base, elle permet toutefois de penser que la lecture est affaire de manipulation.

b) Même que c'est un dispositif de manipulation qui n'hésite pas à pousser plus loin sa clôture. Ici, la logique de l'incomplet, du manque à gagner, incite à vite établir une stratégie de "prolongement":

. *désormais je cherche toujours, même quand je suis sûr de connaître l'oeuvre complète, comment ses lignes pourraient se prolonger à l'extérieur.*

A l'évidence, ce n'est plus à strictement compléter ce qui manque à sa place que s'emploie la lecture, mais, par-delà même, à déplacer, voire convoquer de nouveaux espaces.

c) Alors peut s'énoncer en clair une exhortation à l"invention. Puisqu'en la circonstance le dispositif lectoral, figuré via le lecteur ou le spectateur, invite le plus explicitement du monde à sauter la clôture:

. *on peut très bien imaginer qu'on y invente un jour des jardins de lichens. Lecteur qui referez ce livre, vous ne manquerez pas d'y inclure des développements qui s'imposent sur le feu et les éléments, sur les bateaux, sur les jeux, sur les bords des rouleaux, leur débuts et leurs fins (...).*

. *c'est une sorte de défi du peintre au spectateur: "comment remplirais-tu cette partie absente pour que l'ensemble que tu vois soit encore plus beau?"*

En regard d'une oeuvre, "Corneilles et Pruniers", taxée de vraisemblablement incomplète, rien moins qu'une collaboration d'écriture s'institue. Et ainsi autorise à penser une relance organique.

A plus largement considérer les mesures de redressement (reconstitution, prolongement, invention) ici convoquées, on peut avancer que, par le mouvement d'ensemble qu'elles impriment au texte, elles font tout haut ce que dans l'ensemble l'introduction dit tout bas, à savoir que le référent n'est pas encore ce qu'il pourrait être!

Tout autant, sinon plus que les oeuvres japonaises, le texte de Butor ruse avec la clôture. Ce qui a pris les traits d'une introduction, fût-elle analytique, à compter d'un matériau fixe, s'est vu délogé au profit d'une confusion calculée d'éléments dont l'ordre n'a pu tout à fait se hiérarchiser. Le parcours que la lecture aura dû emprunter n'a pas su imposer le registre de lisibilité à laquelle toute entreprise de "présentation d'objet" se plie. N'a pas su parce que n'a pas voulu. Ce fut, de "détournement", en "gauchissement", en "redressement", la part de lisible qu'il fallut sacrifier pour peut-être accéder au scriptible. Ce fut en quelque sorte une manière d'ouvrir le référent...

Cette dérive du continent aura, par originaux interposés, parasité la référence. Si bien que dans la querelle des premiers et des seconds la confusion se sera vite installée, proposant, outre un système de brouillage du travail référentiel, une démarche d'élaboration de corpus.

Butor oeuvre en trompe-l'oeil. Les oeuvres d'art japonais ne suffisent pas à alimenter l'écriture. Sauf à les considérer comme des lieux matriciels aptes à générer de la référence. Avec pour résultat virtuel qu'à l'arrivée *Corneilles et Pruniers* risque d'échapper à ce qu'il devait être au départ.

LA DÉRIVE DE L'INCONTINENT

C'est un des avantages que procure le texte butorien de se présenter dans un état d'ambiguïté tel qu'il force à faire retour sur la notion même de texte. Aussi, de manière à accorder un cadre à la réflexion qui va suivre, il paraît incontournable de spécifier par trois notre champ définitoire.

En premier lieu voyons à cerner le concept de texte. D'une manière toute fonctionnelle on se rangera du côté des spécifications suivantes: Le texte se définit comme un lieu opératoire autorisant un ou plusieurs parcours allant d'un énoncé d'ouverture à un énoncé de clôture, ce sans finalité obligée.

Pour mieux défendre le caractère provisoire de certains parcours l'on épinglera à cette définition trois modalités de réalisation:

1- *un énoncé d'ouverture peut servir de clôture à un précédent parcours;*

2- *un énoncé de clôture peut jouer d'ouverture pour un parcours subséquent;*

3- *un parcours peut être constitué du travail de plusieurs autres parcours.*

En conséquence, et pour quitter l'état d'abstraction conféré au concept mis en cause, il faut compléter la réflexion en signalant qu'en tant que lieu opératoire, le texte se présente à compter de quatre types d'exercice particuliers: la lecture, la relecture, l'écriture, la réécriture. Avec pour corollaires diverses modalités de croisement: la lecture-écriture, l'écriture-lecture, la relecture-écriture, l'écriture-relecture, la réécriture-lecture, la lecture-réécriture, la réécriture-relecture, la relecture-réécriture...

En second lieu, et pour les besoins de la cause ici entendue, il paraîtra utile de prêter attention à deux parmi les exercices mentionnés. Soit: l'écriture, et la réécriture.

a) On doit entendre l'*écriture* comme un exercice regroupant un ensemble d'opérations (grammatiques, syntaxiques, sémantiques et logiques) dont l'agencement provoque un effet de parcours. En la circonstance, on dira que ledit agencement intervient par association et coordination de divers paramètres aptes à promouvoir de la valeur.

b) De manière consécutive il faut considérer la *réécriture* comme un exercice qui, de même, regroupe un ensemble d'opérations mais, cette fois, appliquées à une écriture; et dont l'objectif est de modifier, parfois même transformer, un parcours. La plupart du temps conçu à la faveur d'une pratique améliorative, l'exercice de réécriture peut donner lieu à cinq modes particuliers d'intervention: redressements correctifs, ajouts, suppressions, déplacements, déviations.

Contigu à celui d'écriture, l'exercice de réécriture répond d'un agencement susceptible soit de confirmer, soit de provoquer un effet de parcours.

A ce titre, il n'est pas moins apte à soit associer, soit coordonner divers paramètres.

Simplement, retenons qu'il y a "parcours" dès l'instant où, par l'action isolée ou combinée de divers paramètres, des composants du texte se solidarisent. C'est-à-dire empruntent une direction et la maintiennent; que celle-ci soit thématique, grammatique, chronologique, etc...

Chez Butor plus qu'ailleurs, l'écriture n'arrive jamais seule. Prise dans un lacis de références elle se présente toujours dans un climat de coopération où l'intertexte, qu'il soit général ou restreint, dicte la conduite. Mais c'est une conduite au sein de laquelle le lecteur ne peut s'abandonner. Au sens où nulle complaisance à élire un mécanisme ainsi qu'à le faire fonctionner n'a de chance de s'installer. Pas plus que l'écriture, la lecture ne peut se permettre d'épouser une ligne par trop directive. Alors même que le texte tend à prendre place, divers dispositifs prennent en chasse ses appuis référentiels jusqu'à en compromettre la légitimité même. Si bien, qu'à bout de parcours, le lecteur n'a d'autre choix que de se demander s'il n'aurait plutôt affaire à un exercice de réécriture. Convaincu du reste que rien ne l'avantage à trop rapidement se faire une idée.

Cette ambiguïté de trajectoire qui, à la base, se présente comme une ambiguïté d'exercice, n'est pas faite pour convaincre mais pour produire. Et c'est de leur production justement que le texte s'articule.

En fait deux mouvements ou, si l'on préfère, deux circuits viennent en quelque sorte cristalliser les deux types d'exercice que le texte promeut. Un premier, dont le tracé a déjà été relevé, et qui, par considération globale, pourrait s'intituler "retour d'écriture". Un second, dont le tracé reste à faire, et qui, par concession locale, sera titré "tour de réécriture". Alors qu'il nous faut détailler le second, il n'est pas inutile de reconsidérer dans sa globalité ce qui a déjà été considéré quelques pages auparavant.

1- *Retour d'écriture*: nous appellerons "retour d'écriture" ce dispositif selon lequel l'écriture, dans son déroulement propre, commande de revenir sur ses traces afin de mieux faire voir l'orientation prise.

Ici traduit par des manoeuvres rendant équivoque tout le travail du référent, le "retour d'écriture" se convertit en véritable *machine à déraper* quand, de "détournement" en "gauchissement", en "redressement", il infléchit toute l'allure du texte.

Ce contrecoup de l'écriture dans un lieu où, en principe, devrait dominer le "continent" aura été mis de l'avant pour desservir une stratégie pouvant se résumer à ceci: déstabiliser, voire même compromettre le lisible, de manière à pouvoir accéder au scriptible. Déséquilibrer le référent de manière à pouvoir accéder à des données nouvelles.

2- ***Tour de réécriture***: nous désignerons "tour de réécriture" cet autre dispositif qui, profitant de ce que l'écriture fait retour, imprime chez cette dernière un mouvement de refonte. En la circonstance, l'on dira qu'il y a "tour de réécriture" dès l'instant où un ensemble de modifications convient à une distribution stratégique, constituant un parcours. C'est, dans le lisible inventorié, la part du scriptible qui émerge sans avoir été l'objet de soulignements sémantiques particuliers.

De par sa nature, le "tour de réécriture" se résume en manoeuvres faisant dévier de la trajectoire commune un objet déjà consigné. En fait, il s'agit d'un aménagement singulier de réécriture ne devenant perceptible que par relais associatifs. Un aménagement dont l'explication revient au texte.

Dès lors redevable de modalités particulières de traitement le "tour de réécriture" profite, de par sa fonction, du désordre engendré par un "retour d'écriture" pour, ponctuellement ou continûment, donner accès à un nouvel ordre.

Visiblement, cela s'illustre, mais n'en demande pas moins quelques acrobaties rétiniennes.

La première partie de cette étude s'est employée à montrer du doigt les manoeuvres sémantiques utilisées pour d'abord provoquer une dérive référentielle, ensuite compromettre l'assise de l'original. Cela, on se rappelle, s'est traduit par glissements consécutifs jusqu'à semer le doute et dans la nature et dans la fonction du corpus convoqué.

En conséquence, la seconde partie s'appliquera à indexer d'autres manoeuvres portées sur le matériau même du corps conducteur en lequel l'original se confond dans sa référence. A savoir, plus précisément: la table onomastique.

a) l'inventaire: un rapide examen du court texte étudié permet de repérer un ensemble de termes voués à diverses désignations et fondamentalement faites pour les nommer. En respectant leur ordre d'apparition les voici tels qu'ils se présentent:

. Sesshu
. Roman du Prince Genji
. Origines du Monastère du Mont Shigi
. Nara (musée)
. Unkoku Togan (auteur)
. Corneilles et Pruniers
. Seiroku Noma (auteur)
. Kyoto (musée)
. Momoyama
. Miroku le bienheureux
. Shaka
. Japonais
. Roland Barthes (auteur)
. Empire des Signes (oeuvre)
. Fleurs et Oiseaux des quatre saisons
. Kano Bitoku
. Occident

La majuscule, pour autant qu'elle se maintient au-delà le début d'une phrase, se trouve ici servir de label. Tout terme se prétendrait-il propre, ne peut en la circonstance se permettre de partir sans elle.

b) Par mesure de détection

A l'exemple de ce qui fut établi lors de la reconnaissance d'une dérive dans le continent, la dérive de l'incontinent passera par trois moments distincts de détection.

1er Moment: *Les insistances*: pour un son ou pour une lettre de mêmes insistances viennent à se présenter. Globalement cela prend des allures de rimes:

Genji	Nara	Sesshu	Roman
Shigi	Noma	Unkoku	Roland
	Momoyama		Occident
	Shaka	Seiroku	
		Miroku	
		Bitoku	

La récurrence de certains sons pourrait laisser croire en un investissement symétrique au sein même du texte. Pourtant, à mieux examiner la place occupée par chacun des termes mis en cause, rien de tel ne s'impose. L'éparpillement sonore ne favorise guère une stratégie d'ensemble. Ce n'est donc pas là qu'il faut s'attarder. Mais peut-être bien sur un phénomène un peu plus remarquable et qui se trouve être certaine récurrence de la syllable "ku". Laquelle s'avère être une insistance pour le moins saisissante.

Sitôt admis en effet, le phonème "ku" rayonne sur le plan sémantique, jusqu'à s'abandonner dans un parcours à priori facile. Conjugué à celui de la rime le travail du calembour graphique détonne:

Unkoku	un cocu
Seiroku	serre-au-cul
Miroku	mire-au-cul
Bitoku	bite-au-cul

Bien qu'irrévérencieuses, ces traductions opérées dans le sens de l'écrit tel qu'il se présente en prononciation française n'en sont pas moins fonctionnelles. Surtout si l'on se montre attentif à certaines autres mesures pouvant faire relance.

2e Moment: *Les résonnances*: prenant le relais des effets syllabiques rencontrés, diverses manoeuvres grammatiques vont favoriser l'apparition d'insignes résonnances. En fait, pour être plus précis, se trouvent ici convoquées des opérations liées tantôt à l'anagramme, tantôt au contrepet.

Ainsi, dans le jeu des "cloisons coulissantes où Unkoku Togan a peint Corneilles et Pruniers" vont apparaître des permutations inattendues. Lesquelles donneront à lire le fondement d'une bien gaillarde chorégraphie:

Unkoku Togan + Corneilles et Pruniers

Tango d'un Cocu + Cornus imprégnés

Chorégraphie opérant un rapprochement plutôt artificiel entre le Japon et l'Argentine, mais dont la nature souligne à merveille l'idée de résonnance rattachée à l'apparition des quatre vocables déjà recensés.

3e Moment*: *La révérence: une gêne, sans doute trop occidentale, fait hésiter la lecture à bien conclure ce tour de réécriture. Pourtant, par une référence qui n'en est pas moins une révérence, Butor désigne bien la marche à suivre.

C'est ainsi que l'on remarquera, après la dédicace au "premier japonais qui ait eu l'audace de traduire un texte français dans sa langue", l'arrivée de Roland Barthes à cause de son "Empire des Signes", à point nommé. Car, pour avoir été convoqué, le japonais n'en reste pas moins dans l'anonymat. Comme si le premier appelé à traduire devait se retrouver second.

Cette marque de révérence, toute entière reportée au crédit de Barthes, porte en elle un effet de recouvrement pour l'ensemble du parcours détecté. A raison d'une légère modification sonore en effet "L'Empire des Signes" invite à un détour du côté d'une oeuvre cinématographique originant d'un japonais, Nogisa Oshima, et qui, cinématographique, a pour titre "L'Empire des Sens".

C'est là, on peut le remarquer, un point de révérence qui se trouve prisonnière de la référence. L'emprise du sens qui, par un tour de réécriture s'est manifestée à l'occidentale, se trouve subitement déportée du côté de l'Orient. De sorte que, pour avoir voulu momentanément se soustraire au corpus à l'origine étudié, la réécriture n'aura pu que par la bande y retourner.

LA DÉRIVE DE L'ÉCRITURE RIVE LA RÉÉCRITURE

Ce que la dérive du continent a comme disloqué sur le plan sémantique, la dérive de l'incontinent l'a restructuré sur le plan grammatique.

Bien sûr, de part et d'autre, il y a eu parcours, mais pas selon les mêmes registres paramétriques. C'est ainsi qu'initié sur le plan sémantique le premier parcours a fait cheminer son argumentation de manière à couvrir la globalité du texte. En quelque sorte: il en a fait le tour!

En contrepartie, le second parcours, puisqu'initié sur le plan grammatique, a quant à lui su développer son argumentation de manière à investir le texte au niveau local. En somme il s'est employé à lui jouer un tour.

Cela doit mettre en relief ceci: Butor ruse avec la clôture! Rendant perméable à souhait la frontière que par sa référence l'écriture transporte. Et il en ruse tant et si bien qu'il réussit à nous faire comprendre jusqu'où l'écriture n'est qu'un moment de la réécriture .

D'OÙ ÇA NOUS VIENT: PROPOS SUR L'INTERTEXTUALITÉ DES *MATIERE DE REVES*

Jennifer Waelti-Walters

"Souvent les gens vous demandent d'où vient ce que vous écrivez" écrit Butor au début du *Répertoire V*,[1]

> *C'est comme si, y découvrant quelques traces précieuses, ils voulaient l'adresse de la mine pour aller y fouiller eux-mêmes...* (p.7)

Matière de rêves est l'une de ces mines, royaume de la nuit, des profondeurs et des trésors cachés qu'il faut situer et explorer de notre mieux.[2]

Où commencer? Comme toujours, dans un autre livre de Butor qui, si nous savons le reconnaître, nous offre un plan des *Matière de rêves*. Nous voici tout de suite plongés dans l'intertextualité inépuisable de cette oeuvre. Creusons le premier essai de *Répertoire V*. Le matériau vient du dictionnaire, précise Butor, de "la grande mine de la littérature [qui] est la bibliothèque", et des voyages.

> *Vous parlez des mots, mais vous en faites des combinaisons* neuves. *Dans la bibliothèque, vous lisez ce qu'on ne lit pas. Vous*

[1] "D'où ça nous vient", *Répertoire V*, Paris, Editions de Minuit, 1982.

[2] Cet article paraîtra sous une forme légèrement différente dans J. Waelti-Walters, *Michel Butor*, Amsterdam, Editions Rodopi (à paraître).

> *voyagez en quête de lieux différents. Quelle est donc l'origine de cette originalité? (p.12)*

L'enfance, d'abord, dit Butor:

> *Il vous faut pouvoir regarder les choses d'un peu plus loin, prendre le temps de dissoudre les associations ordinaires, de les écarter un instant. Vous avez à défaire les chaînes pour jouer avec les mots et les structures, vous avez à les agiter* (p.15).

Puis la nuit et le silence, car c'est dans les rêves que ce brassage des souvenirs et des structures a lieu. Le lien entre le rêve et l'écriture doit ensuite être établi pour "faire de l'écriture une sorte de rêve éveillé" (p.17).

Et l'énergie qui sous-tend l'acte de créer? Elle vient en partie de la transmutation d'une souffrance profonde, "d'une contradiction de la société, d'une inflammation qui se fixe comme un abcès" (p.18) qui explose enfin; de la folie qu'on frôle et à laquelle on survit, du conflit entre vivants et morts. "L'écriture est la transmutation de la mort en vie" (p.22). Cette description de la genèse d'un texte s'applique fort bien aux cinq *Matière de rêves*, comme, d'ailleurs, à toutes les oeuvres de Butor.

Quant au chemin qui conduit à notre mine, il commence, à l'évidence, dans les années 1961 à 1963 avec la publication d'*Histoire extraordinaire, Mobile, Réseau aérien* et *Votre Faust*, textes exploratoires, préparatoires aux grandes séries qui suivront. On y trouve la littérature et le rêve, le concept de la mutabilité de la lecture d'un texte; l'apprentissage à l'écriture sérielle - ce que Butor définira ensuite comme l'usage des "matrices" en tant qu'outils opératoires[3] - le développement de la technique de la citation qu'il utilise déjà dans *Degrés*,[4] et la métaphore

[3] Alain Poirson et Philippe Albera, "Entretien avec Michel Butor", *France-Nouvelle*, le 2 mai 1978, pp.45-46.

[4] Françoise van Rossum-Guyon, "Aventures de la citation chez Butor", *Butor: Colloque de Cerisy*, UGE, Coll. 10/18, pp.17-40.

de Faust et de Don Juan, "métaphore obsédante du mythe personnel" de Butor.[5] Notons que ce mythe englobe curiosité débordante, transgression, exil, sexualité polymorphe, subversion de l'ordre établi et, surtout, lutte acharnée des vivants contre la mort.

Les séries, elles, développeront, chacune selon la nature de son sujet, une variante de la composition matricielle; chacune explore le monde des voyages ou des livres avec un appétit bien juanesque. Butor le dit lui-même:

> *Le voyage est une caresse, mais en même temps le voyage est une lecture et une écriture... on peut très bien interpréter cette organisation générale des langages et des souvenirs comme une organisation générale de symboles sexuels.*[6]

Répertoire, Illustrations, Génie du lieu, Envois, Avant-goût sont les lieux de rencontre d'éléments variés issus de la connaissance et de la perception, de l'auteur comme de ses lecteurs. Leurs thèmes principaux se répondent, de volume en volumes, de série en séries. Cela permet une multiplicité de lectures qui s'enrichissent les unes les autres, et qui, entraînant le lecteur vers le monde extérieur, lui proposent un vaste réseau de tous les éléments *conscients* de l'esprit créateur.

Reprenant la structure de *Passage de Milan*, on peut dire que *Matière de rêves* constitue les assises - souterraines - de tout le système butorien. Le rôle de cette série est d'évoquer les différents niveaux d'un inconscient créateur: au premier, soucis personnels et professionnels; au second, connaissances et goût; au troisième, résistances morales, politiques et littéraires; puis "métaphore obsédante du mythe personnel" et enfin, spiritualité et sexualité, dont la friction (d'après *Histoire extraordinaire*) produit la poésie.

Les cinq volumes de *Matière de rêves* sous-tendent le reste de l'oeuvre comme l'inconscient d'un artiste forme naturellement la fondation

[5] Terme clé de l'oeuvre critique de Charles Mauron, voir *Des Métaphores obsédantes du mythe personnel*, Paris, J. Corti, 1963.

[6] Skimao et Bernard Teulon-Nouailles, *Michel Butor*, Paris, la Manufacture, Coll. Qui êtes-vous, 1988, p.311.

de ce qu'il crée. Cette série contient ainsi les germes et les échos de toutes les autres, comme d'ailleurs de tous les autres ouvrages - tout ce qu'écrit Butor s'incrivant dans un ensemble cohérent. Dans les *Matière de rêves*, on trouve en effet les conflits des premiers romans, les auteurs figurant dans les *Répertoire* et dans les livres critiques, les peintres des *Illustrations*, les villes des *Génie du lieu*.

On y rencontre également un grand nombre de personnages de romans qui traversent constamment cet imaginaire. Personnages qui se caressent, s'embrassent, font l'amour avec le narrateur, sont enceintes, allaitent les bébés que le narrateur leur confie, dans un vaste tissu de séduction d'où Marie-Jo et les quatre filles ne sont pas exclues. Ce tissu de flagrante promiscuité forme une toile de fond sur laquelle se détachent les rêves butoriens du premier volume ainsi que ceux que, dans *Mille et un plis*, il emprunte à d'autres écrivains, pour créer le ton ironique qui s'adresse aux psychiatres à qui *Matière de rêve I* est dédié. Tout cela suggère un premier réseau de références, implicites, aux oeuvres de Freud, de Jung et de leurs confrères. *Matière de rêve I* est fait de rêves traduisant des angoisses courantes - conférence ratée, avion qui s'écrase, déménagement catastrophique - couchées en termes métaphoriques bien connus - perte d'identité, perte de vêtements, métamorphose. Dans *Mille et un plis*, par contre, les rêves révèlent un symbolisme d'un phallisme quasi rabelaisien. De plus, dans *Mille et un plis*, Oedipe arrive à côté de Phèdre; et, dans *Troisième dessous*, Butor-rêveur est condamné pour ses débordements freudiens:

> *...Il a désiré sa mère, l'a trompée, il trompe sa femme, désire ses filles, les trompe, il a voulu la mort de son père... (p.187)*

et la psychanalyse continue d'être moquée...

La structure même des cinq volumes, par le jeu des références et l'agencement des textes existe comme acte de révélation, de résistance, les actes de vraie subversion se situant au coeur de *Troisième dessous*.

Les références culturelles créent le cadre. A la surface, ou presque, se trouvent les grands romans du XIXe siècle français, ouvrages que tous les professeurs de littérature connaîtraient par coeur, que tout lecteur reconnaîtrait. Viennent ensuite des romantiques allemands, suivis au troisième niveau par des écrivains de langue anglaise dont les héros sont dotés d'appétits très vifs pour le voyage autant que pour l'amour. Ce qui conduit tout naturellement aux thèmes de Faust et de Don Juan et, de la sorte, à la musique de *Quadruple fond*. Enfin, dans la galerie la plus profonde de cet inconscient consciemment reconstruit, les rêves de Sorel, de Nerval, de Baudelaire et de Huysmans. La liste entière, quand on y ajoute Tite-Live et Homère (*Second sous-sol*), Euclide et Leibnitz (*Troisième dessous*), est un catalogue, qui ne surprend guère - à part peut-être par la présence du philosophe chinois Tchouang-Tseu et de l'astronome Tycho Brahé- de ce qui remplirait une imagination bien nourrie. Toutes ces références rappellent les *Répertoire* et, partant, les autres horizons de la littérature.

A chacun des niveaux de ce cadre historique se situent nombre d'allusions à la peinture contemporaine, allusions, pour Butor, plus personnelles, car les peintres dont les oeuvres fournissent la matière des rêves sont des amis avec qui il travaille. Leurs noms servent d'articulation entre le monde de la peinture et l'intérieur de l'imaginaire butorien. On pense ici aux *Illustrations*, aux livres sur Kolar, sur Hérold, aux oeuvres de collaboration avec Masurovsky, avec Staritsky...

Les références internes sont de deux sortes: d'une part références aux autres livres de Butor - implicites dans *Matière de rêves I*, explicite mais brèves dans *Quadruple fond*. D'autre part, citations tirées de *Matière de rêves*, et, dans *Mille et un plis*, reprise du tout premier rêve ("le Rêve de l'huître"), qui boucle la guirlande de rêves et introduit l'intertextualité strictement interne du volume.

Les *Matière de rêves* sont des rêves construits de façon formelle, sérielle; Butor dit:

> *Il s'agit pour moi d'une sorte de machine à fabriquer des rêves, un peu comme le matériel pour un Don Juan, des récits de rêves... Certaines phrases jouent le rôle de charnière pour nous faire passer d'une région de rêve à une autre et d'un rêve à un*

autre[7],

et il explique que chaque rêve contient des citations de tous les rêves antérieurs - ce qui impose une certaine "gymnastique" stylistique dans le dernier volume.

Regardons de plus près chacun des volumes. Le schéma que voici résume les éléments formels les plus évidents de *Matière de rêves I*:

Matière de rêves:

	I	II	III	IV	V
textes au programme	Atala René Adolphe	NotreDame de Paris	Rouge et le Noir Père Goriot	La Mare au Diable	Mme Bovary Germinal
auteurs	Chateau-briand Constant	Balzac Hugo	Verne Stendhal	Huysmans G. Sand Kafka	Flaubert Zola
personnages	Atala Chactas Amélie Ellénore Adolphe	Esmeralda Quasimodo Djali la chèvre Delphine de N. Vctesse de Beauséant Mme Vauquer Orc Urizen	Delphine de N. Rastignac Vautrin Mathilde de la Mole Mme de Rénal	Des Esseintes Marie Kolia Mathilde de la M. Chactas Esmeralda Quasimodo Delphine de N. Vautrin Nosferatu	Emma Uranie M.Homais Catherine Charles Bovary
	Les Indiens d'Amérique	Washington Franklin Paine, Warren,Gates,	Les Maoris Washington Paine,Warren, Allen,	Blake Apollinaire Verne	Les Maoris

[7] Poirson et Albera, p.43.

	Hancock & Green	Gates & Lee William Blake	
Butor conférencier Bernard Noir	Bernard Bernard	Bernard Noir	Maori/ conférencier

Marie-Jo, Cécile, Agnès, Irène, Mathilde, Marie-Jo, Cécile, Agnès, Santa Barbara, Manchester, London, Tokyo, Wellington...

Peut-être est-ce pour souligner la présence de l'inconscient que le premier rêve du premier volume s'ouvre sur une plage et que le cinquième se termine au moment où le narrateur, ayant appris à se connaître

> *(Je plonge en ouvrant les yeux; pour la première fois je découvre les emblèmes de mon nouveau corps: quelle encyclopédie* (p.136)),

part vers le large pour l'inconnu. Entre ces deux moments se situent cinq rêves d'angoisse que chacun reconnaîtra sans peine. Butor en parle ainsi:

> *Les* Matière de rêves *sont en fait des rêves construits. Dans le premier volume au moins quatre des cinq partent de rêves récurrents avec des quantités de variantes et le récit, tel qu'il est, utilise de nombreuses versions d'un thème fondamental: celui de la conférence ratée, celui du déménagement, de l'arrivée dans un pays étranger, bref toutes ces angoisses.*[8]

Le volume *Matière de rêves I*, comme ce sera également le cas pour les quatre autres, contient cinq rêves, liés les uns aux autres par un certain nombre de citations, (dans toute la série d'ailleurs, chaque rêve contiendra des citations de tous les rêves antérieurs), par le passage de personnages littéraires, de Marie-Jo, Cécile, Agnès, Irène, Mathilde, par la reprise de certaines structures grammaticales ou thématiques - auteurs sur des étagères, enfermés dans des bouteilles - par les "matrices" qu'ils

[8] Skimao et Bernard Teulon-Nouailles, *op cit*, p.311.

ont en commun, en somme.

Comme dans les autres séries butoriennes, il est impossible d'interpréter le premier texte pour en faire la clé de ceux qui suivent. Ainsi dans "le Rêve de l'huître", les citations de Chateaubriand à propos de la perte des colonies françaises d'Amérique du nord peuvent évoquer la diminution du rôle des rêves dans notre culture. (Cela fait penser aux livres cités dans *Portrait de l'artiste*, dans *Répertoire V*, et plus tard dans d'autres volumes de *Matière de rêves*: *Comment se rendre heureux par les rêves* et *Les Rêves et les moyens de les diriger.)* Le titre même du rêve suggère d'ordinaire une ouverture possible sur quelque chose de précieux - et nous renvoie à *Illustrations IV*, dont le texte central est précisément "Perle"[9] - mais souligne en fait plutôt la peur qu'a le narrateur-conférencier d'être dévoré par la foule. Aussi la métamorphose en huître devient-elle un symbole d'aliénation, comme l'était avant la transformation du conférencier en Bernard Noir.

Ce dernier lien entre l'écrivain et le paria, recréé ici dans ce récit de rêve, rattache *Matière de rêves* à un des thèmes principaux de l'oeuvre butorienne,[10] thème présent, il me semble, dans tous les ouvrages, et cela sans exception. Il se développe ici grâce à la juxtaposition des indigènes et des colonisateurs, du conférencier et du Maori qui lui apprend à se voir et à se comprendre. Les Maoris, Bernard Noir, Atala, Chaktas, les fondateurs des Etats-Unis se retrouvent tous dans le rêve central côtoyant, chose curieuse! le *Rouge et le Noir*.

Les préoccupations individuelles et collectives, historiques, politiques ou personnelles, se rencontrent toutes dans *Matière de rêves I*, mais Butor ne s'y installe pas encore en tant qu'écrivain. *Les Mots dans la peinture* est le seul de ses livres mentionné dans ce premier volume. Les rêves qui figurent dans *Degrés* et dans *La Modification* sont évoqués par la présence du loup dans "le Rêve de l'huître", ceux de *Portrait de l'artiste* par "le Rêve de Prague"; mais il semble évident que Butor ne place ici ni son acte créateur ni ses oeuvres au même niveau que les

[9] Barbara Mason "Structure and Meaning in Michel Butor's 'Perle'", *Australian Journal of French Studies*, XXI, no 2, 1984, pp. 194-211.

[10] J. Waelti-Walters, "Michel Butor's juxtaposed selves", *Essay in French Literature*, no 9, 1972, pp. 80-86.

angoisses et les soucis récurrents et quotidiens qui forment la trame du premier volume.

Les textes de *Second sous-sol* ne tirent plus leur substance, comme le faisaient ceux de *Matière de rêves I*, de rêves récurrents de Butor lui-même, mais de ses réactions devant les oeuvres de certains artistes. De plus *Second sous-sol* est de construction plus symétrique. Les rêves contiennent plus de matière sérielle, plus de refrains variés - constellations, coups de téléphone à travers le monde...- bien que chaque rêve soit écrit pour évoquer le style du peintre en question, ses thèmes, son ton, ses formes.

Ce niveau dans la série, cette strate dans l'inconscient imaginaire, est celui où se trouve enfouie une bonne partie de la culture du rêveur. Des parchemins, des manuscrits, les dieux de l'Egypte, de la Grèce, et de Rome, Homère et Tite-Live côtoient des romantiques et des musiciens allemands, des peintres contemporains et des écrivains français - poètes pour la plupart, et cités tout le long de l'oeuvre, mais nommés en bloc dans le dernier rêve:

> *Centre d'écoute (avec la complicité de Guillaume Apollinaire, Charles Baudelaire, René Descartes, Marco Polo, Gérard de Nerval, François-René de Chateaubriand et Jules Verne): allô, Paris la mélancolieuse...* (p.193).

Ces cinq rêves me font toujours penser à la petite brochure mentionnée dans *Degrés*: "On vous jugera sur votre culture"!

C'est un volume où se dévoile et se métamorphose le corps féminin, où le corps du narrateur, qui regarde les femmes et les désire, se transforme en femme pour être aimé à son tour. Cependant, comme le rappelle un des refrains: "l'ennemi veille, d'autant plus dangereux, qu'il s'est ici déguisé en femme" (p.95). A la fin du "Rêve des pommes",[11] la femme se transforme en Eve et offre tout ce que cherchent inlassablement à la fois Faust et Don Juan:

[11] Dans *Jiri Kolar, l'oeil de Prague*, Paris, UBACS, 1986, Butor parlera de ses rapports avec Kolar l'artiste qui "signe ce rêve".

Pulpe de lèvres et de sourires, en te mâchant je connaîtrai la science du bien et du mal, je deviendrai semblable aux plus beaux mots de toutes les langues, lorsque les murmurent ou les chantent
les plus sensibles de toutes les femmes; je deviendrai hanté, enté, par tous les dieux de mes pères... (p.99).

Toutes les formes de la sexualité meublent ces rêves, les plus marginales commes les plus polymorphes. En outre, les rencontres y ont souvent une résonance alchimique, renforcée tout naturellement par la présence de Prague, le voyage au centre de la terre, l'Egypte, et les parchemins anciens. Le désir, le savoir, la transformation...

Quant aux éléments de la vie personnelle de Michel Butor: les membres de sa famille continuent de faire partie de la foule des personnages qui passent à tout moment; dans les cinq rêves de ce volume ses soeurs, ses frères, ses parents et ses beaux parents viennent se joindre à Marie-Jo et à ses filles. Butor lui-même s'y joint (référence amère et ironique) parmi "les académiciens en salopettes", et constate:

Je suis certainement seul de mon espèce mais nul ne semble le remarquer... même si je passe entre eux je n'interromps rien (p.212).

De plus la présence de Butor-écrivain se devine dans les rêves de *Second sous-sol* car il y est fait mention - ne fût-ce que pour constater leur disparition - de ses oeuvres romanesques: *Passage de Milan, l'Emploi du temps, La Modification, Degrés, Portrait de l'artiste en jeune singe* et *Intervalle*. Or il s'agit d'ouvrages contenant des rêves décrits de façon cohérente, mais qu'il veut peut-être voir s'éclipser devant cette nouvelle transcription de l'inconscient.

C'est ici que paraît le "lichen" qui préfigure la lichénologie, système qui sera développé dans *Troisième dessous*. Dans *Second sous-sol* se trouvent aussi quelques remarques qui pourraient être interprétées comme un commentaire sur l'ouvrage même. Butor suggère par exemple l'intention révolutionnaire de son écriture:

> *Je rougis déjà, et pourtant je n'ai rien qu'une magique petite bombe, je vous assure, Monsieur le resplendissant Douanier-normalisateur vert* (p.167)

et les possibilités offertes à ceux et à celles qui voudraient faire l'effort de la décrypter:

> *Vous ne pouvez imaginer quelle mine je puis devenir si vous m'aidez, de quelle aventure je puis vous rendre capable [sic] si vous m'adoptez... vous serez les plus heureux métaux de l'univers* (p.194).

Heureux parce que capables de se transformer au point de comprendre toutes les correspondances...

Dans *Troisième dessous* Butor utilise la juxtaposition, de façon plus évidente encore que dans les dernières citations de *Second sous-sol*, entre le refus de ce qu'il est et de ce qu'il fait d'une part, et ce qu'il offre, potentiellement, à ses lecteurs de l'autre. C'est cette opposition qui constitue la structure principale du volume.

Troisième dessous est plus introverti que les autres, plus centré sur Butor, sur son oeuvre, sur Paris. Au coeur du volume, au centre de la série entière, se situe les *Petits Miroirs* ouvrage qui est une reprise en plus simple du concept de *Degrés,* de *Portrait de l'artiste*, de la série des *Matière de rêves.* Dans ce livre, les enfants traversent le miroir, passant ainsi à travers le texte de leur livre de classe, pour entrer dans un monde de correspondances littéralement "intertextuelles". Quand ils sont en chair et en os dans la salle de classe et en esprit dans ce pays de rencontres merveilleuses, ils semblent quelque peu transparents - détail qui nous rappelle la présence du "Grand Transparent" de Breton au coeur d'*Illustrations III* et de sa fonction, identique à celle des *Petits Miroirs*, celle de symboliser le texte et de souligner la nécessité d'aller au-delà de toute lecture superficielle.

Mais cette aventure n'est pas sans risques. Dès le commencement de *Troisième dessous* Butor-rêveur est menacé, dans sa maison, dans son intimité et dans sa vie même, par des envahisseurs qui sont, pour lui, désagréables et dangereux - des fourmis, des locataires, un tribunal universitaire. S'agissant des premiers, c'est lui le maître et il les menace de mort et d'expulsion; dans le cas du troisième, cependant, tout se renverse, c'est lui Butor, qui est expulsé. Dans ce rêve Butor cite le texte d'*Allumettes pour un bûcher dans la cour de la vieille Sorbonne,* ouvrage dont une partie est tirée du rapport du comité consultatif des Universités qui avait refusé à Butor-écrivain-professeur le droit de professer en France.

> *Plus que par la prudence, le scrupule scientifique, la rigueur de la méthode, son oeuvre critique se recommande par la subtilité et le brio...*[12]

Dans ce rêve - comme déjà dans *Allumettes* - Butor-écrivain établit un parallèle entre le cas de Butor-rêveur et Jean de Cahors, "condamné en 1532 pour ses propos suspects d'hérésie" (p.28). Dans tout le reste du volume se succèdent les conséquences de cette condamnation et, en contrepoint, des justifications de l'oeuvre condamnée.

Il semble que le Butor du rêve soit beaucoup trop instruit, voie trop clairement les réseaux d'informations, que son esprit traverse trop de frontières qui se dressent d'habitude entre les matières, les systèmes organisateurs du savoir:

> *Michel Butor apprend par coeur le* Mysterium Magnum *tout entier, ce livre admirable où luisent les racines, les préceptes de la règle de sa secte; afin de s'en instruire plus à fond, il lit les ouvrages des auteurs les plus approuvés qui l'ont éclairci de leurs commentaires... Michel Butor se fait une étude particulière de ses légendes, se perfectionne dans l'emblématique, le déchiffrement de ses musiciens, dans l'art de la fugue; il s'attache à la description des contrées imaginaires et des époques fabuleuses, et à* constituer une sorte d'envers de sa langue, *sans toutefois négliger la moindre des pratiques recommandées aux étudiants (pp.47-48, je souligne).*

[12] M. Butor et F-Y Jeannet, *De la Distance*, Paris, UBACS, 1990, p. 195.

Un vieillard à barbe blanche lui donne des conseils (ce qui rappelle *Portrait* qui, à son tour, rappellait les *Mille et une nuits*...). Il lui demande ce qu'il sait faire:

> *Michel Butor répond qu'il connaît le grande et la petite logique, qu'il est contrapuntiste, mythologue, et surtout qu'il écrit parfaitement bien les caractères de l'écriture allemande (p.50).*

Sur quoi le vieillard répond: "Rien n'est ici plus inutile que ces sortes de connaissances" (p.51). Cette connaissance, inutile dans le monde quotidien est perçue comme dangereuse, hérétique, subversive. Butor doit donc partir en exil - travailler avec les Juifs de Hongrie - rappel, ici encore, de *Portrait de l'artiste*. Des variations sur le thème de *Portrait* se multiplient dans "le Rêve des souffles" et, avec les techniques d'Hérold, soulignent le caractère hermétique et transformateur de l'écriture butorienne. Le caractère subversif des connaissances de Butor-rêveur se retrouve dans "le Rêve des archéologies blanches". Butor-singe y est reçu à l'Université:

> *...toute l'assemblée ne peut se lasser d'admirer Michel Butor, ne comprenant pas comment il est possible qu'un singe sache si bien rendre aux recteurs le respect qui leur est dû, et lui-même,... en était le plus étonné* (pp.133-4).

L'ironie perce partout, ici, car Butor-écrivain crée non seulement *un* envers de la langue mais plusieurs. Derrière le Butor apparemment humilié par sa transformation en singe, paraît le singe de Thot, le singe des alchimistes, le singe des *Mille et une nuits*... Butor nous le rappelle, tout en nous replongeant dans la symbolique de ses propres oeuvres:

> *La cérémonie terminée, il ne reste auprès de lui que le doyen de l'écriture, de grande vieillesse, un petit balayeur nord-africain fort jeune et Michel Butor (p.134).*

Mais tout danger, pour Butor, n'est pas écarté. Restent encore, en effet, la guillotine, qui coupe le bout de son livre et tranche le bocal de sang qu'il lui offre dans le troisième rêve, et, dans le quatrième, non seulement les noms des personnages qui sont, dans *Portrait*, brûlés au château de H, mais aussi une référence à Saint-Barthélemy.

Finalement, dans "le Rêve des lichens", les deux fils conducteurs que nous venons de suivre tout au long du volume - les thèmes du jugement et de la justification - ressortent très clairement. S'agissant du premier: quand l'académicien revient, le jugement recommence:

> *Il a volé des livres, souillé nos musées, il ne se lave jamais les dents, il a désiré sa mère... une seule de ses paroles apporte la zizanie dans nos collèges; quant à ses livres, ils réussiraient à pervertir le feu... (p.187)*

et "Michel Butor chassé" se remet en route sous une pluie d'insultes. Quand au second: c'est subrepticement sous le prétexte d'étudier des "lichens" que Butor-écrivain explique et justifie son oeuvre. Petit à petit s'élabore la science de la lichénologie - description de la peinture de Bernard Saby, artiste qui "signe" ce rêve? ou plutôt description métaphorique des techniques dont se sert Butor pour déguiser ses "hérésies", ses résistances à l'ordre établi:

> *J'essayais d'organiser mes lichens par des symétries, puis des homologies... A partir du moment où l'oeil identifiait une série croissante ou décroissante, automatiquement celle-ci se disposait dans l'espace (p.199).*

> *A l'origine il y a par conséquent une notion de variation... (p.120).*

> *...mais ce qui est remarquable, c'est que cet enchaînement de la surface provoque immédiatement un enchaînement de la profondeur (p.217).*

> *Ces cellules directrices, tu les réduisais de plus en plus... - C'est que je cherchais à établir des échanges entre... la figure et le fond... la forme et la matière; car ce qu'on appelle les matières en lichénologie est toujours constitué d'organisations de*

> *microformes, de formes beaucoup plus petites que celle qui vont se détacher. Ainsi les matières qui apparaissent dans une telle espèce sont pour ainsi dire déduites des formes organisatrices; dans d'autres ce sera plutôt le mouvement inverse (pp.226-7).*

Et pour conclure:

> *L'idéal serait pour moi d'introduire une continuité absolument d'un bout à l'autre de l'univers lichénologique...(p.228).*

"La lichénologie est ainsi un exercice méthodique de l'imagination" (p.246) et on voit que l'invention des rêves n'est pas seule en cause ici. Butor le montrera plus tard dans un livre sur Jiri Kolar: "Tout l'art de Kolar est politique. C'est un art de résistance. Le mien aussi."[13] Et plus loin:

> *Il s'agit d'utiliser les oeuvres d'autrui autorisées, reconnues qui ont déjà franchi telle frontière, et en les manipulant de leur faire dire ce qu'elles ne pouvaient pas encore dire, ce qu'elle n'osaient pas dire... On recompose ainsi des images qui ont des propriétés profondément différentes de celles d'où l'on était parti, mais qui leur reste ombilicalement liées et les contaminent (p.42).*

Ainsi, la citation et la répétition, la reprise, la variante sont des outils que manie l'auteur pour mettre en évidence des formes ou des significations cachées. Une telle écriture libère le lecteur et lui permet de choisir sa propre démarche, de suivre, dans sa lecture, son propre itinéraire. Et cela, bien sûr, l'éloigne des habitudes d'une lecture traditionnelle - ce qui explique peut-être l'omniprésence de douaniers et d'inspecteurs dans les *Matière de rêves*.

Troisième dessous, enfoui au coeur de la série, est celui des volumes qui nous donne le code qui devrait nous permettre de lire tous les

[13] *Jiri Kolar, L'oeil de Prague*, Paris, La Différence, 1986, p.34, Voir aussi B. Mason, "'Opusculum baudelairianum' Michel Butor, Jiri Kolar: Collage et contestation", Australian Journal of French Studies, XXV no 2, 1988, pp 207-220.

autres. C'est aussi celui où Butor se voit poursuivi pour ses transgressions et condamné au bûcher, pour ce qu'il sait et pour ce qu'il désire savoir, comme le furent Jean de Cahors, Faust et Don Juan. Pour son arrogance aussi: cette tentative non seulement de décrire l'univers entier mais aussi de nous le faire accepter, à travers son oeuvre, tel qu'il l'a transformé.

Dans *Quadruple fond*, mêmes thèmes mais écriture et traitement plus homogènes, car les cinq rêves ne sont que des variantes d'une même retranscription du livret de *Votre Faust*, entrecoupée d'autres écrits sur la musique. Notons ici que la femme et les filles de Butor sont presque entièrement absentes de ce niveau de l'inconscient reconstitué. Ici, les personnages femmes se présentent deux par deux, comme des métamorphoses infinies des deux soeurs de *Votre Faust:* Maggie et Greta. La soeur profane et la sacrée, si souvent présentes dans notre culture - une dichotomie qui existe chez Butor dès ses premières oeuvres.

Quadruple fond tourne entièrement autour de l'idée de transgression et de jugement. L'ivresse de Noé, par exemple, et le procès du jeune chien, Petrus Hébraicus. (C'était chez les Juifs, chez les parias, que Butor-singe, dans *Troisième dessous*, était exilé.) Autour de l'idée de voyage et de renouvellement aussi:

> *je suis Noé le nouvel Adam... Voici les leçons que l'or liquide a fait mûrir dans les sillons de ma vieillesse... entreprenez une longue marche... vers l'aménagement de la Terre. Fondez l'autre Jérusalem! (p.34).*

Jérusalem, autre terre promise dont Noé parle en termes quasi-alchimiques - l'or liquide, l'homme de grande vieillesse - celle que cherchait Faust et que le compositeur, dans ces rêves, n'atteint jamais, car il se laisse distraire par des plaisirs plus immédiats.

Derrière cette propension à se laisser distraire semble se cacher une angoisse plus profonde que celle du paria: celle de ne pas accomplir l'oeuvre que l'on s'impose, et qui étreint de plus en plus souvent le compositeur-rêveur; mais il veut plaire, il veut être aimé, ne résiste pas aux attraits du monde; et il est bientôt trop tard.

Dans le dernier rêve, on retrouve le compositeur en proie à une profonde angoisse:

> *Et toujours les problèmes de la musique contemporaine, au lieu d'en faire, de travailler vraiment comme vous le pourriez, comme vous le devriez (p.127)*

et poursuivi par des remarques de plus en plus ironiques du directeur du théâtre:

> *Je tiens à ce que vous laissiez la chose mûrir pleinement...*
> *Vous avez tout le temps qu'il vous faudra,*

entendant d'autre part ses voix intérieures, qui le traitent de "Fouineur", d'"Ordure", de "Vendu, salaud, dégeulasse", car il n'a pas écrit le *Faust* commandé. Et de nouveau celle du directeur:

> *Dites-moi, où en êtes-vous? Je ne veux certes pas vous bousculer. Vous avez été, je crois assez dérangé ces temps-ci (.p104).*

Cependant la cadence des conférences et des voyages s'accroît. Serait-ce pour lui-même que Butor écrit:

> *Assez! Ayez pitié de moi, dieux des frontières! Délivrez-moi de ce lent suicide où je me complais... (p.30).*

Ce texte exprime le désarroi du compositeur, - peut-être aussi celui de l'auteur? - et sa frénésie devant une tâche écrasante...

Il semble que dans *Quadruple fond* les désirs de Don Juan aillent à l'encontre de ceux de Faust, et que ce soit le désir du moment qui l'emporte sur l'ultime objectif. Mais tout n'est pas perdu:

> *Vois-tu, j'ai des idées qui me viennent maintenant. Tous ces voyages m'auront été utiles en fin de compte (p.130).*

Pourtant c'est ici "l'univers masculin tranché en deux" comme dans les premiers romans: il faut toujours choisir entre désir et écriture - le monde butorien est un monde d'hommes où passent un nombre inépuisable de femmes infiniment interchangeables.

N'est-il pas intéressant que le premier volume des *Matière de rêves* soit dédié" aux psychiatres entre autres", et le cinquième "aux obstinés" alors que c'est dans *Mille et un plis* que Butor se moque le plus ouvertement de Freud et de ses collègues. Le titre est sûrement choisi pour rappeler à la fois l'art de Kolar et les *Mille et une nuits*. Triple résistance, alors: psychologique contre l'analyse, politique contre la censure, littéraire contre la mort.[14]

Pour Schéhérézade, la littérature est une protection plus efficace que le plaisir. Et cela fait penser à Don Juan et à toutes les femmes qui traversent les *Matière de rêves*. Or, on constate aussitôt qu'il n'y a presque pas de femmes dans ce cinquième volume (à part Phèdre, qui, avec Oedipe, est là pour narguer les psychanalystes). Nous sommes ici dans un royaume entièrement masculin, où les sages sont les vieillards, les monstres sont mâles et l'humour rabelaisien est phallique et homosexuel.

Butor emprunte à Sorel, Nerval et Huysmans des rêves tirés de l'*Histoire comique de Francion, d'Aurélia, d'En Rade,* et, au coeur du volume il place le rêve de Baudelaire qu'il a déjà longuement commenté dans *Histoire extraordinaire*. A ces rêves, il ajoute "le Rêve de l'huître", premier rêve du premier volume de la série. Les chapitres de *Mille et un plis* sont beaucoup moins fragmentés que ceux des volumes précédents. Ils sont cependant entrecoupés de passages évoquant certains textes *d'Illustrations, d'Envois* et *d'Exprès* et d'extraits du *Chien Roi* et de l'*Embarquement de la reine de Saba* ainsi que d'autres écrits.

Butor n'a pas besoin, dans ce volume, de "plier" les rêves des autres; par leur double statut de citation et de "morceau choisi", ils sont déjà révélateurs et hermétiques. L'organisation apparente des quatre rêves qu'il emprunte est simple. Ils apparaissent en ordre chronologique et retracent tous la chute de l'homme. Le premier rêveur va chez les dieux; il observe la Terre entière, suspendue dans l'espace, et les mystères de l'âme humaine lui sont expliqués. Le deuxième va chez ses ancêtres; il y apprend la composition de la Terre, les éléments dont elle est faite, et la continuité des espèces dans le temps lui est révélée. Le troisième

[14] Je renvoie le lecteur aux Mille cartes par an mentionnées par Frédéric-Yves Jeannet qui ajoutent d'autres possibilités d'interprétation au titre *Mille et un plis*.

rencontre un monstre qui - d'après *Histoire Extraordinaire* - représente le poète, prisonnier des rapports complexes entre la sexualité et la créativité. Le quatrième, enfin, essaie d'échapper à un être monstrueux qui lui demande sa montre. Ici, la sexualité, le passage du temps ainsi que la religion s'incarnent dans le clocher de St. Sulpice; le rêveur fuit les démons et les transgressions que sont l'homosexualité et la magie - ce qui rappelle la condamnation de Faust et son contrat avec le diable, ainsi que les éléments structurants de *Passage de Milan*.

Dans le cinquième rêve, Butor reprend le premier cauchemar du premier volume pour fermer le cycle. Et ce cinquième, vingt-cinquième rêve, contient, comme tous les autres, un certain nombre de remarques subversives sur sa forme, sa substance et ses thèmes.[15]

Le meilleur commentaire sur la guirlande qu'est *Matière de rêves* se trouve dans *Essais sur les Essais*. Pour Butor, comme pour Montaigne, les jeux d'intertextualité, et "l'alluvionnement" des citations servent à la fois de moyen de défense, de pied de nez aux faux savants, d'appel aux résistants et de message aux exilés:

> *Ainsi il s'adresse à travers les nuées de poudre dont il se sentait environné à nous tous au monde, il nous convie à entrer dans cette galerie d'où le monde apparait à travers un air nettoyé, et, comme il a si bien su faire siennes les citations qu'il empruntait... il nous invite à faite nôtres ses sentences.*
>
> *Qui ne voit que j'ai pris une route par laquelle, sans cesse et sans difficulté (mais certes non sans travail), je pourrais aller autant qu'il y aura d'encre et de papier au monde? (E sur les E* p.216).

[15] E. Miller; "Critical Commentary II: Michel Butor's *Quadruple Fond* as serial music", *Romance Notes*, XXIV no 2, 1984, pp. 194-212. F.C. St. Aubyn: "Michel Butor and the Stuff of Dreams", *World Literature Today*, 56 no 2, 1982, pp.251-58. L. Roudez; "Un texte perturbé: *Matière de rêves* de Michel Butor", *Romanic Review*, LXXV no 2, 1984, pp.242-55.

MATIÈRE DE RÊVES ET DÉMATÉRIALISATION DU RÉEL DE LA VEILLE

Pierre Gobin

Les cinq volumes de *Matière de Rêves* forment un corpus à la fois clos et ouvert. Corpus "clos" puisque le cinquième volume de la série est clairement désigné comme "dernier", peut-être parce qu'on atteint le niveau ultime d'une exploration alchimique et, sinon la *quinte-essence*, du moins la "quinte distillation" qui s'accompagne paradoxalement d'une restitution de l'objet initial; peut-être parce que le rêve "de la signature qui disparaît" qui reprend tout à la fin des éléments du premier volume est à la fois *voix du Maître en personne*, qui a parcouru un long cursus depuis ses débuts "en jeune singe" et "*voix de personne*", ainsi que le Saint Langage dont parlait Valéry.

Corpus ouvert aussi, et de bien des façons: dans ses ruptures (analogues à celles des rêves mêmes) que Butor a "codifiées" et qui fonctionnent dans le diégétique comme les coups de projecteurs de *Comédie* de Beckett dans le mimétique; à travers les dérives poursuivent à l'infini des *séries* à la Fourier par un glissement de substitutions, *Rhumbs* d'un univers aux fins programmées, mais que travaille une expansion cosmique qui bouscule la physique phalanstérienne; à travers un jeu de hasard poétique qui poursuit les constellations langagières de Mallarmé en fonction de règles et même de trucs où l'arbitraire offre un support à la nécessité, mais débouche sur l'aléa. C'est un aspect de ce jeu que je vais examiner, à savoir le paradoxe annoncé par le titre de la série, qui récuse le dualisme marqué par la coordination (comme *Matière et Mémoire*) pour y substituer un génitif, *Matière de Rêves*, sans que le monisme soit posé, la *pluralité* des Rêves relançant la réflexion. Au demeurant le paradoxe butorien fait intervenir la Mémoire de mille et une façons. Mais son fonctionnement postule aussi une tension qui s'exerce de quintuple manière.

I La première est inhérente à la démarche même de l'oeuvre, mise en question du *système* par *la méthode* et réciproquement. La visée globale est brisée par la nécessité de graduer les approches ou de récapituler les étapes avec la *Table des Matières*. Mais le *Gradus ad Parnassum* est inapte à embrasser un objet dont aucune partie n'est négligeable. Nous avions déjà plusieurs traitements de cette aporie dans la production de Butor[1]. Cependant, avec *Matière de Rêves*, Butor engage davantage les lecteurs et se fait *lui-même* médiateur et guide après avoir abattu son jeu. Ainsi, bouclant une "donne particulière" il arrête, pour en éclairer le terme, la routine de la partie, et exclut momentanément d'autres séquences,[2] sans préjuger de combinaisons ultérieures.

Cette résolution temporaire est toutefois ironique. Dans la séquence butorienne nous avons un *répertoire*, "compendium" de Grand-Oeuvre. Mais cette entreprise *encyclopédique* est sans cesse "traversée", la grille nécessaire trouée par le retour de l'aléa, le crible, est aussi passoire. L'avancée de l'initié comporte un risque de *mystification*, comme le suggère le titre *Troisième dessous*.

II Une seconde tension naît de l'association entre un "*matériau*" par définition inaccessible, et *un* projet que l'on peut tenir pour situé dans le concret (sans parler du produit, les cinq volumes que nous tenons en mains). Les rêves sont à jamais dans la "nuit" où leur perception postule une ivresse; labiles comme les "nuages" qui pourtant offrent un embrayeur (j'applique métaphoriquement un terme syntactique) aux séquences de *Matière de Rêves V* par exemple. La plus grande prudence s'impose donc

[1]Butor, tout de même que Dante recourait à Virgile, appelle Montaigne ou Baudelaire à le guider dans un univers *que le Maître-Intercesseur n'eût pu connaître positivement*. Les textes butoriens embrassent un immense matériau qui éclaire un lieu, une société, un univers. Et l'intertextualité est alors à la fois mécanique et sacrée.

[2]Comme le faisait Aragon (*J'abats mon jeu; Ah! ne maquillez pas les brêmes*) ou Calvino (*Il castello dei destini incrociati*).

quand il s'agit d'articuler le mouvant sur le stable.

Les embrayeurs sont un artifice formel pour "écrire" les rêves, mais leurs contenus demeurent mystérieux. On peut au mieux les saisir par des *médiations* personnelles et "primaires" (souvenirs), symboliques (créations artistiques) de degré plus élevé, ou "scientifiques" qui s'articulent sur les précédentes, mais relancent le chassé-croisé entre le stable et le labile.

III La troisième tension est suscitée par la fiction de la *Science*. Elle permet l'attribution à un observateur, dont le sens à l'état de veille est positif, mais qui maintenant est livré au *Sommeil de la raison* qui engendre des *monstres"*, de considérations hypothétiques débridées. Ainsi le *Rêve de d'Alembert* prête au mathématicien endormi des propos sur les sciences de la vie qu'un biologiste éveillé n'oserait énoncer; Diderot assigne à son compère l'*hubris* du médecin ou du théologien qui se prononcent (comme ès qualités) sur des questions *hétérogènes* à leurs compétences professionnelles, Butor joue souvent dans son oeuvre des ambitions de ces *Ingres transposés en Paganinis*. La sagesse populaire assigne au rêve le pouvoir de leurrer ainsi. Mais le rêve illégitime de l'homme de génie, ouvre par de tels "mensonges" les territoires de la vérité.

Le volume cinq (*Mille et un plis*, parcouru de repentirs et de réticences comme les *Mille et Une Nuits*) donne la parole (presque) textuellement à Sorel *(Francion)*, à Huysmans (Jacques Marles de *En Rade*), à Nerval narrateur direct (*Aurélia*), à Baudelaire transcrivant *à chaud* un rêve personnel (l'objet d'une monographie de Butor). Mais ces *histoires extraordinaires*, liées à une quête des origines (biologiques, généalogiques) de l'identité (entre l'adulte et le foetus) de la vérité (naissante ou décrépite,) sont scandées par des renvois à une *pseudo-Histoire Naturelle* ("Buffon rêve"). Les animaux évoqués sont des hybrides dignes de Fourier (l'Anti-Lion.). Or le Seigneur de Montbard éveillé *récuse* les hybrides ; on est donc appelé à s'interroger sur le rôle de ces *pseudo-textes scientifiques* à côté de textes artistiques presque totalement authentiques et relevant dans au moins un cas d'une observation "scientifique". *Matière* (au singulier) *de Rêves* (au pluriel) se trouve ainsi au point crucial d'un chiasme entre une *Histoire Naturelle* éclatée et fantasmée, "Science" globale des exceptions, et des *Histoires Extraordinaires* qui rêvent de l'unité, et constituent la poésie singulière de la Vérité commune.[3]

IV A côté de cette mise en question du postulat du *rêveur* scientiste Claude Bernard selon qui la science est du collectif et l'art du singulier, il convient de s'interroger sur la relation *manière*/matière. *La* matière pourrait être tenue pour une, *les* manières de sa manifestation multiples. Mais si *nous* sommes tous (tout un chacun) "de la matière dont sont faits les rêves", (the stuff that dreams are made of) "étoffe" évanescente comme la vie même malgré toutes les oneirocritiques qui visent à les fixer, c'est bien *chacun*, dans son for intérieur qui rêve "activement". Tout se passe comme dans un modèle piagétien où nature et culture se génèrent mutuellement. Mais, de même qu'une "éducation", la progression des rêves "bruts" demeure incertaine. L'individu site du rêve-*para*site, (comme le suggère le *Cauchemar* de Füssli) est inapte à en interpréter les visions. Tout au plus peut-il les noter, puisque le rêve est la figuration du terrible *Je est un autre*. L'ascèse que propose Rimbaud, qui inverserait en mystique l'entreprise de la science [...], ne porte de fruits qu'à travers un effort de transposition (les *Illuminations* ne sont pas des rêves "bruts"). Le *dé*règlement des sens peut modifier les perspectives oniriques mais ne permet pas d'en "traiter" les données, fussent-elles des "révélations": la fabrique de *comprachicos* produit des monstres mais tous ne sont pas des artistes.

Il s'ensuit que les expériences des rêves singuliers ne peuvent conduire à des créations symboliques sans avoir été préalablement mises en rapport avec un univers réel. Même si "l'inconscient est constitué comme un langage", il ne saurait offrir d'accès à la culture que si un tel langage s'articule sur un système de *langue*, et si les "paroles" qu'y émettent les rêves solitaires sont mises en *situation de communications*, c'est à dire reçues, ne serait-ce que par le rêveur qui les relève au réveil,

[3]Plusieurs chercheurs, dont Jacques Lamothe, ont étudié la technique du chiasme dans d'autres textes de Butor. Nous ne sommes pas en présence d'une "science" des solutions imaginaires mais d'un art authentique basé sur l'imaginaire de la science. Il vise à créer un univers de discours dont la vérité n'exige de caution que dans l'ordre symbolique.

élaborées en message, et précisément, "fonctionnent au poétique". Le problème de l'intertextualité se trouve posé à l'état naissant: la relation par Baudelaire de son rêve du jeudi 13 mars 1856 est déjà l'hypertexte d'un énoncé qui autrement serait retourné dans l'inconscient. Ce qui est extraordinaire, ce n'est pas seulement la *fable* révélatrice, analysée dans l'*Essai sur un Rêve de Baudelaire* de 1961, mais aussi la succession de sauvetages qui nous la "livrent". La *capture* du coelacanthe est aussi étonnante que ce que révèle cet étrange animal.

V La cinquième tension est donc entre *matière* et *mémoire de Rêves*. De nombreuses relations de rêve sont à l'imparfait et, ce qui pose un autre problème, à la troisième personne. Butor, lui actualise ses hypotextes.

Dans l'hypotexte de la quatrième séquence du volume V (chapitre X de *En Rade*) nous lisons:

> *l'homme plongea son bras dans la poche de sa houppelande [...] et d'une voix gutturale et froide, il dit en regardant fixement de ses prunelles dilatées Jacques: "Je sème les menstrues de la terre [....]"*
> *Parfaitement fit Jacques sans sourciller. J'ai lu les anciens livres de la Kabbale; je n'ignore point que cette expression[...] désigne tout bonnement le gros sel...*

Dans l'hypertexte, l'effet d'omniscience du romancier est modifié: le "il dit" gommé; "en regardant.... Jacques" devient "en me regardant fixement"; le passé historique fait place au présent. La relation n'est plus hors du rêve mais en épouse le déroulement. Si la coïncidence entre le bizarre onirique et le savoir de la veille est maintenue, les tentatives du personnage pour élucider après-coup une séquence extraordinaire d'événements disparaissent. Le narrateur d'*Aurélia*, hypotexte du second chapitre du volume V, s'interrogeait sur la nature de son expérience ("un soir, je crus avec certitude être transporté sur les bords du Rhin"). *Matière de Rêves* énonce carrément. "Je suis transporté sur les bords du Rhin." Tout se passe comme si l'on n'avait plus besoin d'attendre le réveil pour noter le rêve.

Les prouesses d'un hybride impossible ne peuvent être rapportées "scientifiquement" que dans un temps évanescent. Ce n'est plus une affaire de classification comme "l'encyclopédie chinoise" dans *Les mots et les choses*: se trouve posé le problème de la nature même du "réel" auquel peut se référer le rêve. L'humour ici se rapproche de celui d'*Alice in Wonderland*, à cela près que nous ne sommes donc plus "au pays des merveilles" mais dans celui où se publient des "mémoires pour servir à une *Histoire Naturelle Extraordinaire*", analogues aux *Mémoires de l'Académie de Troyes* (inexistante bien sûr) auxquels s'est amusé Grosley, contemporain de Buffon. De tels mémoires (au masculin) entretiennent la mémoire (au féminin) d'événements inexistants. Nous retrouvons le constat mallarméen "Rien n'a eu lieu, que le lieu", et la proposition "l'Univers existe pour aboutir à un livre". Les corrélats objectifs de la veille se trouvent ébranlés, les garants de la *mimésis* inopérants. Le rêve seul est susceptible de donner accès à des univers dont la relativité est la seule certitude (utopie, uchronie, upsychie même et u-morisme pour parler comme Pirandello).

Revenons à la matière et aux rêves, et au jeu entre le concret et l'insaisissable, entre l'unité irréductible poursuivie dans des soubassements "inébranlables" et le foisonnement des visions évanescentes qui traversent une pluralité de consciences. Un nouveau paradoxe intervient alors (qui pourrait être figuré par un nouveau chiasme). D'une part en effet la *réalité de la matière* est censément garantie par le "consensus" des témoignages; mais la doxa est infirmée par la science, le sens commun ébranlé par la théorie. D'autre part *les rêves*, tout *illusoires* qu'ils apparaissent, sont présentés par le seul poète Butor dont la subjectivité prend en charge une foule de relations établies par d'autres artistes, qu'elle associe aux manifestations de son propre subconscient dans un verbe spécifique.
A mesure que s'affirme l'univers du rêve, dont la singularité "recompose des souvenirs divers" comme le Faune de Mallarmé, en une création, la matière se délite, ses éléments se libèrent, ses particules se dynamisent. La série pourrait alors se lire *Matières* (au pluriel) *de Rêve* (au singulier).

Si nous quittons l'innocent rez-de-chaussée de la veille afin de poursuivre *des* rêves à des niveaux sans cesse plus difficiles d'accès, nous sentons que se *dématérialisent* les données immédiates de notre expérience. Butor toutefois a pitié de notre vertige et nous offre des clés pour "démonter" notre positivisme naïf (c'est plutôt à Taine qu'à Comte qu'il s'en prend):

> Tableau vivant: Promenade du philosophe positiviste
>
> *La seule solution c'est d'être Homère, c'est-à-dire l'aveugle voyant, donc d'être né dans plusieurs villes, et d'errer connaisseur (...).*
>
> *La seule solution c'est de s'introduire à l'intérieur de la correspondance des petits copains Karl et Friedrich, de verser du miel dans leurs verres de bière (...).*
>
> *La seule solution c'est de griffer l'épiderme des femmes, laboureur infatigable, avec la charrue des ongles bien tempérés pour y semer les plumes des oiseaux-mouches (...).*
>
> *La seule solution c'est d'habiter l'oasis d'Hermès, voleur des sables (...) (III, pp. 81-82).*

La prétendue solidité des critères qui permettraient d'appréhender, en fonction du "réel", les évolutions de la civilisation ou les développements des arts est abandonnée pour des "solutions" dont chacune se présente comme "seule" étant chacune des quatre et la distillation de la précédente ce qui nous conduit *au seuil* de la *quinte-essence*.

Cela commence par une prise en charge/mise en cause de l'oeuvre qui sert de fondement à la *mimesis*.[4] La "race" de l'aède , le "milieu" où vivait ce "spécialiste des envers et des environs" et le "moment", ce Miracle grec perçu dans un "demi-sommeil", sont sujets à caution.

C'est ensuite un autre grand système le *Matérialisme scientifique* qui est subverti, à travers ses théoriciens. Marx et Engels sont "séduits" ("du miel dans leur bière"), entraînés dans des retournements antipodiques et des tournoiements de volatile (humain) à la tête coupée.

A l'étape suivante nous passons de vision du monde global, à des expériences singulières qui articulent le macrocosme sur des microcosmes humains. Le tatouage se fait une inoculation cruelle (ce n'est plus le

[4]Nous avons une autre façon de faire bouger la *Poétique* d'Aristote avant même les entreprises d'Umberto Eco et de Gérard Genette.

clavecin qui est "bien tempéré" mais les ongles) qui produit des êtres nouveaux et "chimériques", femmes-anges, hommes-chevaux. A l'enveloppement par la culture (la Victoire de Samothrace "drapant" Karl et Friedrich) succède une culture qui pénètre le corps humain matériellement (labourage et moisson) et symboliquement (boustrophédon, métamorphoses). La séduction fait place à une violence ("cauchemar" et viol, dépouillement d'oiseaux de rêve). Pourtant ces expériences établissent un contact intime entre victimes et bourreau et préparent une apothéose/déhiscence mallarméenne.

La quatrième solution/dissolution/distillation fait appel à Hermès, Dieu grec et mage égyptien, successeur syncrétique du Dieu Toth, qui était déjà à l'horizon de *Passage de Milan*. Pour habiter son oasis, laquelle n'est pas un "paradis" mais un espace de mirages, de leurres ("voleur des sables") d'affleurements méphitiques ("Sourcier des bitumes") il faut valoriser l'incohérent ("bijoutier des balbutiements") et détruire les contrôles ("brûler la douane"), se plier à des ascèses contradictoires et admettre que ce n'est pas une pierre philosophale qui permet l'accès au Grand-oeuvre, mais un élixir volatil présent dans sa souillure et refoulé dans sa vertu. A cette étape il y a comme une osculation entre le parcours de *Matière de Rêves* et la démarche de Lacan qui éclaire, à la limite du "cinquième niveau", le caractère asymptotique des approches de l'inconscient, l'occultation nécessaire des lampes qu'on en approche et des relations qu'on en rapporte ("taches d'huile" et "ratures"). En dépit d'échappées apocalyptiques, les modernes Dante (ceux-là mêmes à qui Butor a consacré ses meilleurs essais, de Fourier à Mallarmé, de Montaigne à Joyce) n'accèdent pas à la Révélation; ils ne peuvent, en présence du Rêve et de la Matière, que douter ("que scay-je?") ou déconstruire leur projet ("incamination of work in progress"). Et pourtant le travail doit impérativement se poursuivre comme le soulignait Lyotard à Cerisy: mais la *confession coupée* est seulement un cas particulier et Butor sait bien qu'il ne peut pas ne pas accéder au souhait/désir "qu'il donne des produits in-finis" (*Butor*, p. 146). "La seule solution", serait au cinquième "souterrain de l'esprit humain", serait, à moins de procéder comme *Igitur* à un suicide philosophique supérieur (option voisine de celles de Nerval, de Baudelaire, de Huysmans), de boucler la boucle de l'infini, de montrer l'immensité de la recherche, tout en abolissant le chercheur (la signature qui disparaît, degré zéro de l'effacement). La clôture et l'ouverture demeurent ainsi garanties.

Chacune des "solutions" qui offrent des étapes à la pénétration de la matière et à l'exploration des rêves (et vice-versa) implique déconstruction: des catégories d'Aristote, des instances hégéliennes, de l'anatomie de la Renaissance et de ses "correspondances", de l'occultisme. Mais un tel démontage suppose que préalablement on travaille sur ces modèles / visions du monde. Une espèce de symbiose parasitaire, du sommeil et de la veille, de la réalité "positive" et du rêve, s'établit par rapport à ces admirables systèmes "méconnaissables-reconnaissables" dans lesquels "s'introduit" la psyché. Les termes "opératifs" ("correspondance", "habiter") et les couples tournoyants, dans une dialectique non-résolutive ("ravisseur et ravi", "s'endormir s'éveiller") ou une gémellité illusoire ("l'Iliade et l'Odyssée"; "Karl et Friedrich") ne laissent guère de doute à ce sujet.

La matière des rêves n'est donc autre que la matière de la veille, mais qui ne peut s'affirmer qu'à travers un passage (*solution de continuité*), une dissolution, une mort, qui n'a rien à voir avec la *résolution* d'un problème mathématique, d'un noeud dramatique, ou d'une crise politique.[5] Si j'examine maintenant la seule dénégation, c'est par commodité; car la formulation et la reconstitution sont également sans cesse à l'oeuvre. Cependant les séquences butoriennes présentent volontiers, des "révolutions", cataclysmes qui rendent l'existant au chaos et esquissent une création nouvelle.

Mais la conscience du rêveur paradoxal (comme on dit le sommeil paradoxal) retournée comme un gant ("lettre de corps, esprit de chair") et affouillée par celle d'autrui ("Elizabeth, fouille dans le fond", p. 30) aspire à trouver le repos, comme un fantôme qui crie pour qu'on l'exorcise:

Assez! Ayez pitié de moi, dieux des frontières!...(p. 31)

Par ailleurs le poète tente de faire face aux bouleversements qui le hantent et qu'il projette à travers un recours à l'impalpable. Voici un

[5]Butor évoque "l'aboli bibelot d'inanité sonore" mallarméen en faisant d'Hermès le *bijoutier des balbutiements*.

exemple entre vingt:

> *Pour ceux qui viendront après le massacre: puisez dans la paix de notre réserve de soirs [....] (V, p. 55)*

le "notre" renvoyant aux *nuages*, "entité" poreuse qui est à la fois caution de la matière "stable" et porte-parole de la conscience de l'Autre qui pénètre le Moi, ce que confirme une série de permutations où se succèdent les injonctions rassurantes.

Ainsi le "milieu" tainien n'a de permanence que dans ce qui passe: nous retrouvons Montaigne ou l'univers de *Où/ou/ou sous rature*. Le "moment", est aussi insaisissable, non seulement parce que des cataclysmes géologiques viennent en détruire les témoignages (monuments où les régimes croyaient se perpétuer) sans laisser prévoir de *ricorsi*, mais encore parce que les plongées dans l'anamnèse viennent fondre les souvenirs en un alliage dont les vibrations se répercutent en harmoniques infinies. Les "Textamorphoses" rendent aussi vaines les recherches de la "race" comme en témoignent les variations sur le rêve de *Francion*, où les génies "qui vont souffler des âmes dans les matrices des femmes tandis qu'elles dorment dix-huit jours après qu'elles ont reçu la semence" deviennent des effluves polymorphes qui font vibrer la création entière. Des techniques spécifiques sont mises en oeuvre est c'est pourquoi j'ai choisi pour exemple un extrait de *Quadruple fond* qui montre la variété des moyens utilisés. Le texte sacrifie "aux mânes de Buffon" tous les règnes de la Nature, montant en fumée vers son grand Esprit. Sa table des matières semble alphabétique: le rêve d'Irénée est suivi par celui de Jacques, puis de Klaus, de Léon et de Marcel. Il est en outre parcouru par une multitude d'allusions évoquant les étapes de la production d'un *Faust*, - "*votre*" opéra, infini, soumis à toutes les contingences qui peuvent troubler un Gesamtkunstwerk dont le maître d'oeuvre aurait des absences, dont les hypotextes reprendraient leur autonomie, dont les interprètes seraient perturbés.

> *Eh bien, les choses sont réglées maintenant. Non pas Sylvain, mais Théodore. Sans chercher à combattre les chiens ni les*

bergers, sans attaquer les troupeaux, sans traîner les cadavres, le renard est plus sûr de vivre. "A ce soir; je serai à mon bureau vers cinq heures." Théodore Tristan. Le blaireau semble fuir la société, même la lumière, et passe les trois quarts de sa vie dans son séjour ténébreux d'où il ne sort que pour chercher sa subsistance. "Passez par votre banque, si vous voulez vérifier." Non pas le Théâtre des Arts, mais celui des Muses. La loutre. L'Australien entre au bistrot, brûle. Le loup ne peut surprendre les animaux des bois que par hasard ou patience, en les attendant longtemps et souvent en vain dans les endroits où ils doivent passer. Crinoline, capsule, conque. Hourrahs! Elles tombent. "Bon travail!" Flora Félicienne. Le renard emploie plus d'esprit que de mouvement, ses ressources semblent être en lui-même; ce sont, comme l'on sait, celles qui manquent le moins. De l'autre côté, ce n'est plus du tout le même genre de rue, c'est un quai qui donne sur des nuages. Non pas Théodore, mais Urbain. Comme il a le corps allongé, les jambes courtes, les ongles, surtout ceux des pieds de devant, très longs et très fermes, le blaireau a plus de facilité qu'un autre pour ouvrir la terre, y fouiller, y pénétrer et jeter derrière lui les débris de son excavation qu'il rend tortueuse, oblique, et qu'il pousse quelquefois fort loin. Je marche le long d'un seul mur, et voici un pont de l'autre côté duquel recommencent d'autres rues sans portes avec les mêmes immeubles décapités, les puits au centre des places, mais celle-ci est beaucoup plus grande avec un talus au milieu duquel se dresse une guillotine encore toute chaude. Urbain Urs. La loutre a plus de facilité qu'une autre pour nager, plus même que le castor. La sciure dans le panier est chaude. Non pas le Théâtre des Muses, mais celui des Elégances. La saricovienne. Je n'ai même pas mon propre corps. Je plane. Fin autant que circonspect, ingénieux et prudent jusqu'à la patience, le renard varie sa conduite; il a des moyens de réserve qu'il sait n'employer qu'à propos. Elles tombent à la renverse. Bravos. Je suis Noé. Si seulement je pouvais être sûr que le

> *mécanisme du couperet est bien bloqué, quel plaisir ce serait de m'étendre sur ce lit! Géraldine Grisélidis. Le renard qui n'a pas la même facilité pour creuser la terre, profite des travaux du blaireau. Un squelette serait le bienvenu. Non pas Urbain, mais Vincent [...] (IV, pp. 32-33).*

Nous avons ici trois systèmes d'organisation, *le traité de zoologie* lui-même fragmenté, *le répertoire des prénoms* lui-même traversé de repentirs, et flottant dans son classement, et *la mise en place des conditions d'une représentation*; l'interférence des trois systèmes est patente. Mais nous ne saurons jamais comment s'articulent les séquences de Buffon dont les principes de classification sont ici "réservés"; nous ignorons quelle est la relation de Géraldine à Irénée, le rêveur supposé, et ils ne se constituent jamais en personnages; quant au *contrat* qui permettrait d'organiser la représentation espérée il demeure "à vérifier". Par ailleurs si nous cherchons des signifiants derrière les signifiés proposés, nous trouvons bien sûr la prudence et la *patience*, mot récurrent, (du blaireau) la ruse (du renard), et l'aléa (de la chasse du loup); la valeur symbolique des prénoms semble arbitraire, encore que Grisélidis évoque un récit exaltant la patience, Irénée faisant penser à la paix universelle dans la réconciliation des Eglises.

Patience, Prudence, aspiration à la Paix, mise en ordre des transactions. Voilà qui est beau. Mais il n'y a pas lieu de triompher, même à travers l'évocation rassurante de la Femme Forte ("Crinoline capsule, conque" - nous passons de la Reine Victoria à la Vénus de Botticelli, via des astronautes à la Barbarella) et de l'union sans barrières ("Hourrah! Elles tombent. "Bon travail!" Flora Félicienne").

De plus la démarche du rêveur, qui s'articule sur la description de l'excavation du blaireau "tortueuse" et "oblique" ne conduit qu'à des espaces indifférenciés .... et débouche sur la mort. Si "Irénée" n'est pas rassuré sur son propre sort, la paix des cimetières lui serait agréable. Il est vrai qu'il était déjà Sylphe ou peut-être fantôme. Le monde qu'il pourrait connaître par des voyageurs des antipodes est fugitif. Son projet est vidé de substance: son/votre *Faust* est voué à passer de l'art à l'artifice, via l'inspiration venue d'ailleurs; le poète se résolvant à devenir dandy - Baudelaire, Musset frustré, envie le chevalier d'Orsay. Une "fouille dans le quadruple fond" y amène à découvrir "toujours des choses nouvelles" (p. 82,). Mais parmi les "cent phrases" il en est une, au terme d'une *textamorphose*, qui me semble révélatrice du judo mental auquel le texte nous soumet:

> *Le contour, noué sur lui même, sucé par cette vivante torsade, se colle à elle, tourne avec elle, et loin d'apparaître comme une barrière dressée contre les forces extérieures semble tiré vers l'espace du dedans, manuelles de l'horizon, révélation où se désaltèrent les épuisés (p. 76).*

Nous avons à la fois *description d'un des hauts-lieux de la matière, la double hélice chromosomique* qui établit le passage de l'inorganique à la vie; *implosion de l'extérieur* (cosmos, enveloppe corporelle) *vers l'espace du dedans* matrice des rêves; *révélation paradoxale d'un retournement généralisé* (la bande de Moebius matérialisant l'infini est démultipliée et relativisée).[6] Les rêves dès lors peuvent se substituer à la matière, qui ne sert plus qu'à leur fournir des corrélats métaphoriques. La matière elle-même prolifère et le retour infini de la *parturition* dans les premiers volumes, qui transmet un modèle de *parthénogénèse*, montre qu'elle accède aussi à la vie, à la conscience, et à l'imaginaire. Matière et rêve sont susceptibles de métissages, qui vont du simple tissu textuel aux spéculations attribuées à Buffon en passant par une géographie fantaisiste.

> *Il ne me reste plus qu'un maillot de corps et un slip. Mes pieds sont noirs de mazout...*

Ainsi s'arrête *Mille et un plis* sur un point de suspension qui permettrait d'enchaîner avec un cauchemar venu punir le conférencier-énonciateur principal du début du volume I de s'être pris pour "le magnifique," et d'être descendu sur une grève se livrer imprudemment aux

[6]cf. les théories de Douglas R. Hofstadter, (*Gödel, Escher, Bach*, N.Y, 1979, 1980)

marées. Il croit avoir mis en sûreté papiers et montre après avoir dû ôter ses vêtements trempés, mais va bientôt en être dépossédé. Dans le premier tome "l'encre a déteint" de son passeport. Dans le dernier, nous avons "une signature qui disparaît" au terme du rêve, alors qu'"entre les lignes" des rêves précédents les signatures hypotextuelles restaient lisibles. Mais ici les éléments qui forment contrepoint avec le rêve sont eux-mêmes voués à l'écriture, "vents de lait parmi des moulins à encre" (p. 116), comme la grande ombre de Don Quijote aux fantasmes de la fiction. Plus loin, à des récits de facture classique se substitue la découverte de "l'espace arabesque," d'abord par un jeu sur l'évanescent superposé à ce qui défile ("comme la vitre où les doigts d'un enfant tracent jambages et tourbillons à travers desquels apercevoir les poteaux électriques défiler..." p. 132) puis par une série d'expériences artistiques[7] où l'on suit l'alphabet mais aussi le prisme, en changeant de médium et de vecteur pour créer un univers épuré, dentelle à partir des signes, *mots dans la peinture*.

L'univers n'offre plus que des codes et des techniques. La fonction poétique et le métalangage demeurent seuls. L'abolition du *référentiel* vient s'ajouter à celle de l'*émetteur* (dès le premier volume le rêveur perdait ses coordonnées, ses instruments de mesure du temps et de l'identité humains, et remontait la chaîne de l'évolution pour se trouver en tant qu'huître menacé d'engloutissement, "autophagique", puisque, redevenu Michel Butor, il est invité *à consommer de ces mollusques*). Elle vient aussi confirmer l'élimination du *récepteur* qui avait pesé comme une menace au début de *Troisième dessous*.

Bien sûr le rêveur s'éveillera, Michel Butor écrira ces expériences de passage à la limite, en tant qu'envers du vécu et que travail sur les signes, et nous les lirons avec étonnement. Dante avait exploré les arcanes du laboratoire de Dieu et, ayant entrevu La Création, avait rapporté une création mimétique, une "comédie" analogue à celles d'Aristophane ou de Térence. Butor nous a fait entrevoir le *négatif de la création*, où matière et conscience ne seraient plus que l'ombre d'elles-mêmes. Ses livres sont-ils alors une "Comédie" anti-théâtrale, comme la pièce que Beckett

[7]Mireille Calle-Gruber aurait-elle contribué à l'hypotexte soit par des échanges verbaux, soit par son roman paru la même année que *Mille et un plis*?

désigne ainsi? On sait bien sûr que *Fin de Partie* boucle sa boucle à l'infini.

TRACÉS PRÉLIMINAIRES POUR UNE EXPLORATION DE L'ILE DE VÉNUS

Jacques Lamothe

Ni résumé, ni développement qui en altèrerait l'essence, "Le rêve de Vénus" semble élaboré sous la dictée de l'image à partir d'un ensemble de tableaux de Paul Delvaux que Butor s'attache à nous représenter. Le choix de l'artiste respecte l'ordre chronologique dans la production du peintre et le texte, écrit en écho à ces oeuvres, faisant office de ponctuation du tissu narratif, telle une suite d'instantanés, va permettre d'y circuler, va arrimer les figures de ces personnages idéogrammes à l'identité composite, fluctuante qui, à la façon de noeuds de condensation, en traversent les tableaux comme ils le feraient des lames d'un jeu de tarot correspondant à la succession des diverses scènes d'un théâtre de société, d'une théologie théatrique, qui va progressivement se modifier, s'inventer à mesure que les images vont se compliquer, les personnages apparaissant et disparaissant sous leur double ou leurs simulacres.

L'artiste, plus que d'imiter ce qui est déjà la simulation d'une essence, ici en multiplie les degrés: tandis que le texte peut déborder de manière allusive sur d'autres oeuvres picturales auxquelles se sont apparentées celles de Delvaux, sont convoqués dans son champ plusieurs fragments, certains légèrement modifiés, d'un texte plutonien auquel il va s'articuler, se conjuguer, *Le voyage au centre de la terre* de Jules Verne dont Delvaux a laissé circuler les personnages dans son oeuvre depuis *Nocturne* (1939); si bien que sitôt dévidées les premières phrases, les deux textes s'appareillant, le lecteur ne peut choisir entre deux voies de déchiffrement, mais doit plutôt, de façon simultanée, les aborder et les suivre dans un mouvement oscillatoire à travers l'un ou l'autre des deux lieux formant noeuds associatifs, foyers de dérivations, d'en pratiquer une lecture en contrepoint:

> *C'est l'été, le soir, on se croirait en Italie; et pourtant je m'imaginais dans l'un des plus vieux quartiers de Hambourg.*[1]

Entre l'Italie où se situe le Stromboli et se termine le roman de Jules Verne et Hambourg où il commence, en voici la première phrase:

> *Le 24 mai 1863, un dimanche, mon oncle, le professeur Lidenbrock revint précipitamment vers sa petite maison située au numéro 19 de Konigstrasse, l'une des plus anciennes rues du vieux quartier de Hambourg.*[2]

Ainsi l'on voit immédiatement à travers la coïncidence d'une "perception - mémoire" et d'une "perception - sensation", l'irrésolution de la situation dans laquelle est d'emblée poussé le lecteur dans la composition du "système Moi-Présent" sous-jacent à l'activité de lecture: incertitude intellectuelle dont Bellemin-Noël écrit qu'elle constitue le pivot du fantasmagorique.

On peut parler d'une double incertitude puisque dès cette *Rencontre* qui est en même temps une entreprise de *Salut* tel que le suggère le double titre donné par Delvaux à cette oeuvre initiale, le récit de ce rêve, si l'on compare sa séquence initiale à son tableau final, indique l'établissement d'une circulation entre les différents points d'un enchaînement dont le premier se cristallise autour du groupe formé du rêveur et de son oncle, le rêveur errant, quelque peu confus et inquiet, hanté d'une interrogation qui renvoie à la question initiale de la "Station

[1] M. Butor, "Le rêve de Vénus" p.9 in *Matière de rêves II*: Second sous-sol, Ed. Gallimard, Paris, 1976.

[2] J. Verne, *Voyage au centre de la terre*, Le Livre de Poche, Librairie Hachette, Paris, 1966.

sur la terrasse"[3] qui s'énonce comme suit: "Que pourrait, que devrait aujourd'hui faire un "poète"?" mais derrière laquelle, puisque le pourquoi de l'oeuvre à faire reste tributaire de l'identité du moi, se profile une autre, complémentaire: "Qui suis-je? si par exception je m'en rapportais à cet adage: en effet tout ne reviendrait-il pas à savoir qui je hante?" que l'on retrouve au début de *Nadja*.

Le second point, autour de la maison natale, aussi appelée "la maison des tantes", maison familiale qui, bien que disparue, lui permet de délimiter son être et d'assumer l'altérité essentielle de son moi, mais d'un moi transformé.

Ces deux séquences, la première autour du *Salut* ou de la *Rencontre* (1938) de *La Ville Endormie* (1938), et de *Nocturne* (1939), la seconde avec *Nuit de Noël* (1956), *L'école des Savants* (1958), *L'Abandon* (1954) et *Hommage à Jules Verne* (1971), sont séparés par ce que j'ai regroupé en plusieurs ensembles de peintures, domaines de métamorphoses décrites avec précision, lieux hantés de squelettes bien vivants, de spectres ou de revenants. Regroupements qui permettent une meilleure focalisation, le suivi plus aisé d'un motif, mais qui peut très bien être modifié car il ne s'agit nullement de tenter d'obtenir "un signifié dernier qui serait la vérité de l'oeuvre ou sa détermination",[4] mais plutôt de laisser se dérouler le texte, d'en interpréter le fil au clavier de ce qu'il nous signifie de lui-même. Lecture qui elle aussi tient du principe d'Heisenberg puisque tel le rêve, le travail du texte simultanément se dessine sur plusieurs plans; impossible donc d'en rendre compte comme d'un système unifié, fermé: le résumé de texte est le récit d'une lecture ou d'un ensemble de lectures, comme le récit de rêve, celui de souvenirs, de leur involontaire orchestration.

A travers *Pygmalion* (1939), la première version des *Phases de*

[3] P. Valéry, *Cahiers*, Tome II, Bibliothèque de la Pléiade, p.688 et suiv., Ed. Gallimard, Paris, 1974. (N'oublions pas que le second tome des *Matière de rêves* est aussi désigné comme étant "La terrasse de Pluton").

[4] R. Barthes, "Par où commencer?" in Communications, no 1, 1964.

la lune qui date de 1939 et *L'Entrée de la ville* (1940), le personnage qui joue le rôle du rêveur, dans une version inversée du mythe de Pygmalion, déjoue la surveillance, se sauve de cette femme-sculpteur qui a décidé dit-il de le "mutiler pour le rajeunir", de le "réduire à l'impuissance des statues". Il fond, frémit sous sa carapace de glace, sent les linéaments fantômes de ses membres se préciser, "enfile un pantalon pour masquer ce qui lui manque encore" mais précise-t-il, "j'ai deux pieds nus qui laissent de faibles traces sur le sable cendreux", avant de se transformer en flûtiste, en joueur de chalumeau. Il ramasse une chemise, un autre pantalon et un veston. Il ramasse "une grande feuille de papier pliée en 12 que le vent chassait en zigzag" ainsi qu'il le faisait dans *Passage de Milan*, de la peinture de Martin de Vere: "C'est un plan de la ville, je vais peut-être savoir son nom, pouvoir m'y diriger, trouver ce que je viens y faire" dit-il. Mais de quelle cité pourrait-il bien s'agir si ce n'est celle qu'évoque Augustin?

Glissent *L'Aube sur la ville* (1940), le second état des *Phases de la lune* (1941) et *La ville inquiète* de la même année, où l'on assiste à un bouleversement chronologique: "A mesure que j'avance, j'ai l'impression que le matin recule". Suit un double mouvement: "Ici, on se nourrit du temps qui passe et repasse".

Non pas une achronie mais tout d'abord une mouvance en va et vient de la temporalité qui provoque son étirement, tandis que le rêveur s'immobilise, ajoute quelque chose à son plan, un signe énigmatique, invisible, qui ne se laisse définir, dont l'interprétation risquerait de se traduire par un "X qui vient et qui barre tout",[5] qui interdit le regard à ce qui précède.

Cependant, "j'ai eu tort de m'arrêter, de faire ce signe. Le temps n'est plus seulement ralenti, il se renverse". Prélude à l'effondrement imminent de la cité menacée, amalgame d'un monde gréco-latin avant l'éruption d'un mythique volcan, d'une Rome aux éléments Pompéiens.

[5] G. Charbonnier, *Entretiens avec Michel Butor*, pp. 86-87, Ed. Gallimard, Paris, 1967.

On assiste à un dédoublement du rêveur: "L'une d'entre elles .... décrit la situation à celui que je dois devenir, assis, méditatif, une main soutenant son menton, mon menton .... à celui que j'étais avant la première rencontre....".

Pendant que Zacharie passe "entre ces deux moi-même le fuyard et le paralysé" se produit un "renversement du cours des choses" qui offre une jeunesse nouvelle, tandis que le temps inversé se remet en place de l'autre côté de la porte des sphynges.

Le troisième état des *Phases de la lune* (1942) annonce la fin des bouleversements, "le temps s'est remis en place" mais c'est ici, de l'autre côté de la porte "que la vraie nuit commence à peine". Avec *La prisonnière* (1942), *Vénus endormie* (1944) et *Train de nuit* (1947) le narrataire va subir une chaine de métamorphoses. Tout d'abord, de jeune homme en femme, en courtisane, traversant la frontière des sexes:

> *des seins ont poussé sur ma poitrine mon ventre s'est arrondi, mes cuisses se sont élargies mes genoux adoucis.Je suis entré dans la peau d'une femme aux grands yeux. Je sens de longs cheveux qui me chatouillent les épaules. Je dois ressembler à la courtisane blonde. Un creux inhabituel gène ma démarche,*

qui va s'ossifier, passer à l'état de squelette:

> *je n'ai même pas mon propre corps, un squelette serait le bienvenu (...), je me sens des os,*

avant de se transformer, à la vue de Vénus endormie, en squelette d'homme:

> *je sens mon bassin se masculiniser devant les palpitations de sa chair,*

et de squelette, en écorché:

> *tandis que mes muscles s'accrochent l'un après l'autre à mes articulations,*

avant de monter dans le train qui s'immobilise avec la *Descente de croix* de 1949.

C'est dans cette région du texte que les allusions aux oeuvres de Pierre Klossowski se font les plus pressantes, comme si leur lecture pouvait nous offrir une clé partielle à la résolution de ce rébus, leur affleurement enracinait l'interprétation, exigeant relectures.

L'horloge marque trois heures, des morceaux de bois cloués en croix barrent la voie:

> *le Seigneur des Squelettes, éclatant de blancheur, y avait été accroché. On l'enveloppe d'un linceul. Ossements en sel de la Terre.*

Cadavre qui sera évoqué comme étant celui du "doublement mort" donc du "revenant" par excellence, de "celui qui revient sur ses pas, coupé de ce qu'il a fallu qu'il fût pour être ce qu'il est, obligé de recomposer sans cesse l'image de son moi", jamais formé une fois pour toute.

De son côté le rêveur: "J'ai perdu les muscles que j'avait acquis auprès des dames romaines. Nous rivalisons de transparence désolée, manquée, nous-mêmes transformés en grilles de prisons".

Les études de Klossowski sur certains aspects spectaculaires de l'érotisme romain attribué au processus de la décadence, constitueraient peut-être une voie qui tendrait à résoudre le paradoxe baudelairien de la relation du plaisir charnel et du mal, qui se traduit par un empêchement, une impossibilité de "l'appel à l'esprit à travers le corps", une ouverture vers cet état de transparence que Breton percevait à la suite de Novalis, en décalant l'homme du centre de l'univers, en explorant l'animalité dans l'échelle dont il s'est coupé.

A cette atmosphère de malaise, aux signes concrets de cette mort étrange contre laquelle bute le train, succède une naissance non moins étrange avec la *Nuit de Noël* (1956):

> *les cloches de la ville s'ouvrent à toute volée. Il est question d'un bébé venu de l'espace qui brillerait dans un évier rouillé au département des ordures ménagères, sur un matelas de mâchefer taché de mazout, entre un vieux chauffe-eau et les restes d'une brouette grinçante à longues poignées.*

Ici le rêveur se dédouble, "devient une paire de jumelle fixée pour l'apparition du père Zacharie", le sacrificateur des Évangiles, l'horloger qui avait perdu son âme selon la tradition genevoise reprise par Jules Verne, "dont le nom secret est Georges-Pierre", (Georges Lambrichs - Pierre Klossowski)[6] de la même manière que le fils de Zacharie et d'Elisabeth vieillissants fut nommé, selon l'Évangile selon saint Luc, Zacharie-Jean, mais l'abandon de son premier nom transforme ce cousin du crucifié surnommé le Baptiste en son véritable double: tous deux ne sont-ils pas conçus par le passage de l'esprit à travers le corps maternel, donc inaccessibles à l'inceste?

Avec *l'École des savants* (1958), les métamorphoses de ce personnage pérégrinant, étranger dans sa propre ville, nous mènent à la naissance, ou plutôt à la constitution d'un être hétérogène qui emprunte "à ses pères supérieurs"

> *un muscle à Davidoff*
> *"spécialiste des émiettements",*
> *un peu de sang à Philibert*
> *"spécialiste des éparpillements",*
> *les poumons de Vasconcellos*

[6] Georges Lambrichs et Pierre Klossowski sont les deux personnes à qui Michel Butor a dédié la première version du "Rêve de Vénus" parue sous le titre du "Rêve de Paul Delvaux", p.13 in Butor, Michel, Clair, Jean et Houbart-Wilkin, Suzanne, *Delvaux, catalogue de l'oeuvre peint*, Ed. Cosmos, Bruxelles, 1975.

"spécialiste des amoncellements",
le foie du professeur Thaddeus
"spécialiste des orages magnétiques",
les vêtements du collègue Zacharie
"spécialiste des métamorphismes",

de manière à "avoir l'air de l'un d'entre eux dans cette étable de poussière". Réincarnation où l'on peut lire le corps, cet abri de l'être, comme lieu de rencontre, comme lieu de passage d'un moi hétérogène, toujours inachevé, en perpétuel devenir.

On assiste aussi à l'évocation de deux disciplines imaginaires, la paléothéologie et la bibliominéralogie dont les avatars s'incarneront en un théologien-minéralogiste et un paléobibliologue.

La première renvoie à une science rationnelle des dieux anciens, à une théologie d'avant ce que Nietzsche a appelé "la mort de Dieu", à une théologie du christianisme certes, mais aussi des religions antérieures dont les petits dieux aux tâches déterminées et complémentaires, presqu'humains, sont autant de démons ridiculisés par Saint Augustin à travers ses commentaires sur la théologie théatrique exposée par Marcus Varron, théologie ludique qui se complait à "semer des fictions" puisqu'elle ressort de la mise en scène au sein des solennités religieuses et des jeux, de l'expression de l'érotisme divin, côté dévoyé des dieux, condamnée dans *la Cité de Dieu* mais que tente d'explorer par une mise en pratique qui est une mise en lumière, l'oeuvre de Klossowski.

La bibliominéralogie associe le livre à l'étude des minéraux qui constituent l'écorce terrestre: or dès le début de ce texte, les échantillons minéralogiques "dont la valeur relative disparaissait devant l'égalité absolue des spécimens scientifiques" et qui étaient reliés aux livres dans le roman de Verne, sont associés chez Butor au "bouton charnu absent aux mains des dames, devenu rose des sables" dans la peinture de Gabrielle d'Estrée, nous renvoyant à la symbolique alchimique, mais aussi, à travers une image de Don Juan, à ce "goût précoce du *monde* féminin, *mundi muliébris*, de tout cet appareil ondoyant, scintillant et parfumé" qu'évoque

Baudelaire dans les *Paradis Artificiels*. Cette allusion, couplée au défi de l'écriture klossowskienne dont la syntaxe constitue le tissu de l'épiderme de Roberte, et à celui du texte vernien où la terre, décrite à la fois comme l'intérieur d'un corps et comme le feuilleté d'un livre aux pages de granit, à la minéralogie finement sexualisée, aux transformations sérielles, est parcourue par un filet d'eau au goût d'encre, le Hans Bach, qui assure, fameuse ressource, beaucoup plus que la simple survie de tous, renvoie à ce que constitue pour Butor la littérature: le livre "un moyen de transformer le monde en peau, et le marquage par la lettre, le caractère imprimé, une façon de le posséder sexuellement".[7]

Rien de surprenant à ce que ces sciences nouvelles entretiennent des liens avec certains des personnages idéogrammes, figures emblématiques ayant fonction d'agrégation, tenant de la figure mythique et de la matrice derrière leur nom. Ainsi, Otto Lidenbrock, professeur au Johannaeum de Hambourg, Christophe Colomb des régions souterraines, qui passe pour être un véritable polyglotte, dont l'épellation du prénom se lit ôter-Théo et le patronyme semble formé de l'alliance de deux mots allemands *lid* (paupière) et *brocken* (briser), dont Graüben, la première image de la cicérone, est la pupille; ainsi Octave, ce laïc, éminent professeur de théologie scolastique à la Faculté de ..., époux de l'incroyante Roberte, Octave dont le nom signifie la plus parfaite des consonnances, la plus parfaite des qualités d'un accord, d'une harmonie.

En une sorte de fine parodie du phénomène de condensation qu'avait perçu Freud au sujet des personnages de nos rêves, va s'établir un système d'équivalence des rôles qui vont glisser sur les acteurs de ce rêve.

Une première triade est esquissée:

Dans le Salon d'attente d'une autre station le théologien-minéralogiste examine une ammonite avec sa loupe d'horloger.

[7] M. Butor, "Don Juan aux États-Unis", p.313 in *Répertoire V*, Ed. de Minuit, Paris, 1982.

Nous avons un premier ensemble, celui des oncles: Octave, Otto Lidenbrock et Zacharie.

Une seconde condensation va se développer avec Antoine, neveu d'Octave, Axel, neveu d'Otto et le neveu de Zacharie, quelque peu transparent, et par conséquent de Roberte, épouse d'Octave, de Graüben, filleule d'Otto et de la compagne absente de Zacharie.

Par le biais des "Souvenirs sur le théâtre de société"[8]que mettait en scène l'omniprésence de Pierre Klossowski, nous aurons la condensation suivante:

> *Michel Butor qui joue le rôle d'Antoine, derrière lequel vont se profiler les deux autres neveux, Denise Klossowski qui est Roberte et derrière laquelle va se profiler le groupe des tantes, Georges Perros qui joue le rôle d'Octave, auquel vont correspondre les oncles.*

On peut obtenir encore le rêveur qui apparaît sous les traits de Paul Delvaux et qui porte le prénom d'Antoine-Raphaël, Raphaël qui joue le rôle d'Antoine dans le *Souffleur*, donc auquel vont s'adjoindre les deux autres neveux et Michel Butor; ou encore, la Grande Duchesse des Aréoles, ailleurs nommée la Duchesse sculpteur, et ses soeurs, auxquelles peuvent se substituer les tantes Ernestine, Laurence, Marie et Adèle.

Il y a à l'évidence un parfum proustien qui suit le parcours de ces dames: la comtesse des Jardins, la chevalière des Fissures, la comtesse des Paumes, la duchesse des Oublis et Gilberte, Gilberte des Jardins, la comtesse des Aiguillages, qui deviendra Louise. On se rappelle la princesse de Parmes, mais aussi Gilberte, fille de Charles Swann et d'Odette de Crécy.

Enfin, lorsque "le professeur Thaddeus, avec une immense

[8] M. Butor, "Souvenirs sur le théâtre de société" in *Cahiers pour un temps*, p.27, Ed. du Centre Georges Pompidou, Paris, 1985.

fatigue, tend à Otto in Octavo le moulage d'une ammonite", nous avons un autre ensemble qui se déploie: Rappelons-nous que Thaddée est le surnom de l'un des douze apôtres, St-Jude, frère de Jacques le mineur et cousin du crucifié, à qui la tradition, sans raison aucune, semble-t-il, attribue *l'Epitre de St-Jude* qui est une invitation à garder la foi traditionnelle. Par ailleurs cette ammonite qui nous renvoie au rêve du même nom, élaboré avec la complicité de Pierre Alechinsky, mais aussi au *Voyage au centre de la terre*, ce fossile à la coquille enroulée, trouve son origine chez le dieu solaire et créateur Ammon, roi des dieux, maître du ciel et de la terre et dont Thèbes est la ville. Si bien qu'entre le dieu égyptien et la triade d'origine (Octave-Otto-Zacharie) va se profiler la triade romaine Jupiter-Mars-Quirinus observée par Dumézil puisque Jupiter s'associe par syncrétisme à Ammon, puis à Zeus. En variation, nous aurons me semble-t-il une triade carnavalesque composée de Philibert, Vasconcellos et Davidoff.

Ainsi, chaque acteur de ce rêve se découvre être la démarque, le reflet, la répétition, la parodie d'un héros ou d'un dieu passé, issu du "matin grec" et de ce qui précède ou issu de ce que Ricoeur appelle le "massif hébraïque", voire la préfiguration d'un être en devenir.

Le texte de *L'abandon* (1964) qui constitue l'avant-dernière image de cette suite, semble correspondre à celui de la charnière entre *Nocturne* et *Pygmalion*: "Je me sens chassé. Je ne sais ce qui m'a chassé de la ville".

Avec l'*Hommage à Jules Verne* (1971), l'étrangeté produite par le travail du rêve et que Freud dans l'*Interprétation des rêves* soulignait et opposait à la pensée éveillée, se résorbe par la dissolution des frontières.

L'*Unheimlich* se termine avec le retour à "la maison natale de mon père, détruite par un incendie. On l'appelait aussi la maison des tantes..." alors que la maison de Lidenbrock "une habitation moitié bois, moitié brique, à pignon dentelé" a été épargnée par l'incendie qui détruisit Hambourg en 1842.

A la toute fin de ce texte, l'acteur principal, le rêveur, se voit se réveiller en Italie du Sud "Je suis en train de devenir un homme" dit-il.

A la ville Belge ou Islandaise se substituent les faubourgs de Sélinonte (titre d'une autre oeuvre de Delvaux) puis:

> *Au loin, le voilier emmène mes doubles vers Alexandrie ou Ephèse. Au vent de la peinture, les antipodes échangent leurs voeux.*

Le texte jamais définitivement établi s'ouvre sur une démultiplication du moi et une multiplication de l'énigme comme si, un instant, le moi se cristallisait à partir d'une combinaison de non-moi, dont il offrirait à la fois la table et le désordre pour, l'instant suivant, éclater, se multiplier, système de l'instant et de l'indicible qui semble constituer du rêve l'indescriptible essentiel, tout comme de cette énergie, de ce feu intérieur, plutonien, dont Valéry cherche le puits d'où le tirer.
(On trouvera le creusement de ce puits dans "Le rêve de Klaus")

Il n'est donc pas innocent que le "rêve de Vénus" se retrouve au centre d'une gravitation d'oeuvres réelles, perdues ou imaginaires, au confluent desquelles il se place, puisqu'elles jouent un rôle spéculaire qui du lecteur fait un interprète au sens musical du terme, le texte devenant partition.

Nous avons donc *Le voyage au centre de la terre* à l'intérieur duquel gravite un premier manuscrit, "l'*Heims Kringla* de Snorre Turleson, le fameux auteur islandais du XIIe siècle! C'est la chronique des princes norvégiens qui régnèrent en Islande". C'est d'entre les pages de ce livre, que glisse le cryptogramme en caractères runiques, le parchemin crasseux qui amènera Lidenbrock et son neveu à entreprendre la plus étrange expédition du XIXe siècle.

Le professeur Lidenbrock, lui-même auteur d'un *Traité de Cristallographie transcendante* paru à Leipzig en 1853, en découvre le signataire, Arne Saknussem, en grattant "une sorte de macule qui faisait à l'oeil l'effet d'une tache d'encre" un peu comme le fait Gérard dans *Les Petits miroirs* repris dans "Le rêve des archéologies blanches". Deux autres textes apparaissent dans le roman de Verne, l'un que nous lisons du chapitre XXXII au chapitre XXXVII, qui est constitué par le journal de bord d'Axel, l'autre, à l'état de brouillon, livre futur qui portera le même titre que le roman de Verne, qu'écrira Lidenbrock à son retour. Plusieurs cartes géographiques complètent l'ensemble, dont une carte future qui, une fois tracée, présentera "une sorte de section verticale du globe qui donnera le profil de l'expédition".

Dans un tout autre registre nous avons les *Lois de l'Hospitalité* qui renvoie aux trois titres composant la trilogie de Pierre Klossowski construite autour de *Roberte, ce soir*, *La révocation de l'Edit de Nantes* et le *Souffleur*, mais aussi à ce parchemin central: "ces quelques pages manuscrites qu'il avait fait mettre sous verre et encadrer pour les suspendre au mur de la chambre réservée aux visiteurs, juste au dessus du lit, quelques fleurs des champs se fanant sur le cadre de style ancien: *Les lois de l'hospitalité*".[9]

Les origines culturelles et mythiques d'un certain comportement des dames romaines[10] de leur côté, en traversant le filtre de la *Cité de Dieu* nous renvoient aux 43 livres d'*Antiquités* de Varron décrits et critiqués sinon raillés par Saint Augustin et dont Klossowski déplore la richesse perdue.

Enfin, entourant l'édition du "Rêve de Paul Delvaux" sous le titre du "Rêve de Vénus", nous retrouvons dans le flux de phrases charriant les bribes d'un texte qui fermente, qui s'immisce au travers des fissures du texte original et se presse aux portes du rêve, diverses allusions aux oeuvres des Romantiques Allemands en particulier à la *Vie de Fixlein* de Jean-Paul Richter et *Heinrich d'Ofterdingen* de Novalis.

[9] P. Klossowski, *Les lois de l'hospitalité*, p.110, coll. le chemin, Ed. Gallimard, Paris, 1965.

[10] P. Klossowski, *Origines culturelles et mythiques d'un certain comportement des dames romaines*, Ed. Fata Morgana, Montpellier, 1986.

Le premier, publié en 1975 sera suivi du *Jubilé*, écrit l'année suivante et qui se termine avec un appendice intitulé "Ma nuit de Noël" dont le titre d'une oeuvre de Delvaux en constitue presque la paraphrase, le texte de Butor se terminant, lui, avec l'apparition d'une jeune femme dont le prénom renvoie à la naissance et aux origines, Nathalie; Noël devenant l'instant de la coïncidence comme l'était midi chez Nietzsche.

Le second, roman fragmentaire, manuscrit inachevé lui-même reflet d'un texte spéculaire, livre sans titre apparent et dont la fin semble manquer, rédigé en une langue qui s'avère être du provençal et contenant quelques miniatures sur lesquelles le lecteur, Heinrich, découvre, reconnaissable parmi les autres, sa propre figure. Il s'agit d'un manuscrit rapporté de Jérusalem, le roman inachevé d'un poète à la destinée prodigieuse.

Si nous mettons en relation cette constellation de textes (dont la particularité, à l'exception peut-être du *Traité de Cristallographie*, est de constituer des manuscrits inachevés) avec l'origine profonde de cette pérégrination au centre de la terre, nous nous rappellerons que Verne date la dernière éruption du Sneffels de 1229, "le monstre dort depuis 1229" écrit-il: or que s'est-il passé à ce moment?

C'est cette année-là que Frédéric II, alors excommunié par Grégoire IX parvint à obtenir du sultan d'Egypte, par la négociation, les villes de Nazareth, de Bethléem ainsi que la cité de Jérusalem elle-même, mais c'est aussi la même année que Grégoire IX réunit un concile à Toulouse afin de trouver des moyens de lutter contre les hérétiques et crée des tribunaux spéciaux qui, sous le nom d'inquisition se chargeront de la répression sévère, terrible, des fauteurs de faits d'apostasie, de sorcellerie et de magie.

Coïncidence historique qui par delà la révolution des livres va leur donner un sens nouveau, plus acéré, va faire en sorte que cette excommunication, cette expression récurrente dont il est tant question dans "La littérature et la nuit", soit conjurée après avoir pris tout son sens comme si "Le rêve de Vénus" constituait un exorcisme à son endroit.

Tel Heinrich d'Ofterdingen nous découvrons qu'il est possible d'être inquiété, mais cette fois-ci de manière simultanée, par l'aventure des croisades en terre sainte, par les secrets dissimulés dans les montagnes, et ceux qui gisent au coeur de l'histoire: Par delà le creusement augustinien c'est la plaine d'ossements que l'on trouve au centre du globe, "sel de la terre" comme il est dit du Seigneur des Squelettes, comparée à la "fameuse bibliothèque d'Alexandrie, brûlée par Omar, et qu'un miracle aurait fait renaître de ses cendres"; par delà le Sneffels se profile l'ombre du Vésuve et les traces de la Gradiva nous mènent droit au volcan-chanteur des "Archéologies blanches"; par delà les bois de champignons qui avoisinaient Port Grauben et l'ondulation des algues immenses qui rampent à la surface des flots de la mer Lidenbrock, c'est le "Rêve des lichens" qui entrouvre ses portes.

On pourrait presque qualifier ce texte de science fictif dans sa proposition d'une société future, "une société future qu'il n'est pas question pour moi de décrire, dit Butor: ce modèle de société future, c'est la façon même dont l'oeuvre fonctionne"[11]: ce texte se présente comme machine à fonctionnement symbolique gouvernée avant tout par les lois mentales de la subjectivité, mais dont la structure déterminante se fonde sur une logique mathématique. Machine à susciter des rêves, à voyager dans le temps, à faire surgir des revenants dont la répétition n'est nullement retour à la norme antérieure, rétablissement, mais plutôt reprise, transmutation.

Machine à produire de la fantasmagorie dans un contexte réaliste: texte fondamental sur l'écriture considérée comme un art, une machine à retardement où la suspension klossowskienne aurait rencontré le retard dont parle Duchamp; sur les rapports qu'elle entretient avec la lecture, ici en dépendance réciproque, le sujet autant rêvé que l'objet, le Livre de Mallarmé, dans sa mobilité, célébrant ses noces avec le moi valéryen, hétérogène. Mais aussi sur la nature de la sexualité de l'artiste, être par excellence de l'incertitude, et sur l'élaboration de ce que l'on pourrait

[11] M. Santschi, *Voyage avec Michel Butor*, p.170, Ed. l'Age d'Homme, Lausanne, 1982.

appeler une langue du désir, l'oeuvre ne devant être que la maturité de ce désir, si l'on en croit la "Station sur la terrasse".

SAVOIRS DU NON-SAVOIR

Michel Pierssens

Un magnifique incendie de savoirs
dans la bibliothèque noire d'une
Alexandrie d'outre-ciel (III,130)

Qui rêve?

Freud a posé la question, le premier sans doute de manière approfondie, insistante. Mais lui a-t-il apporté une réponse? Une réponse autre que partielle ou hésitante était-elle d'ailleurs possible? Car ce n'est pas le rêveur qui rêve, malgré les apparences: il ne fait rien d'autre que *rapporter* son rêve -- et avec quelle imprécision! -- une fois de retour parmi les éveillés.

Ainsi tout les récits sont, plus ou moins, des récits de rêve, ce qui leur donne cet air étrange, cette incertaine réalité qui nous séduit. Lire, écouter, et même regarder -- au moins quand il s'agit d'un dessin ou d'un tableau -- c'est encore rêver. Ecrire aussi peut-être, mais avec plus de densité encore. Qui rêve? Avec l'aide de *Matière de rêves* (1975), *Second sous-sol* (1976), *Troisième dessous* (1977), *Quadruple fond* (1981), *Mille et un plis* (1985), c'est cette question que je vais essayer d'explorer, en étudiant la réponse que Michel Butor suggère d'apporter à cette question.

Il faut noter d'abord que la question telle que je viens de la formuler n'est pas explicitement posée dans *Matière de rêves*. Même si

Michel Butor se réfère parfois à la psychanalyse (le premier volume est dédié aux psychanalystes) il ne lui demande pas de répondre à sa place (la dédicace complète, c'est: "Pour les psychanalystes, entre autres"). Butor ne se demande donc pas si l'on peut psychanalyser le rêve de Michel (je reprendrai cette distinction, parallèle à celle de Rousseau et de Jean-Jacques). Que le rêve signifie quelque chose selon des codes bien connus, cela est évident, mais de peu d'intérêt, ne serait-ce que parce que tout le monde rêve plus ou moins la même chose. Butor le souligne bien en remarquant que "les plus grands inventeurs de rêves nouveaux sont les plus grands génies qu'on puisse imaginer" [1] -- ce qui situe la hauteur des enjeux.

C'est donc par d'autres côtés que par son contenu ou sa signification que le rêve devient intéressant. La question n'est plus alors "qui rêve?" en général, ni même "qui rêve dans les textes de Butor?" Il faut compliquer cette question, la décaler, la transformer -- méthode assez butorienne.

La première transformation pourrait être: qui a rêvé? Le premier point frappant en effet dans la démarche de Butor vis-à-vis de sa matière, c'est qu'il la met à distance, ou va la chercher ailleurs. Bien que le texte soit au présent, cet infernal présent de ce qui ne peut cesser d'être et de proliférer, leur matériau vient du passé.

La première réserve est ainsi faite d'anciens rêves de Michel, mais si lointains, si partiels et si souvent retravaillés depuis qu'ils n'ont plus avec Butor qu'un rapport un peu vague, générique pourrait-on dire. Rêves venus du passé et déposés dans des textes dont le rêveur s'est comme évanoui, effacé, ou retiré. Ils n'apparaissent que par bribes limitées, et sont plus des sigles que des signes: rêve de la conférence, de l'accident d'avion ou peut-être de l'accouchement.

Une seconde réserve de rêves passés, c'est les autres: rêves classiques de Charles Sorel, de Nerval, de Baudelaire ou de Huysmans. Il est paradoxal, mais significatif, que ces rêves apparaissent avec beaucoup plus d'ampleur et de précision que ceux de Michel lui-même. Mais c'est qu'ils sont déjà littérature, et non pas simples remémorations

[1] Cf. M. Santschi, *Voyage avec Michel Butor*, Lausanne, L'Age d'Homme, c. 1982, chap. XIII

hasardeuses. Ils existent avec plus de force, parce qu'ils existent dans des livres.

Peut-être Butor ne cite-t-il les rêves de Michel si parcimonieusement que parce qu'ils sont marqués par cette tare originelle: ils ne lui sont pas venus d'abord par l'écriture ou par la peinture. Il leur en reste quelque chose comme une impureté, même une fois devenus textes à leur tour.

C'est qu'avant d'être un rêveur, Butor est un lecteur et un écrivain. Le rêve n'a de valeur que s'il peut devenir matière. C'est donc dans un sens particulier qu'il faut entendre ce mot dans le titre: l'accent n'est au fond ni sur "matière" ni sur "rêve", mais sur *de*. Il est sur le passage *de* la matière *au* rêve, sur le procès qui fait qu'à la fin il y a, non pas "rêve" mais texte. Car les livres qui portent ce titre sont chacun une "machine à rêver", une "machine à raconter les rêves".[2]

Cela ne signifie pas pour autant que les textes ne soient que des produits machiniques, au sens où, marchant tout seuls, ils seraient l'apothéose d'un pur mécanisme d'où tout sujet se serait retiré. On sait bien au contraire tout ce qui rattache la machine au désir et au fantasme, depuis qu'il en existe.[3] Le présent du récit n'est pas une pure transcription d'un passé devenu par là même inoffensif: il est aussi une constante interrogation sans réponse quant à l'avenir, une adresse angoissée à l'*aîon* anonyme qui nous emporte on ne sait vers quoi.

En filigrane -- seconde transformation -- c'est donc aussi la question de l'avenir qui se pose, c'est l'avenir même qui s'interroge: qui rêvera encore? Quelle figure de rêve ou de cauchemar aura le devenir? Voyageur planétaire, Butor (qui est aussi *Scriptor*, *Pictor* et *Viator*, comme dans *Vanité*[4], sait que rien n'est en repos et que l'avenir a des reflets d'apocalypse. "Pour vous qui viendrez après l'embrasement, puisez dans la nuit de notre réserve d'histoires" dira le cinquième livre, *Mille et un plis* (p.104). Le fait que ce volume s'annonce comme cinquième et

[2] Id.

[3] Pensons à Roussel, à Duchamp. Pour leurs prédécesseurs, voir A. Chapuis, *Les Automates dans les oeuvres d'imagination*, Neuchatel, Ed. du Griffon, 1947 ou J-Cl. Beaulne, *L'Automate et ses mobiles*, Flammarion, 1980.

[4] Balland, "Le Commerce des idées", 1980

"dernier" livre de la série a de quoi nous inquiéter: est-ce la fin d'un long rêve développé tout au long de cinq grandes nuits -- c'est-à-dire mille et une? L'indication que les gisements de rêves fossiles sont épuisés? Que Schéhérazade en a fini pour de bon? Ou bien s'agit-il d'un nouvel impératif étrangement anti-surréaliste: "On ne rêve plus"? Mais comment soutenir cette perspective? Il demeure pourtant des textes à lire, des tableaux à déchiffrer, des jardins à parcourir, des lichens à observer. Ou bien encore: Butor aurait-il parcouru le chemin inverse de celui que Koyré avait balisé? Au lieu d'aller du monde clos à l'univers infini, serait-il revenu de l'infinité pour retrouver une clôture? Fin du monde. Fin du tour du monde. Fin du récit. Retour du boomerang.

Comment transformer encore la question? Essayons cette fois-ci non plus de la transporter dans le temps mais d'en modifier le sujet: non plus *qui* rêve mais *qu'est-ce* qui rêve? La réponse est désormais plus facile, puisqu'on peut au fond la réduire à un mot: c'est la culture qui s'en charge, mais la culture dans le sens le plus large, c'est-à-dire celui qui va de la langue aux savoirs, en passant par la musique, les textes ou la peinture, sans oublier les lieux, les choses, ni les conversations. Bref: tout ce qui est et que l'on peut observer, décrire, recopier, froisser, plier.

La question ne s'est pas seulement transformée: elle s'est déplacée. Désormais: quel est le matériau des rêves, leur matière?

Je crois qu'il faut l'entendre en deux sens. D'abord dans le sens où l'on en parle à propos des romans arthuriens, qui sont faits comme on sait de la "matière de Bretagne". *Matière de rêves* se construit bien comme tous ces ensembles, toutes ces enfilades de récits issus les uns des autres, à partir de la fin suspendue du *Perceval* de Chrétien de Troyes. Comme dans tout rêve, le centre est perdu, ce qui rend alors possible la prolifération des récits: l'ombilic n'est plus un lien; quelque chose a eu lieu, sans mémoire: scène de fantasme chez Chrétien où Perceval reste muet quand le Graal passe, alors qu'il aurait fallu interroger. Scène de cauchemar chez Butor, autour de la conférence ou de l'accident d'avion, avec ses questions sans réponse.

Mais la matière, c'est aussi ce que l'on a toujours appelé ainsi: le premier matériau de toute construction, le bois dont est fait notre habitat terrestre. Rêver, chez Butor, c'est aussi rêver *dans* la matière, dans le matériau de la matière, avec tous les outils qui font qu'elle est plutôt construite que donnée (comme le rêve lui-même), traitée déjà par l'appareil des discours plutôt qu'offerte sans forme par une donation hypothétique des sens. Les cinq livres n'ont rien à voir avec les cinq sens, et Michel Butor n'est pas Michel Serres. S'il faut comparer, pensons plutôt à Rabelais, qui s'interrompt lui aussi après le cinquième livre. La prose du monde demande une écopoétique, une encyclopédie comme au temps de Diderot ou Buffon, avec des articles et des planches. *6 810 000 litres d'eau par seconde*, c'était un peu le "Chateaubriand ou rien" de Butor; *Matière de rêves*, ce serait plutôt son "Buffon ou rien".

Allons donc chercher maintenant de ce côté là, sur le versant des savoirs. Si l'on recensait ainsi les savoirs où puisent les textes, on constaterait qu'ils s'organisent en effet en champs discursifs délimités comme au temps où, dans les sciences naturelles, tout était clair: la zoologie, la botanique, la minéralogie sont reines -- mais avec une sorte de "supplément" pour la technique, plutôt traitée comme un "art", avec ses appareils d'allure archaïque, même les plus modernes. Ainsi de la "radiodiffusion" (I,51), des "arquebuses lance-seringues" (II,87), des "transistors" (III,104), des "microphones" et "cadrans" (IV,139), des "Potentiomètres" (IV,156), "bobinages" et "condensateurs" (IV,158), qui font plutôt science-fiction des années cinquante.

Mais c'est que la technique incarne peut-être pour Butor un *mauvais savoir* qui ne demeure relativement inoffensif que sous cette forme archaïsante. Plus moderne, elle est l'un des visages de la torture et de la destruction. La science apparaît dans les passages les plus intenses de *Matière de rêves* (dans *Second sous-sol* avant tout) comme une sorte de chirurgie mortelle, armée d'électrodes (II,80) et de rayons X (II,160), fabriquant de pseudo-corps bioniques: "Nos crocs sont des meules, nos poumons des cylindres, nos coeurs des sabliers, nos fémurs des tiges de métal avec des articulations de vinyl". (II,158). "Ce n'est plus l'air dont se réjouissait notre enfance, mais le tremblement des morts-vivants, le grésillement des électrons sautant d'ion en ion, le ronflement des pièces détachées montée, demontées, remontées, aiguillées de convoyeur en convoyeur, puisque tout mon sang coule de ce qui reste de leurs aortes écrasées" (II,159). Plus moderne encore et c'est tout l'univers qui en devient monstrueux, plein d'"hyperpieuvres ocellées de trous noirs et de ventouses d'antimatière" (II,150), du fait de ce que le prière d'insérer de

Quadruple fond nomme "notre orgueilleuse science", "toute cette soupe scientifique" de *Second sous-sol* (II,147), à laquelle nous devons les "protocoles avec lesquels ils ligoteront nos décisions, notre indécision, notre effritement, conformément à la comptabilité de leurs télex et de leurs ordinateurs." (II,143). Seule exception peut-être: la topologie (restes d'une thèse d'épistémologie des mathématiques commencée avec Bachelard?), sans doute parce qu'elle est science des voisinages, des renversements, des transformations.

Le bon savoir, je l'ai dit, serait plus fidèle aux traditions des savants d'autrefois. Le cauchemar technique peut alors parfois laisser la place à un rêve de naturaliste: "Toute l'architecture devient serre. Végétalisation des machines et de leurs tourmenteurs (...) Les princes jardiniers promènent leurs lances d'arrosage sur les bacs d'où pendent les racines suceuses. La reine sème des rouages graines." (II,175)

Tout le volume de *Troisième dessous*, qui commence "dans une forêt de bouleaux", se fait ainsi promenade dans une sage nature, "tableau vivant" balisé de "curiosités", où des peuples divers habitent des paysages variés, où les espèces animales et végétales se distribuent harmonieusement, feuilletées par le rêve comme un livre d'images, entre paradis terrestre et arche de Noé, entre paradis perdu et nouvelle alliance. L'écopoétique de tout-à-l'heure prend ainsi une dimension proprement écologique.

Si l'on parvient à "transformer toutes les anciennes casernes en musées d'histoire naturelle" (III,55), alors les rues de Saint-Germain-des-Prés pourront devenir un étrange hybride d'architecture et de classification botanique, par exemple: "Nous virons rue Sébastien-Bottin entre le rayon des lécidéacées qui comptent plus de 500 espèces et celui des cladoniacées" (III,108). Mais il ne s'agit pas de nostalgie: le rêve est possible, parce que le livre lui donne lieu pour développer son projet. Le voyage planétaire n'a de sens que si l'on en rapporte les spécimens qui font de chaque page une page d'herbier, mais un herbier vivant. Ecrire, c'est planter, ainsi de "l'oncle Jules qui ne venait nous voir qu'une fois tous les 80 jours (le reste du temps il faisait son tour du monde), et qui nous rapportait un mot par pays, nous demandant de les planter entre les pages de nos livres" (III,232).

Quadruple fond, bien sûr, développe ce programme de manière particulièrement spectaculaire. Dédié "aux mânes de Buffon", c'est désormais le monde animal qui produit à son tour les greffons qui peuvent féconder le livre par "fouilles" et "textamorphoses", enrichi du repiquage de surgeons grandis dans les serres des livres antérieurs. Le naturalisme des textes-sources devient par là un supernaturalisme, au sens romantique du terme, ou encore un surréalisme, mais à condition de l'entendre comme dans l'onéirocritique d'Apollinaire ou dans certaines visions de Breton: "Je m'enfonce", dit le texte, "parmi les intersignes, grossesses et glandes" (IV,114). Par les savoirs, prendre le risque d'affronter le non-savoir, les greffer l'un à l'autre.

Ce savoir mixte, réconciliant la science et le non-savoir, il existe: c'est la lichénologie. "Lichens, symbioses, dialogue des règnes" (V,69). *Mille et un plis* en est la célébration et l'illustration. Toute l'oeuvre -- faite de lectures, de transcriptions, de descriptions, de transformations de textes, de paysages ou de tableaux -- s'y découvre un authentique modèle, car le lichen, redit Butor à Madeleine Santschi, est "l'image même de la symbiose, c'est-à-dire de la collaboration" (loc.cit). Etre un lichen, travailler à la manière du lichen, qui s'attache en transformant ce qu'il rattache: "Je te colporte et j'en rajoute et je t'insinue et je te remonte aux sources et je t'imagine les suites, ondes et ricochets" (V,98), --- qu'il s'agisse des récits, des rêves, du zodiaque, des êtres ou des mots. "Nos plantations antérieures [de mots rapportés de voyage], merveilleux lichens illustrant les pages les plus arides" (III,237).

Mais par là, tout est chimère, au sens antique, comme la Sphinge dont *Mille et un plis* nous donne une extraordinaire reconstitution, comme une allégorie ou un Arcimboldo: "Aisselles à buissons dégoulinant de résines, à ronces et framboisiers dont les baies roulent au long des bras et sur les seins, à euphorbes et digitales dont les sèves et latex ruissellent jusqu'au nombril puis glissent dans le sexe en y faisant jaillir des bouquets de feuilles d'acanthe bourdonnant d'abeilles et d'oiseaux-mouches avec des gémissements de nouveaux-nés parmi des ronflements d'ancêtres, nuages..." (V,100).

Oedipe et la Sphinge: figure du tête-à-tête du savoir et du non-savoir. Mais l'opposition est un trompe-l'oeil, car la Sphinge est elle même déjà symbiose de monstre et d'homme, formant en outre un tout avec Oedipe ("le mot de l'énigme", "elle le lui avait soufflé, c'est bien connu, elle ne s'en est jamais cachée", V,99). L'écrivain et la langue ne forment-ils pas de la même façon une sorte de couple symbiotique, nous offrant le beau spectacle de leur lutte -- mais depuis toujours déjà complices? A leur image, chaque mot est un mot-valise et ces mots peuvent à leur tour s'assembler pour produire des intersignes et donner une figure merveilleuse à l'inconnu, pur cadavre exquis: "roues à yeux" ou "jantes à écailles" (V,100), "ébullitions de l'oiseau-bouilloire", "sonneries de l'oiseau-timbre" (V, p.103).

L'on comprend pourquoi *Troisième dessous* pouvait être dédié à Georges Perros, en pensant à ses "papiers collés". Mais c'est tout aussi bien à Desnos -- le plus doué des surréalistes pour les sommeils et les rêves -- et à ses expériences de "langage cuit" qu'on peut penser devant ces "anges électriques au casque bleu pétrole" (V,81) ou devant ce "chemin de fer dans un ouragan de velours" (III,41). Ainsi qu'il est dit dans *Second sous-sol*, "l'éleveur de proverbes additionne ses collages." (II,170)

*

L'on peut maintenant reposer la question: qui rêve? C'est donc, tout compte fait, l'écriture qui rêve, attachée à l'immense travail de brassage des nomenclatures, pour dire un monde multiple et multiplier les mondes: "Donc ce que tu cherches finalement c'est à réaliser par sondages une sorte de relevé du réel total, du monde dans son globe entier, dont le spectacle que nous avons sous les yeux ne peut être qu'une partie." (II, 247)

Ainsi l'écriture est-elle un chiasme, qui sans cesse rebat les cartes et invente une langue-monde, un moi-tout, des machines-matière.

La cosmographie qu'élaboraient ou retravaillaient déjà les premiers livres n'était ainsi qu'un début, le premier des plis, le premier dépli des savoirs. Après sont venus, comme le dit *Second sous-sol*, la "cosmobiographie biniverselle" (p.88), la "cosmobionirographie triniverselle" (p.96), la "cosmautobionirographie quadriverselle" (p.124) puis "quintiverselle" (p.130), la "cosmosélénautobionirographie sextiverselle", la "cosmosélénautohétérobionirographie septiverselle", la "cosmosélénautohétérobionirospectrographie octiverselle" (p.179), pour finir -- mais peut-il y avoir une fin? -- par une "anticosmosélénautohétérobionirospectrographie multiverselle" (p.209)

Qui rêve? Réponse: personne -- ou plutôt, c'est la langue, la peinture, l'écrit, le mythe, c'est-à-dire ce que la recherche des savoirs abandonne à la recherche du non-savoir, à l'impatience et à l'angoisse du sujet-voyageur. Rêver, c'est changer de sujet: il n'y a plus de sujet-point-de-vue privilégié, ni de point de vue sans sujet: il n'est plus qu'un sujet sans point de vue, être de parcours -- pour ne pas mourir ni oublier ("quelques gouttes d'anti-Léthé" (II,137)). "Entre les lignes une signature qui disparaît" (V,148), comme un rêve.

PASSAGES DE LIGNES
OU
LES IMPROVISATIONS CRITIQUES DE MICHEL BUTOR

Mireille Calle-Gruber

Equateur (..) ligne imaginaire qui divise le monde en deux parties, ligne à l'occasion de laquelle certains événements astronomiques se renversent. (..)
C'est une sorte d'horizon invisible. On traverse l'Equateur, on le longe, on le suit, mais on ne le voit pas. Son passage peut servir de symbole à tout franchissement de frontière, à toute incursion de l'autre côté du décor, des apparences, du masque, à la communication entre l'intérieur et l'extérieur, entre l'intérieur du corps et celui de la chambre, et celui de la ville, symbole de tout ce qui va permettre exploration.
Michel Butor, Improvisations sur Michaux

Si l'on sait depuis longtemps - et de façon exemplaire depuis les ouvrages de Jean Starobinski - que la relation critique est une relation vive, à chaque lecture *avivée* et que son intervention n'est pas une écriture *sur* mais une écriture *avec*: des textes, une oeuvre, une somme de lectures à déchiffrer et interpréter, ce qu'on découvre avec Michel Butor c'est la pratique, véritablement, d'une *critique dialogique*.

Mais qu'est-ce à dire que ce "dire avec"? N'entraîne-t-il pas à l'opposé d'un discours critique, lequel prône d'ordinaire l'effacement pour laisser que l'oeuvre donne, seule, toute sa voix? Ne prend-il pas tous les risques d'immixtion et de mixité en faisant fond sur une bivocalité qui, pour demeurer telle, ne doit ni s'abolir à l'unisson, ni se déchirer dans le discord des confronts? Car mettre en oeuvre un système "bivocal", au sens où Bakhtine l'entend, c'est quelque peu changer les enjeux, la question cruciale devenant alors moins celle d'une relation critique que d'une *distance* critique. "L'oeuvre, écrit Starobinski dans *l'Oeil vivant*, je dois la faire parler pour lui répondre"[1]. Tout réside, en effet, dans ce *faire parler*. Et peut-être bien que la plus grande nouveauté des Improvisations butoriennes vient de ce qu'elles n'oublient jamais la part d'invention de la critique; à savoir cette préoccupation: A quelle distance parler? A quelle distance *en* parler? Périmant ainsi d'un coup le séculaire débat du "qui parle" en critique de l'oeuvre ou de son analyste.

Critique et récriture: la relation à distance

Cette relation de et à distance complexifie singulièrement l'exercice de la lecture. Les lectures de Michel Butor déplacent, de facto, la problématique (celle d'un regard objectif/subjectif) pour faire de l'essai critique un processus d'accommodation. Inscrivant non pas l'image finale qui résulte de l'opération mais l'infini mouvement des approches successives et non pareilles qui retouchent, raccordent, dessinent le spectre du déplacement. Tel le cristallin réajustant sa courbure en fonction de l'écart variable des distances et des positions, l'essayiste travaille - l'oxymore peut seul dire cette tension - *une distance vers*. Distance qui n'est point éloignement, ni infirmité, mais au contraire le nécessaire retrait pour que s'effectuent les manoeuvres de la critique.

[1] J. Starobinski, *L'Oeil vivant*, 1961, p.28.

La posture, si elle est remarquable, ne surprend guère. A condition de ne pas compartimenter les champs de l'écriture et de considérer l'oeuvre de Butor dans son ensemble organique, on constate bientôt que ses textes critiques participent, de façon plus vaste, de la cohérence d'une conception de la littérature: selon quoi *toute littérature serait affaire de distance*. Qu'il s'agisse de celle qui écrit les voyages, la découverte des géographies étranges et de l'altérité, ainsi que des altérations qui s'ensuivent, ou qu'il s'agisse de la littérature (et des voyages) qui s'écri(vent)t par rapport à la bibliothèque, dont les volumes sont pré-textes à d'autres volumes, écriture ou récriture, variation sans fin des livres que modèlent les livres, qui se marquent et démarquent, et de l'oeuvre elle-même formant paradigme, série, fugue, projection ou ligne de fuite - littérature vouée par suite à incomplétude et inachèvement[2]. Ecrire, selon Michel Butor, c'est toujours laisser, creuser, la distance. N'en pas finir d'écrire. N'en voir jamais la fin. A la manière des pharaons qui n'achevaient point leur tombe et qui, faisant indéfiniment creuser l'hypogée, apprêtaient tout autant les traces d'un inachèvement que les tracés d'une vie et d'une survie.

La critique ou la pratique frontalière

Michel Butor en somme fait de la critique une zone frontalière et postule une règle productrice de turbulences et de chassés-croisés qui annule les hiérarchies génériques. Ceci: c'est d'une même dynamique de l'écriture que participent fiction et commentaire littéraires. Toute invention fictionnelle fonctionne comme une critique et toute analyse critique est invention. Telle est la perspective dans laquelle les pratiques s'inscrivent et communiquent sans exclusive: copie *et* création, glose *et* trouvaille, répétition *et* production, découpage de la lecture *et* collage de l'écriture[3]; métamorphose d'un texte en travail, en expansion, revenant-devenant. Et qui travaille aussi bien les significations que celui qui écrit et en écrit. "Tout lecteur entreprend de réécrire ce qu'il lit"; "toute

[2] Cf. *Répertoire IV*, "Le voyage et l'écriture", p.9-29.

[3] A. Compagnon, *La seconde main ou le travail de la citation*, Seuil, 1979.

critique doit imaginer la réalité même": c'est ainsi que *Répertoire III* souligne la porosité des seuils. Lorsque ce devenir-texte qui passe les bornes génériques prend par le côté de la fiction, s'instaure l'effervescence d'un heurt de segments, tel *Mobile* ou *6810000 litres d'eau par seconde*, ou le montage contrapuntique des *Matière de rêves*. Lorsqu'il prend résolument par le versant du commentaire, cela donne trois ouvrages qui, de 1984 à 1989 se consacrent successivement à trois modernes: *Improvisations sur Flaubert, Improvisations sur Michaux, Improvisations sur Rimbaud*[4]. La position, on le voit, est subtile. Butor n'abolit pas les frontières, ne brouille pas les cartes ni les contraintes propres à chaque exercice: il marque la frontière pour mieux la passer. Outre passer. *Pratiquer la frontière*. Où la littérature se conçoit machine à inventer des passes; et le portrait de l'artiste en frontalier.

C'est l'entreprise des trois livres d'*Improvisations* principalement que je me propose d'examiner. Non que le quintette des *Répertoire* ne fasse oeuvre critique avec l'inventaire qu'il propose de fragments de lectures, sorte de fichier somptueux de détails et de raffinements. Mais, on le verra, les *Improvisations* portent la démarche à conséquences ultimes par le biais d'un enchaînement inédit. En reparcourant, par exemple, toute la production flaubertienne - alors que "La spirale des sept péchés", article initialement paru dans *Critique* (no. 276, mai 1970) puis figurant au *Répertoire IV* présentait déjà, par l'analyse des trois versions de *la Tentation de Saint Antoine* la thèse que soutient aujourd'hui *Improvisations sur Flaubert* - il surgit des questions qui dépassent l'oeuvre spécifique; qui à travers elle et l'exemplarité de son dispositif, vont à l'essentiel de la création et dont on doit convenir que ce sont les questions que Butor l'écrivain ne cesse, en tous lieux, de mettre à l'épreuve. S'articulent donc par le procès critique les *moments* d'une activité littéraire fondée sur le principe du réemploi, de la bribe, du composé et du composite: patchwork, quilt, l'oeuvre-manteau d'arlequin, faite de pièces et morceaux. Jouant des voisinages surprenants, des couleurs

[4] *Improvisations sur Flaubert*, Editions de La Différence, 1984; *Improvisations sur Michaux*, Fata Morgana, 1985; *Improvisations sur Rimbaud*, Editions de La Différence, 1989. Désormais abrégés en: *F, M, R*.

changeantes, des variétés et des variations, cette activité bouleverse aussi l'objet-livre dont elle réinvente, grâce au concours de peintres et graveurs, la conformation, les matériaux, l'envergure[5].

Dire que la critique, tout comme le roman, la poésie, le chant, le dessin sont les *moments* de la pratique littéraire, c'est évidemment entendre le mot au double sens d'étapes et de jeu de forces en présence. L'expérience déborde alors l'unité de l'ouvrage et l'écriture, explorant les deux versants de l'objet, donne lieu à des volumes de genres différents et complémentaires: la rêverie de Michaux devient matière de rêve butorien puis d'analyse; la poésie de Rimbaud génère *Hallucinations simples* (*Avant-goût* II) qui s'écrit du côté de la prose poétique montant en épingle un lexique rimbaldien, puis *Improvisations sur Rimbaud* qui entretisse le double registre des citations et des commentaires. Par les voies conjointes de l'invention et de la citation, la littérature étire le champ de ses infinis possibles. Trajets de la non-coïncidence. Approche par dérive. Dérivation. Dérivés. Où l'écriture se dit tentative - inépuisablement. Proximité qui ne va pas sans approximations: Flaubert, que Butor présente homme des tentations et des tentatives, constitue le paradigme de ce devenir textuel.

En bref, quel que soit le biais choisi, l'une ne va pas sans l'autre: c'est parce que Butor démythifie la fiction comme création originale qu'il délie, du même geste, le discours critique de son assujettissement. Plus exactement: la critique *met en oeuvre*, peut désormais faire oeuvre à son tour puisqu'elle n'est ni plus ni moins récriture que le texte de fiction, lequel privé d'origine, ou plutôt n'ayant qu'une origine diverse, éclatée, relève de l'art d'accommoder les restes - d'une lecture, d'une bibliothèque.

> *Un ensemble de citations peut constituer une oeuvre; découper un paragraphe à l'intérieur de Descartes ou de Leibniz, et le mettre en relation avec un paragraphe pris chez tel ou tel auteur de vulgarisation du XIXème siècle, cela constitue une intervention*

[5] Cf. M. Calle-Gruber, *Les Métamorphoses-Butor*, Entretiens, collection Trait d'union, Pug-Le Griffon d'argile, Grenoble-Québec, 1991.

considérable dans ce texte classique (F, p.196).

Une généalogie de l'écriture

Il convient donc, en l'occurrence aujourd'hui des *Improvisations*, de rendre compte d'une critique qui n'oublie plus qu'elle écrit, critique écrivant, critique d'écrivain.

C'est toute la différence. Parce que Butor soustrait ostensiblement le commentaire à son handicap d'écriture seconde, il expose au lu et au su de tous des opérations jusque-là inavouées: le concours voire la surimposition des voix; la concurrence des contenus et des contenants; la chirurgie du texte en ses découpes, greffes et transplantations - optant en cela pour le choix que fait Flaubert, "précurseur" une fois encore, chez qui il déchiffre une détermination fondamentale: remplacer "une littérature drogue, une littérature de pharmacien (...) par une littérature de médecin" (F, p.88).

> */à propos de Charles Bovary/ A ce médecin paresseux, proie des pharmaciens parce qu'il est presque l'un d'eux, et à cette littérature paresseuse qui va nous cacher la vérité, s'opposent une médecine vigoureuse, vertueuse, orgueilleuse, et la littérature qui lui correspond (...). Le passage de l'écriture horizontale à l'écriture verticale est une manifestation de la transformation de l'écrivain Flaubert dans la perspective de cet idéal superpaternel, médical et chirurgical. Il va constituer un corps de phrases sur ce lit ou cette table d'opérations qu'est la page blanche. A l'intérieur de ce corps, ou de cette âme, il va trancher, recoudre. Il transforme le lecteur en chirurgien (...) (F, p.110-112).*

Cette lecture butorienne va permettre de fonder une véritable éthique de l'écriture. Constatons pour l'instant que le texte du commentaire, désormais, ressortit aux mêmes opérations que le texte commenté: à savoir, une mise ensemble, un déplacement, une mise en regard. Commenter les fonctionnements de celui-ci (texte de Flaubert) c'est, d'un trait, faire montre en celui-là (texte de Butor) de ces fonctionnements mêmes.

L'exercice critique devient ainsi révélateur d'une généalogie de l'écriture. D'abord celle de Michel Butor évidemment, car les trois volumes des *Improvisations* éclairent mieux que toute déclaration, ce qu'il fait en tant qu'écrivain; ce vers quoi le projette et se projette son oeuvre: l'expérience des limites. L'expérience *à la limite*. Michaux, Flaubert, Rimbaud représentent chacun à sa manière cette aventure dont le point extrême est l'oxymorique voisinage *paradis/enfer* qui semble fasciner Butor. Il voit dans le séjour abyssinien de Rimbaud "une navette entre Aden et Harar" c'est-à-dire "si nous prononçons ces deux noms comme les Anglais, entre Eden et Horreur":

> *La ville d'Aden pour Rimbaud est une superposition du Ciel et de l'Enfer (R, p.159).*

Cependant qu'il relève dans les ouvrages de Michaux cette constante:

> *Pour transformer le monde en paradis, il faut réaliser un mariage du ciel et de l'enfer (M, p.171).*

Le voyage ethnographique et la prise de drogue par Michaux qui en fait les moyens d'une exploration systématique de l'imaginaire; l'entreprise de réécriture de Flaubert dont Butor soutient qu'il est l'écrivain d'un seul livre recommencé en chantiers multiples comme autant d'épreuves; l'ailleurs de l'écriture rimbaldienne, laquelle pour Butor *n'a jamais cessé* et dont il s'emploie à prouver qu'elle s'est, en toute logique, déplacée sur d'autres terrains - épistolaire avec les lettres à la famille et la correspondance commerciale; historico-géographique avec les rapports adressés à la Société de Géographie; ethnographique avec le projet d'un grand livre illustré de photographies; autobiographique avec le journal qu'il tient durant le périple de son retour, ultime représentation d'une "vie abyssine abyssale" aux confins de la réalité et de la fiction - tout cela forme la constellation sous laquelle Michel Butor place sa propre écriture. On les reconnaît: tous ces éléments, par lui thématisés ou mis à l'épreuve, n'ont cessé de modeler son oeuvre. En somme, avec les *Improvisations* Butor expose les textes qui le font écrire: son travail critique constitue la recherche d'une confrérie - frères de plume et de rêveries. Et sans doute Michaux qui prend *Plume* pour nom fictionnel ne peut-il qu'être un proche de Butor l'égyptien appelé à l'écriture au pays de Thot[6].

Il y a davantage. Les textes auxquels se consacrent les *Improvisations*, non seulement sont ceux qui font écrire Butor mais ils justifient *le fait d'écrire*, cette "action par excellence":

> */Flaubert / estime, dans le fond de sa retraite, que l'écriture est l'action par excellence. (..) Toute l'activité d'autrui doit pouvoir se comprendre par rapport à cette activité éminente. L'écriture n'est pas une activité suffisante, mais elle peut, si elle est menée suffisamment loin, servir de modèle pour toute activité; elle a une valeur normative. Ainsi les remarques de Flaubert sur l'écriture et le style, c'est-à-dire ce travail ascétique d'enfoncement, ce voyage vertical dans la correction, constituent un traité de moralité supérieure (F, p.31).*

C'est une "morale du style" que partage la confrérie de plume. Par suite, la critique littéraire telle que Butor la pratique exhibe non seulement *sa* propre écriture mais une généalogie de *toute* écriture. Point de littérature qui naisse de rien. Point de création *ex nihilo*. Point de texte qui ne soit la trace de vigilantes retouches. L'ascèse que requiert telle conception, loin du mythe de l'originalité, implique une écriture qui soit art de composition/re-composition. Art du *faire avec* où l'oeuvre est relancée par le hors-(d') oeuvre et où l'articulation critique est chaîne de transmissions pluri-équi-voques:

> */Michaux/ arrive ainsi à parler des peintures ou aquarelles de Klee comme ci c'était lui qui les avait produites. Il regarde par-dessus l'épaule de Klee la main de celui-ci qui trace une ligne*

[6] M. Calle-Gruber, "Portrait de l'artiste en dieu Thot", Actes du colloque de Genève *L'écrivain en préfiguration*, organisé par L. Dällenbach et A. Raybaud (déc. 1989). A paraître.

> *aventureuse, cette main qu'il fait sienne; et nous regardons par-dessus l'épaule de Michaux sa main qui devient la nôtre (M, p.160).*

C'est évidemment, en ces termes, non moins une critique du sujet qui s'avère.

Une critique du sujet

La position critique serait donc, selon Butor, la position de *celui qui lit par-dessus l'épaule*. Façon de dire, certes, que la lecture advient du côté de (du même côté que) l'écriture. Façon de dire aussi que la démarche table sur une certaine identification et de profondes affinités. Ainsi Butor critique ne refuse-t-il pas à l'occasion l'emploi de la première personne, la réaction privée, la comparaison. A propos de la mythologie d'Emma Bovary, par exemple, il intercale à deux reprises sa propre expérience; d'abord quant à la lecture de *Paul et Virginie*:

> *Dans la maison de campagne où j'allais passer mes vacances et mon enfance, il y avait une vieille lanterne magique avec des verres anciens parmi lesquels se trouvait précisément l'histoire de* Paul et Virginie. *J'ai aussi subi l'attraction et l'illumination de cet ouvrage* (F, p.91);

ensuite, à propos de la lecture, dans une auberge, des assiettes peintes représentant l'histoire de Mademoiselle de La Vallière:

> *Dans mon enfance, il y avait aussi de belles assiettes illustrées chez les grand-mères ou les tantes. En mangeant le dessert on voyait apparaître progressivement l'image. Une série particulièrement excitante représentait des rébus. Une fois qu'on avait enlevé le voile de la crème sur l'image, cette image même était le voile du texte. On trouvait la solution de l'autre côté de l'assiette (F., p.92).*

Sur ce point, on conviendra avec Antoine Compagnon que l'auteur citant est "pleinement un sujet de l'énonciation"[7], qu'il ne s'absente ni ne "s'abolit dans un objet et une méthode"[8]. Mais cette lecture dans le dos de l'Autre (écrivain ou assiette), épousant sa perspective avec toutefois l'acuité du recul, c'est pour Butor la position d'un partage - et d'un sujet *partagé*:

> *(à propos de Michaux): Sur le papier apparaît ce qui est derrière le visage que nous nous connaissons. Le miroir nous montre le visage que voient les autres, le papier celui que nous leur cachons, et nous cachons (M., p.158-159).*

Un papier qui fait fonction de révélateur.

Le titre même d'*Improvisations* l'indique: il s'agit de faire éclater l'écriture de l'individualité et de la possession auctoriale pour revendiquer le droit aux variations sur un thème donné. Droit à l'interprétation, ou plutôt à cet étrange exercice où le jazz excelle d'une liberté de création sous contrainte: joindre-dis/joindre sa voix. De sorte que ces Improvisations *sur* (Flaubert, Michaux, Rimbaud) sont tout autant les improvisations *de* Butor. Il se passe là, entre la lecture du commentateur et le texte commenté, quelque chose qui est de l'ordre du transit. Relation transitaire et paradigmatique que cette relation critique. Où les sujets sont toujours en cours de modification(s).

Le critique, donc, sur-prend: prend par-dessus et par surprise. Contre la doxa universitaire, il vérifie des hypothèses para-doxales (la non-interruption d'écriture de Rimbaud). A l'enseigne de la manière Michaux, liant les genres, les disciplines, les techniques, il sait que sa lecture "permet de forcer d'autres serrures" (M., p.158), de tourner les censures, de donner voix à "l'autre bâillonné" (M., p.161). La *vocation* du critique, dès lors, est celle d'un découvreur et le livre, par excellence, "l'arrachage d'un voile" (F., p.116) ainsi que Michel Butor l'affirme,

[7] *Op.cit.*, p.81.
[8] *Ibid.*, p.78.

parlant de *Salammbô*.

On le voit: par ses lectures Michel Butor saisit des techniques. Il rencontre chez ses confrères d'élection des affinités de pratiques autant que de sentiments; il note des effets de texte autant que des affects du sujet. Bref, il se fait explorateur. De la surface: double; qui feuillette; se creuse sous les ratures. Des sonorités et des rimes où, sous la maîtrise virtuose, il entend l'accent provincial de l'enfant Rimbaud (p.31-32); la fantaisie toujours (p.51), l'étymologie et les jeux de mots pour lesquels, dit-il, "il faut bien que l'orthographe ou la sonorité joue des tours" (p.51). En fait, pour Butor il importe de *ne plus cacher la main* qui travaille (F, p.146). C'est par le biais de la picturalité de *l'Education Sentimentale* que Butor explicite ce principe, rapprochant Flaubert de Monet et l'opposant au "lisse" d'Ingres chez qui "on n'arrive plus à savoir comment cela a été fait":

> *Chez le peintre impressionniste, la main se montre, s'exalte, et nous avons toujours le sentiment de voir deux choses à la fois: non seulement ce que la peinture représente, mais aussi la peinture elle-même (F, p.146).*

De même, quant à Rimbaud:

> *Le poète est traversé par quelque chose sur quoi il a peu de contrôle, mais sur quoi il doit essayer d'avoir le plus de contrôle possible. Rimbaud assiste à l'éclosion de sa pensée au moment même où il écrit (R, p.61).*

Telle est bien la voie bifide qu'emprunte la critique butorienne. Là convergent critique, esthétique, éthique. Mais ce lieu de massive cohérence est aussi le lieu des avatars et des remises en question. Le critique sur-prend l'Autre et surprend soi-même Autre. Lecture nouvelle de soi, exploration de ses propres limites, la critique est à tout moment le passage de l'Equateur - passage de la ligne/frontière par excellence.

> *(sur Michaux) Equateur (..) ligne imaginaire qui divise le monde*

> *en deux parties, ligne à l'occasion de laquelle certains événements astronomiques se renversent.(...) C'est une sorte d'horizon invisible. On traverse l'Equateur, on le longe, on le suit, mais on ne le voit pas. Son passage peut servir de symbole à tout franchissement de frontière, à toute incursion de l'autre côté du décor, des apparences, du masque, à la communication entre l'intérieur et l'extérieur, entre l'intérieur du corps et celui de la chambre, et celui de la ville, symbole de tout ce qui va permettre exploration (M, p.33-34).*

C'est bien sous cet emblème qu'il convient de placer la lecture-récriture de Butor qui pratique une critique-Equateur, la plus périlleuse et la plus exaltante qui soit, multipliant les passages de lignes, les bouleversements à mi-distance de soi et de l'Autre, de soi et de soi. Etre à l'Equateur, c'est se tenir au point critique: point de retournement, de réversibilité. Vacillement généralisé. C'est aussi, continuellement, se trouver en relation d'Enseignement au sens où Rimbaud l'entend, reprochant à Izambard cette lacune dans le passage fameux que cite Butor:

> *Je est un autre. Tant pis pour le bois qui se trouve violon et Nargue aux inconscients qui ergotent sur ce qu'ils ignorent tout à fait!*
> *Vous n'êtes pas* Enseignant *pour moi.*

Tel est l'enjeu: faire que je soit autre. Devenir l'Autre. C'est en ce lieu transitoire où le sujet se perd pour mieux saisir, que se nourrit la passibilité qui pousse, afin de comprendre, à se faire pécheur avec le pécheur, indien avec l'indien, écrivain avec l'écrivain[9] - ce que Michel Butor déchiffre avec acuité chez Rimbaud:

> *Il s'agit de se faire une âme hors de la norme courante. Etre le comprachico de soi-même (...). Le poète (..) se transforme lui-même en Gwymplaine, se fend la bouche jusqu'aux oreilles (...).*

[9] Ce que Lyotard nomme "le jésuitisme de Michel Butor". Cf. "Entretien avec Jean-François Lyotard" in: *Les Métamorphoses-Butor, op.cit.*

> *Il s'implante des verrues sur le visage, non pour gagner de l'argent, encore moins pour en faire gagner aux autres, mais pour savoir ce que c'est que d'avoir des verrues, devenir capable de parler pour celui qui a des verrues (R, p.64).*

Tel est le prix à payer: pratiquer la défiguration pour "se faire voyant".

Avec les *Improvisations* donc, Butor frappe ses outils d'écrivain à la forge de ces précurseurs, cherchant dans leur lecture certes un enseignement, mais qui lui soit congénial. Il faut, autrement dit, que la lecture-récriture par-dessus l'épaule procure "la distance qui joue le rôle d'un filtre" (R, p.109). Butor explicite ce mécanisme à propos de Rimbaud pour qui "il est indispensable de quitter Charleville, et au bout de quelque temps de quitter Paris. L'Abyssinie est l'image sur la Terre d'un lieu loin de tout, le pays abyssal, et si l'on part si loin, c'est pour pouvoir regretter les lieux de son enfance, qui demeurent horribles si on y demeure" (R, p.109).

On croit entendre ici un commentaire de *Où*, le second *Génie du lieu* écartelé entre la haine de Paris et son attraction. En fait, le voyage dans l'écriture de *ses autres* fonctionne, pour Michel Butor, comme le départ rimbaldien: départ de soi, distance-filtre. La critique est par excellence le voyage au pays abyssal: au plus loin de soi, dans la création de l'Autre. Et toutefois au plus près par ce détour-retour de la pratique littéraire qui agit comme autant d'invisibles équateurs du moi - et comme un fabuleux boomerang.

En outre, prises dans la perspective du regard butorien, formant son horizon, les oeuvres de Michaux, de Flaubert, de Rimbaud revêtent une unité, présentent des intersections. Leur lieu commun, c'est Butor. Une certaine définition butorienne de la littérature: à savoir l'expérience de la proximité abyssale. Ainsi liés, les trois auteurs sont constellation: la bonne étoile de l'écrivain. Ensemble ils constituent le mythe littéraire qui a donné naissance au signataire Michel Butor: Rimbaud est son enfance littéraire, Michaux la maturité. Flaubert est son double.

De sorte que si l'on demandait pourquoi cette triade, pourquoi Michaux, Flaubert, Rimbaud, Michel Butor sans doute, modifiant à peine la formule célèbre, répondrait: parce que c'est eux, parce que c'est moi.

La constellation littéraire de Michel Butor

Avant de brièvement considérer l'apport de chacun à la construction de l'imaginaire butorien, on relèvera sous la plume de Butor quelques "anomalies" par rapport à la tradition, dont on comprend aisément l'intérêt.

Michel Butor pratique une critique sans appareil: *sorte de critique* désarmée en ce qu'elle n'use pas des protocoles en vigueur: point de notes en bas de page, point de références bibliographiques, de mention de pages, de médiations critiques ou théoriques. Le commentaire semble émaner d'une voix solitaire - et non pas solidaire d'un exercice institutionnel (bien que ces textes, chaque livre le rappelle, soient écrits dans le cadre de l'Université). C'est là façon d'établir une parité entre commentateur et commenté; de se placer sur le même plan, *en pair*, là où jamais ne sont dissociées lecture et écriture. C'est aussi se donner les moyens d'arracher la littérature à la gestion et à la consommation de la société que de prendre le risque de renoncer à ces garde-fous. Rimbaud et Michaux sont des écrivains de la marginalité. Quant à Flaubert le bourgeois, Butor prend soin de noter que, pour ce rentier "la littérature était en dehors de toutes questions de vente un luxe sacerdotal" (F, p.173). L'institution classe, instaure des hiérarchies, fausse le langage: Butor choisit d'opérer hors classification, d'exercer une "lecture-rumination", une "écriture-rature", de faire du livre "un ermitage" (F, p.32-33).

Enfin, c'est une critique qui réalise le métissage. Les textes s'entrelacent, interprété-interprétant, au point que lorsque la citation s'étire et le commentaire s'insère bref, contenu et contenant semblent s'inverser: tout se passe comme si Flaubert, Rimbaud, Michaux *contenaient* déjà *la voix de Butor*...Bref, dans ce jeu des proportions et des places qui passent la mesure, l'essai critique devient une écriture à double pupitre, comme celle de Bouvard et de Pécuchet au terme de leurs aventures.

Quelle constellation, donc, pour l'oeuvre Butor? La voyance avec Rimbaud; les matières de rêveries avec Michaux; avec Flaubert l'imitation de l'écriture. Tel est l'horizon de sa mythologie littéraire - et de son éthique.

"se faire voyant"

La voyance que retient Butor c'est avant tout celle qui sait réinventer le langage, le "remagnétiser", "transmuer les mots les plus courants" (R, p.134). Il s'attache à souligner la logique qui meut Rimbaud en son odyssée, fait de la représentation de sa vie une scène de théâtre où se déroule une sorte de rêve continuel. L'alchimie du verbe reste la constante de l'entreprise. Dans tout écrit rimbaldien, qu'il soit poétique ou commercial, *Illuminations* ou *Rapport sur l'Ogaden*, Butor sait lire la singularité et l'audace du style: à l'oeuvre, "l'hallucination des mots", le délire verbal, la musicalité de la phrase. Tout est "exercice de vision" (R, p.127): "Le style de Rimbaud traverse tous ces avatars" (p.175). C'est ce style qui fait de Rimbaud, véritablement, un "habitant de la frontière" (p.48). L'écriture devient énergie pure, le poète "voyou voyant", démangé du pouvoir de changer la vie. Il est un "survivant" car la poésie seule permet de "vivre au monde tout en n'étant pas du monde" (p.69).

matières de rêveries

Michaux enseigne à Butor les manières, c'est-à-dire les matières forcément, de la survivance. Ethnographie imaginaire, zoologie emblématique, hiéroglyphes naissants, il s'agit d'offrir "un langage en effervescence" (M, p.61): jusqu'à l'exploration systématique par la mescaline; une écriture-sismographie enregistrant les ébranlements du poète "suffisamment contrebandier (écrit Butor) pour dépasser les frontières de nos mondes mentaux".

Michaux enseigne aussi à établir des ponts entre la littérature et les autres arts, notamment la peinture; entre sa propre langue et la pluralité linguistique du monde. L'aquarelle est moyen de pleurer "à langue perdue" (M, p.148); l'invention de la phrase sans mots, des pictogrammes, plus tard l'étude des peintures schizophréniques, sont autant de façons de "fatiguer l'écriture", la faire sortir de ses gonds (la dévergonder), la rendre déformable matière selon les aventures de lignes[10].

l'imitation de l'écriture

Quant à Flaubert, il propose la grande leçon de l'imitation de l'écriture. D'une part, dès la *Tentation de saint Antoine*, Butor note le dispositif flaubertien selon quoi "notre lecture est une imitation de l'écriture au sens médiéval du terme, non plus imitation de Jésus-Christ mais de cet antéchrist secret, prudent. Notre lecture doit imiter les mouvements fondamentaux de l'écriture" (F, p.32).

Mais surtout Butor retient la leçon de *Bouvard et Pécuchet*: l'écriture n'est qu'imitation; l'art de l'écrivain c'est le travail de la citation. Les deux bonshommes "se remettront à la copie à la fin du livre, mais un immense chemin aura été parcouru, toute la distance qui sépare le cliché de la citation" (F, p.197). Bouvard et Pécuchet deviennent emblématiques de la création dialogique. C'est leur dualité qui va leur donner la parole" (F, p.196). Pour ce geste de re-création, Butor invente le terme "*miroirique*": geste qui consiste à "sauver tout le texte ancien en (...) en découvrant l'envers" (F, p.207).

A l'horizon de l'oeuvre Butor, donc, la constellation littéraire qu'il s'est choisie préfigure ce vers quoi tend son écriture: faire le pari de mettre en scène son autodestruction. La seule oeuvre qui vive, pourrait-on dire parodiant Edgar Morin, c'est celle qui sait se maintenir à la

[10] *Aventures de Lignes* est le titre d'une préface de Michaux à un ouvrage sur Paul Klee.

température de sa propre destruction: qui revient sur elle-même en Mille et un plis; qui revient contre elle-même, envers, équateur. Pour Butor comme pour ses doubles littéraires, il n'est possible d'écrire qu'au bout de soi - écrire *l'être: à toute extrémité*.

"RIEN N'AURA EU LIEU": PRÉGNANCE DE LA MÉTONYMIE

Jean-Pierre Vidal

à Frédérique.

La langue est le prolongement de l'organisme
Ludwig Wittgenstein

Language is a virus from outer-space.
William Burroughs

L'invocation mallarméenne et le constat achronique (futur passé pris ensemble, sans plus d'antériorité sinon celle, paradoxale, du futur lui-même que la grammaire dit "antérieur") qu'elle porte ouvre, me semble-t-il, du meilleur fronton possible, du plus soutenant linteau, et d'autant plus que cette entrée revêt la patine du trop souvent dit (lieu commun que l'appel à Mallarmé à ce propos), le lieu de l'écriture de Michel Butor, surtout lorsqu'il écrit du lieu, d'un lieu, quel qu'il soit, que son procès toujours fait venir en constellation. Pas de lieu, en effet, dans son oeuvre, qui ne soit fait de strates, d'éclats, de présences serties, de contre-coups à distance. Pas de lieu qui, par le fait même qu'il est lieu, n'y mette en jeu et en danger l'identité, ce tracé. Pas de lieu qui ne soit cette distance interne, cet écart, cet espacement. Et d'abord cet espacement qui fait le signe.

Le signe, c'est de lui qu'il est question, sans doute, en quatrième de couverture d'*Avant-goût III* ou *L'appel du large*[1], où Butor écrit: "La mer rassemble dans ses vagues les reflets de tous les rivages; il nous faut aussi ceux de tous les âges pour établir peu à peu *un autre monde à l'intérieur de celui-ci, qui permette à la fois de lui échapper et d'en profiter*". Retrait donc, au sens fort, comme au plus secret d'un désir, reconnaissance perverse, invagination activiste. La constellation, c'est aussi le jeu de ce déni.

1. Le texte comme espacement, autre espace, espace autre

Mais cet autre monde ne s'établit pas de rien, il naît, du moins dans le contexte de la citation faite ici, de "reflets" et de reflets dont l'origine est double: ceux que la mer, "de tous les rivages" *rassemble* dans la perpétuation de ses vagues et ceux qu'il faut humainement leur *ajouter* ("il nous faut *aussi*...") et qui viennent de "tous les âges".

Espace du monde et temps de la génération, ce sont les "lutteurs éternels", les "frères implacables" de Baudelaire ("L'homme et la mer") qui se trouvent ici convoqués, mais dans l'apaisement de leur étreinte rompue. Car le ressort de cette citation, qui dit en fait toute une sémiotique, toute une poétique, c'est l'espacement, cette fois au sens de Derrida, c'est-à-dire l'autre de la temporisation uni avec elle dans le mouvement sans origine ni fin de la différance. Dans ce qui va suivre, je parlerai surtout de l'espacement que je nommerai "métonymie" et qui ainsi, bien entendu, ne manquera pas ça et là d'évoquer son autre: la métaphore. Cet espacement, cette métonymie, je les dirai premiers et je les traiterai dans une perspective théorique qui conjoindra de façon soigneusement bariolée la pensée stoïcienne du signe, Peirce, Jakobson et

[1] Chavagne, Éditions Ubacs, 1989.

Lacan. Il s'agit là, avec Derrida, de ce qui m'aide personnellement à concevoir la littérature. A la concevoir, c'est-à-dire, à se déprendre de sa pratique mais pour mieux y revenir, ce retour éclairant d'ailleurs du même coup le rivage philosophique, comme précisément Butor lui-même le fait, semble-t-il. Car le geste d'écrire permet à la fois, pour reprendre les termes de ma citation à laquelle bientôt je reviens, d'"échapper" au discours et d'en "profiter". Parce qu'écrire c'est fondamentalement déplacer, avec un double effet d'envol et de parasitage, de décollage et d'ancrage.

Si je reviens maintenant, cette parenthèse posée, sur la citation du prière d'insérer d'*Avant-goût III*, j'y montrerai quelque Ulysse, sur le rivage, recru de métonymie et sommé de dire la mer et surtout de dire tout ce qui s'ensuit, en découle. Je soulignerai que la mer lui dit d'abord la totalité du monde par la multiplicité de ses attributs à elle, "tous les rivages" par ses "vagues". Mais elle lui dit en même temps qu'elle est, elle, un supplément à cette totalité, comme il est, lui, Ulysse ou "je" mais toujours le voyageur, le déplacé, et je dirai de naissance, un supplément à la mer rassembleuse de tout. Supplément produit, justement, du rassemblement, de la saisie en un seul espace de ce qui, autrement, demeurerait informe mais qui, dès lors qu'il est saisi, et saisi en tant que reflet, devient aussitôt pluralité autre (les vagues), pluralité vacillant toujours au bord de l'informe à nouveau, du multiple déflagrant vers le n'importe quoi, cette écume. La mer, métaphore originelle, dit le feuilleté du livre où s'évoquent en moires des rivages toujours déjà perdus.

De la mer, un point virgule marque, dans ma citation, la séparation et introduit (*donc* introduit?) l'impersonnel de la loi: "il nous faut". Ce qu'il nous faut c'est ce qui s'ajoute, déictique, à l'espace qu'elle a délimité: ce qu'elle a rassemblé, défini, unifié comme pluralité des "reflets" mais "ceux" qui *outre* ceux qu'elle a capturés et nommés, en découlant donc et s'y ajoutant, opposant, nous sont nécessaires. La formule capitale est ici: "aussi ceux" car c'est là que se dit l'assentiment et la surenchère qui s'ensuit: ceux-là certes mais aussi d'autres encore, et qui ne viennent pas de ce que la mer a arraché à ses bords mais de ce que sa figure homonyme et même éponyme, la mère, a produit du travail qui l'a prise: les générations, tous les âges se combinant dans la rime à tous les rivages, comme la mer explicite se combine à la mère infratextuelle.

On le voit, le parcours ici suivi est résolument métonymique, si du moins l'on entend par métonymie, au sens très large, la figure fondamentale qui insiste sur la production, le mouvement de la substitution, du "au lieu" perçu comme dissémination d'un lieu plus global, plus général, mais qui n'est perçu comme tel que dans le mouvement qui le perd. Autrement dit, la voile annonce le navire, mais à tous points de vue, parce que, posée, elle le suppose. La métonymie c'est, dans un tel contexte, le tout qui se découvre partie ou la partie tout, et surtout l'épars qui se découvre englobé, l'englobé qui se découvre séparé. Les psychanalystes, et surtout lacaniens, apprécieront. J'y reviendrai tout à l'heure. Mais ai-je besoin, déjà, d'ajouter que nous naissons métonymie? La séparation est fondation, comme le disent bien des mythes. Mais la séparation révèle la solidarité qui naît de la reconnaissance que l'on occupe le même espace que l'autre, fût-ce dans la distance "de tous les âges".

La chaîne métonymique, le syntagme discursif qui ici s'est formé pourrait se schématiser ainsi: 1) rivages (mais il n'y a rivages que parce que déjà il y a mer); 2) reflets (mais il n'y a reflets que parce que déjà il y a miroir et que ce miroir est la mer), autrement dit la mer capture et unifie ("rassemble") ce qui de l'objet était la "présentation" (je reviendrai sur ce terme) mais qui ne peut être sans son "assentiment" (je reviendrai aussi sur ce terme qui appartient au même vocabulaire). Dans ce cas particulier, l'"assentiment" prend une autre forme: "les vagues". Car les vagues noient les reflets en elles parce qu'elles sont déjà elles-mêmes reflets. Elles sont cette partie de la mer (métonymie) qui touchait aux rivages dont elles s'incorporent maintenant (métonymie: de la juxtaposition à l'inclusion) les reflets ainsi rassemblés en une métaphore. Les vagues sont les reflets des rivages parce que la mer est leur miroir et, inversement, la mer est un miroir parce que ses vagues sont des reflets. Le mouvement métonymique, par définition, va dans les deux sens. Mais ce qui m'importe avant tout ici c'est que ce mouvement, toujours, est au plus près de l'espace, dit même avant toute chose l'espace qu'il occupe, qu'il matérialise, qu'il balise précisément parce que l'espace et ses accidents (inclusion, exclusion, juxtaposition, éloignement, et leurs divers croisements, leurs diverses articulations) est ce qui l'a déclenché.

Parce qu'il est l'espace en tant que figure, et pas seulement rhétorique, le mouvement métonymique est la folie du voyageur, en texte ou en monde. C'est à lui que renvoie Mallarmé quand il dit qu'écrire c'est "avérer qu'on est bien là où l'on doit être".

Et, je reviens à ma citation, c'est l'évocation des reflets "aussi" de tous les âges, de ce supplément qui, lui, vient de cet attribut de l'espace que l'on appelle le temps, c'est l'évocation donc du passé comme legs, c'est-à-dire espace, fût-ce de reflets, qui produit le patient futur de toute écriture, attachée à "établir peu à peu" son autre monde, ce monde inclus/exclus et lui-même, nous le verrons, incluant/excluant.

On remarquera peut-être que le texte ne dit rien de ses processus, de sa transformation, de son travail. Il ne parle de son espace qu'en rapport avec son origine et son prétexte; ses matériaux, eux-mêmes de double provenance, ou, au contraire, de son effet, de ce qu'il a produit; lui-même double, dedans et dehors. Mais c'est que le texte est tout entier dans la modestie incommensurable du "peu à peu", véritable légende de la métonymie (quand la métaphore, elle, dit plutôt: "tout à coup"). Le texte, c'est tout cela, les origines et les effets qui y renvoient comme les vagues renvoient aux rivages, autres et semblables, ailleurs et là pourtant. Le texte est le plus paradoxal de tous les espaces, parce qu'il est ce qui de l'espace est advenu mouvement, un mouvement qui n'en finit pas de se figer mais attend, achevé, qu'un autre, la lecture, le suscite à nouveau en ouvrant son espace à lui le texte, dans un geste qui est une mise à l'écart de l'autre espace, de l'autre monde d'où le lecteur irrémédiablement provient.

L'espace dès lors doit s'entendre ici dans les termes d'Ernst Cassirer:

rien n'est plus étranger à l'espace que l'image d'un réceptacle et d'un récipient immobile qui accueillerait des "choses" également achevées; il représente bien plutôt un ensemble de fonctions idéelles qui se complètent et se déterminent mutuellement vers un résultat unifié. De même que nous trouvions exprimé dans le simple "maintenant" temporel, l'avant et l'après, c'est-à-dire les directions fondamentales du procès temporel, nous posons dans chaque "ici" un "là" et un "là-bas". L'emplacement singulier n'est pas donné avant le système topologique, mais en fonction de celui- ci et en relation corrélative avec lui.[2]

Cette citation met l'accent sur l'"emplacement singulier", mettons l'individu, qu'il soit oeuvre, homme, lieu, etc., le "système topologique" dont elle prend bien soin de ne pas dire qu'il précède mais plutôt que c'est "en fonction" de lui que le singulier est donné, dans la corrélation qui seule est ici, semble-t-il, fondatrice. Lorsqu'il sera question, tantôt, de Lacan, nous aurons à refaire appel à ce schéma qui met en présence, en co-relation une organisation de l'espace et l'occupation individuelle qu'à la fois elle autorise et où elle est rivée.

Pour le moment, question de rive justement, une autre citation de Butor, cette fois-ci de l'intérieur du texte dont je lisais tout à l'heure la quatrième de couverture. A la page 61 de *L'appel du large*, on peut lire:

...les rives du lac jouent un rôle similaire à celui des rivages insulaires: elles opposent une frontière à la dispersion, obligent l'homme à s'accumuler, elles sont donc des lieux de naissance du langage et de la société. L'"homme naturel" est englouti au fond du lac; le bord du lac est la figure et le lieu de son émergence hors de l'animalité. Revenir au bord du lac, c'est revenir à l'invention du langage.

On voit donc mieux ici ce que mon Ulysse de quatrième de couverture faisait au bord de la mer: sorti de l'animalité, il inventait le

[2] *La philosophie des formes symboliques*, Paris, Éditions de Minuit, 1972, tome 1, p.44.

langage et la société. Ou, plus exactement, car chaque mot compte, la nécessité que créait le lieu forçait l'homme à "s'accumuler" et de cette conjonction entre un "système topologique" et un "emplacement singulier" (pour reprendre les termes de Cassirer), emplacement singulier qui se donne pour nom "homme", de cette conjonction entre la multiplicité des choses et la singularité de l'homme, d'autant plus qu'il est "accumulé", naissent ces deux "effets de lieu" que sont langage et société. J'utilise la formule "effets de lieu" en activant les deux sens de l'article: langage et société sont des produits du lieu (ou plus précisément, le texte de Butor le dit, de la conscience du lieu - et donc de soi, de soi comme nombre, en outre - qu'énonce l'"accumulation") et ils produisent du lieu, ne serait-ce que cette métonymie (cachée sous la métaphore) du "lieu" de leur discours.

Mais cette conjonction spatiale, ce qui la fait, c'est la "frontière" qu'"opposent" les rives. Ce qui délimite le lieu et l'autre - ici l'homme comme occupant passager, voyageur de rives (on ne "voyage" que sur les rives, l'eau qu'il faut traverser n'est qu'un oubli lourd, même pas une épreuve et à peine initiatique) - c'est ce qui le borde, son seuil. On ne saurait rêver formulation plus nette de la métonymie et de ses pouvoirs. Car perçue sous cet angle, la métonymie c'est de l'espace en voie de distinction, en passe de mesure. C'est, ce que Lyotard énonce comme le "bord", en précisant justement à propos de Butor, qu'"un bord est impensable, c'est ce par quoi l'on pense"[3]. On notera l'extraordinaire commentaire que ceci semble faire de la situation spatiale énoncée par le texte du Butor convoqué par mon analyse. On invoquera sans doute la complicité des deux compères, le lecteur vorace qu'est Butor et l'on parlera peut-être d'une "illustration" ici de la pensée de Lyotard ou de l'émergence intertextuelle d'une combinaison signifiante, en fait un signifiant tout court, dont ce texte-ci opère une variation. J'évoquerai plutôt, quant à moi, l'effet de lieu (dans les deux sens) dont je parlais plus haut. Car penser le lieu oblige. Et notamment à dire le lieu de la pensée. Et ce lieu est un dialogue, donc un resurgissement, qui se signera aussi

[3] "La confession coupée", in *Michel Butor*, Colloque de Cerisy, Paris, UGE, (coll. "10/18"), 1974, p.129.

bien, mais évidemment d'un paraphe dont la variation est capitale, Butor ou Lyotard, ou encore Zénon de Citium et les autres (j'y viens, j'y viens). C'est ce que j'appellerai le syllogisme de la métonymie. Rien, encore, n'aura eu lieu que le lieu, excepté peut-être une constellation de méditations, de poésies, de descriptions, de discours et de signes.

Nous pouvons maintenant revenir à la citation de la quatrième de couverture et questionner en elle ce processus particulier qui, dans la citation de l'intérieur, se titrait d'une "accumulation". Il s'agira de questionner ce processus d'un angle stoïcien qu'annonçait déjà tout à l'heure l'utilisation que j'ai faite de termes comme "présentation" et "assentiment". Il s'agira aussi, du même coup, de relancer cette pensée antique qui, comme nous l'on dit encore récemment la logique et la sémiotique, n'est point tout à fait morte.

2. La leçon du Portique

On le sait, les Stoïciens, pour autant du moins qu'on puisse ranger sous un seul vocable, même pluriel, la diversité qui là, et sur long temps, s'est déployée, et d'autant plus que la lacune des textes fondateurs n'a d'égale que la pléthore des textes commentateurs, les Stoïciens donc distinguaient entre l'homme et le monde, l'objet et la conscience, au moins trois temps comme autant de stases d'un parcours en solution de continuité; "la présentation" qui est la façon propre de l'objet de se donner à la perception, "la tendance" ou "disposition" qui est la façon propre de la conscience de s'ouvrir à l'objet et "l'assentiment" qui est la façon dont la conscience accepte l'objet, l'avère en quelque sorte et ainsi en reçoit l'empreinte. Ce n'est que lorsque l'assentiment aura été donné que se formera la "représentation" à proprement parler. "Présentation" et "représentation" sont désignées en grec par le même mot: "phantasia", de sorte qu'il arrive souvent que l'on désigne aussi le mode d'apparition de l'objet par le terme "représentation". J'ai préféré distinguer, comme m'y autorise le Bailly qui, à l'entrée "phantasia" énonce: 1. Action de se montrer, apparition. 2. Spectacle, coup d'oeil, aspect. 3. Action de se figurer par l'imagination, d'où image qui s'offre à l'esprit, idée, faculté de se représenter par l'esprit, imagination. 4. Apparence, dehors, extérieur. Donc, s'agissant de la pensée stoïcienne, la "phantasia" de l'objet, je l'ai traduite par "présentation", celle du sujet par "représentation". En vérité d'autres traditions parlent de "phantasia kataleptiké" pour l'objet et de "phantasia logiké" pour le sujet, la première étant traduite dès lors par "compréhensive" (parce qu'elle permet la compréhension par le sujet), la seconde "assentive" (parce qu'elle marque cette compréhension comme un assentiment, une saisie avérée). Ce qu'il faut, quoi qu'il en soit, retenir, c'est que la "phantasia" est présente dans le sujet et dans l'objet, qu'on pourrait dire que d'une certaine façon elle les conjoint et qu'ainsi elle est fort proche de l'"épiphany" joycienne.

Ce petit détour par la philologie n'avait en effet pas vraiment pour but d'intervenir dans une querelle de spécialistes mais de montrer que ce terme clé offre dans la liste de ses différents sens un procès métonymique qui fait passer de l'"intérieur" en quelque sorte de l'objet, mais en tant qu'il est orienté tout entier vers l'extérieur ("*action*" de se montrer), à son extérieur, mais en tant qu'il est perçu ("spectacle, coup d'oeil, aspect"), puis à l'intérieur du sujet, mais en tant que s'en projette quelque chose ("action de se figurer par l'imagination"). A l'intérieur du sujet, un autre procès métonymique fait passer de l'action à son objet ("image qui s'offre à l'esprit") puis à sa faculté ("imagination"). A l'extrémité de la liste le sens le plus général: "apparence, dehors, extérieur", celui qui couvre tout et ouvre l'opposition dehors/dedans, apparence/réalité, etc. Car jusqu'à lui, en effet, jusqu'à ce "dehors" qui devient une catégorie, nous avons manifestement affaire à une solution de continuité où la conscience ne se dégage que progressivement de l'objet qui l'habite, objet qui lui-même d'ailleurs est presque dès son émergence pénétré par la conscience, la conscience quant à elle étant dite au contraire dans son lieu propre, à partir du moment où elle a commencé d'émerger, par un saut; elle est, littéralement, ce seuil, cet espace intersticiel qui va du spectacle du monde à l'imagination qui le rend possible, ou, en termes lacaniens, du réel à l'imaginaire, ou encore, en termes stoïciens, de la "présentation" à la "représentation" dans l'espace unique de la "phantasia" (qu'elle soit "kataléptiké" ou "logiké").

Que dans leur quête de la vérité, les stoïciens aient entrepris, comme tous les philosophes, de distinguer la représentation conforme à la raison, au logos, la "phantasia logiké", de celle qui ne l'est pas, ne m'intéresse ici que parce que ce qui va trancher entre l'acceptable et la chimère, le "logos", est, comme on sait, lui aussi tout autant dans le monde que dans le sujet, bien qu'à des degrés et sous des formes diverses et que cette double appartenance, au monde et au sujet, cette solution de continuité, encore une fois, dessine une solidarité fondamentale, une concaténation métonymique que Lyotard, par exemple, toujours à propos de Butor, et s'agissant du livre ou de l'espace de l'inscription, énonce ainsi: "... (la surface du "volume") est un morceau d'une seule et immense surface qui se continue très au-delà des pages du livre, sur les mains qui le feuillettent, sur les nerfs optiques qui le déchiffrent, sur les tympans qui vibrent à l'entendre lire, sur les chemins où il est emporté".[4]

Cette concaténation métonymique, Cicéron, fortement frotté de stoïcisme, comme on sait, écrivait que Zénon l'illustrait de la façon suivante:

> *Montrant sa main ouverte, les doigts étendus, "telle est la représentation", disait-il. Puis ayant replié légèrement les doigts, "tel est l'assentiment". Puis, lorsqu'il avait tout à fait fermé la main et serré le poing, il disait que c'était la compréhension (...). Enfin de sa main gauche qu'il approchait il serrait étroitement et fortement son poing droit: telle était, selon lui, la science, que personne ne possède, sauf le sage.*[5]

Elle se disait encore, cette concaténation métonymique, et dans des termes étrangement semblables, dans le deuxième espace ou chapitre d'*Histoire extraordinaire* de Michel Butor, chapitre ou espace qui s'intitule, comme par hasard, "Lieu sûr", et titre sa première séquence: "le destinataire". Les premières lignes, disposées en colonne, comme en poésie, comme plutôt dans la pratique habituelle de Michel Butor, y

[4] *Ibid.*, note S, p.126.

[5] Cité dans André-Jean Voelke, *L'idée de volonté dans le stoïcisme*, Paris, P.U.F., 1973, p.46.

compris dans ses romans, effet de tabulation, de rythme, sur lequel je reviendrai car il fait partie de mon sujet, les première lignes, donc, se lisent comme suit:

> *Un langage dont il n'a pas la clef.*
> *Un langage dont il nous donne les clefs.*
> *Déplions un par un, doucement, les doigts de cette main qui se serre sur son trésor.*[6]

Je n'ai pas, malgré les apparences perdu de vue que mon passage sous le portique des Stoïciens puis par le Cerisy de Butor, salle Lyotard, devait nous permettre de mieux dire peut être cette "accumulation" que, dans *L'appel du large*, l'homme est forcé par les bords du lac, de faire de lui-même pour que soient inventés langage et société. Un des cinq espaces entrecroisés qui forment la trame de ce livre s'intitule, je le rappelle, "Baudelaire à Genève" et les déambulations diverses qui s'y donnent lieu évoquent plutôt Michel Butor que Charles Baudelaire, en une ironique résolution - comme on parle de la résolution d'une dissonance en musique, c'est-à-dire encore un processus métonymique - de la note finale d'*Histoire extraordinaire*: "Certains estimeront peut-être que désirant parler de Baudelaire, je n'ai réussi à parler que de moi-même. Il vaudrait certainement mieux dire que c'est Baudelaire qui parlait de moi. Il parle de vous."[7] Variation évidente sur l'"Hypocrite lecteur, mon semblable, mon frère!" qui clôt le "au lecteur" liminaire des *Fleurs du mal*.

Baudelaire donc, au bord du lac, la main serrée sur son trésor, ce rêve qui est la forme particulière que revêt ici l'accumulation, autant dire cette intériorité étrangère où l'inconscient gît incernable. Comme Zénon refermait ses doigts sur la science[8] il nous faut déplier un à un ceux de

[6] Paris, Gallimard, 1961, p.19.
[7] *Ibid.*, p.267.
[8] Cf "Pour moi la littérature est description, mais pas seulement du réel (ce serait la science) mais de ce qui manque au réel, de son désir, sans elle nous ne savons pas ce que nous voulons, et les savants ne savent pas ce qu'ils veulent". Michel Butor in Jean-Marie Le Sidaner: *Michel Butor voyageur à la roue*, Paris, Éditions Encre, (coll. "Brèches"), 1979, p.28.

Baudelaire, pour y trouver non pas la science mais la littérature, c'est-à-dire le langage et la société, en tant qu'un geste, celui du poète, incessamment les fonde. Cette société dont le "nous" est ici l'indice, ce "nous" du "destinataire", d'Asselineau à Butor à nous-mêmes, pirates de l'envoi, détourneurs d'adresse, voleurs de lettre, ô Edgar Allan Poe, ô Jacques-Marie Lacan! Car ici le ministre Butor, à moins qu'il ne soit Dupin, ouvre un dispositif où telle la reine nous sommes pris, menacés du secret, celui peut-être de Baudelaire mais le nôtre sans doute.

Je reviens à l'accumulation: le secret, le trésor, ce d'où l'on parle et où ça parle, c'est la distance comme appel à être. C'est ça l'invitation au voyage et c'est ça le génie du lieu; la prégnance de la métonymie qui force à dire et ordonner, car elle est cette fracture qui à l'espace nous voue. Le secret, le trésor, c'est qu'il n'en est d'autre que le parcours. Le parcours qui, aussi bien, consiste en l'accumulation de strates, "mobilité sur place" (Lyotard), citation, description, deixis.

Le monde lui-même qu'il faut ainsi viser pour, paradoxalement à peine, faire masse en soi-même, se concentrer, s'accumuler (cette accumulation ne pouvant prendre la forme que d'un éclat, d'une déflagration, comme le veut la leçon de la métonymie), le monde lui-même est accumulation: la mer qui en dessine un des emblèmes les plus sûrs "rassemble dans ses vagues les reflets de tous les rivages". Le reflet, ici, c'est la phantasia de l'objet, la "phantasia kataléptiké", c'est, ailleurs, la rive du lac, d'où naîtront, phantasia du sujet, "phantasia logike" par excellence, au point d'ailleurs qu'ils semblent en épuiser l'espace, le langage et la société ou "un autre monde à l'intérieur de celui-ci". Et ce que les Stoïciens appelaient la "tendance", c'est ici la visée, l'intention, le "telos", et aussi bien éthique, qui profère: "il nous faut", "il nous faut pour".

J'avais annoncé, au début de cet exposé, que j'allais parler de la conception du signe des Stoïciens et je n'ai parlé que de leur ontologie. Ce n'est pas, comme on pourrait le croire, une inadvertance, encore que l'effet texte conduise, métonymie oblige, encore, à perdre parfois le fil. Non, si je m'en suis tenu à la théorie de la perception qu'est leur ontologie, c'est d'une part qu'elle forme le substrat de leur conception du signe, et d'autre part qu'elle éclaire mieux, me semble-t-il cette dimension particulière du signe qu'est la désignation, la visée, le référent, en tant que ce seuil, qui est aussi un lien, entre le monde et l'homme, "est ce par quoi l'on pense" comme dirait Lyotard et surtout est ce vers quoi l'on fait, l'on s'accumule, tout acte déictique renvoyant le sujet à la métonymie qui le fonde, cette métonymie d'où il tirera ses oeuvres comme autant de répercussions des espaces qu'il habite, autant de façons de dire qu'il est, lui, en fin de compte, et à travers tous ceux qu'il hante, l'absence de lieu en acte.

On (n) écrit (que) de se savoir à la fois partie du monde et sa limite, sa prise, dans le double sens actif et passif que l'on peut donner à ce terme. Et montrer, c'est à la fois désigner l'objet que l'on n'atteindra vraiment jamais, le geste qui montre et celui qui le fait. Montrer, c'est, en ce sens, se donner de l'être. Et d'abord sous forme de leurre ou de simulacre. Peut être d'action car, comme le dit, un peu naïvement sans doute le père de la proxémique, l'anthropologue américain Edwar, T. Hall: "(...) man senses distance as other animals do. His perception of space is dynamic because it is related to action - what can be done in a given space - rather than what is seen by passive viewing". Il ajoutera qu'une des deux grandes "mistaken notions" qui empêchent de saisir toute la signification que revêt l'espace pour l'homme s'exprime dans la formule selon laquelle: "man's boundary begins and ends with his skin."[9]

Nous ne sommes pas loin, on le voit, de Lyotard, jusque dans la formulation, qui parle de peau quand ce dernier parlait de "parchemin" implicite se continuant jusqu'"aux chemins où il est emporté."

J'en viens maintenant à l'effet interne que pour moi produit dans l'oeuvre la visée du bord "par quoi l'on pense", visée que j'ai assimilée à la fonction déictique comme moment particulier de la métonymie fondatrice. Le contre-coup dans le texte de cette "phantasia", c'en sera

[9] *The Hidden Dimension*, New York, Double day, "Anchor books," 1969, p.115.

une autre, celle de l'imagination et de l'imaginaire. Autrement dit, j'en suis maintenant à la question formulée, par exemple, ainsi dans *Description de San Marco:*

> *Comment faire ruisseler ce texte de gouttes d'or?*
> *Comment plier ce texte en arc?*[10]

Et encore:

> *Comment creuser le texte en coupoles?*
> *Comment réaliser une nappe de texte qui passe d'épisode en épisode, de détail architectural en détail?*[11]

C'est bien sûr la question de l'architecture équivalente, la question de la métaphore, formulée par les deux figures capitales de ce texte, le ruissellement et l'or, où nous retrouvons, et ce n'est pas un hasard, le "trésor" de Baudelaire, le creusement et l'envoi ainsi que tout ce qui de la mer, au lac, à la pluie, à la foule même, multiple et incernable ruisselle vers l'écriture.

C'est la question de l'accumulation que je vais maintenant traiter par le biais de ce que j'ai appelé, hommage à Jakobson, mais marqué d'un point d'interrogation prudent.

3. Un autre principe poétique?

On se souviendra que, dans la définition de son "principe poétique," Jakobson énonce que toute parole se produit de la mise en branle simultanée de deux activités distinctes qu'il assimile à deux axes: celui des sélections et celui des combinaisons. Ce qu'il nomme "fonction" poétique "(...) met en évidence le côté palpable des signes (et) approfondit par là même la dichotomie fondamentale des signes et des objets"[12].

[10] Paris, Gallimard, 1963, p.38.
[11] *Ibid., p.46.*
[12] *Essais de linguistique générale*, Paris, Éditions de Minuit, (coll. "Points"), 1963, p.218.

On le voit, ce que j'ai nommé, d'après Butor, accumulation, se trouve ici énoncé par ce "côté palpable des signes" qui "approfondit" par sa mise en évidence la "dichotomie" des mots et des choses. Comme dans la lecture que j'ai faite, c'est de la dichotomie fondamentale et même fondatrice que les signes "poétiques" tirent leur matière et leur matérialité. Et ce que j'ai nommé "prégnance de la métonymie" se dit ici dans le "par là même" qui est le lieu même de la suture, du seuil, du bord.

Il s'ensuit que le texte va s'accumuler en creusant sa distance d'avec l'"autre monde", mais aussi bien ses distances internes dans ce qui deviendra, sans qu'il y ait dès lors métaphore à le dire, son architecture.

Je me propose maintenant de tenter de discerner de quel mouvement s'enlève et se déploie cette architecture, en ajoutant ma variation à la formulation fameuse où Jakobson dit en quoi consiste la spécificité du texte littéraire: "La fonction poétique projette le principe d'équivalence de l'axe de la sélection sur l'axe de la combinaison."[13]

Ce qui me semble manquer à cette formulation, c'est l'énoncé du mouvement inverse. Il faudrait en effet, à mon sens, ajouter la projection concomitante ou plutôt même réciproque du principe de concaténation de l'axe de la combinaison sur l'axe de la sélection ou comment la métonymie syntagmatique, au moment même où son déploiement se voit travaillé d'une équivalence quasi générale qui fait flotter "sous" elle le métaphorique, multiplie les articulations paradigmatiques dont se découpe et se restreint peu à peu jusqu'à se limiter à la fin à l'envergure du texte seul, la "nébuleuse" des sélections possibles. Autrement dit, si l'équivalence ordonne la linéarité du texte, la concaténation, en retour, ouvre son volume comme un espace balisé au milieu de l'indistinct des possibles. Dans ce qui peut être ainsi dit, au sens propre, création du contexte, le texte s'arrache à l'espace social de son inscription en restreignant dans sa course le champ des sélections, qui est l'espace de la lecture du monde, y compris celle qu'opère l'écrivain, au profit de la

[13] *Ibid.*, p.220.

multiplication des combinaisons réalisées à partir de ce qui devient incessamment son espace, son corpus, son corps propre, tous lieux d'une organique scription. Plus le texte avance plus ses combinaisons se multiplient, plus les sélections à partir desquelles il opère se restreignent, car ses combinaisons elles-mêmes deviennent principe de sélection. Ainsi s'installe la dynamique de la variation qui est ce par quoi le signe se fait "palpable", comme disait Jakobson.

Je crois que l'on trouverait une exemplaire illustration de cette autre dimension de la fonction poétique telle que je viens de l'énoncer, à l'état de réduction extrême, de véritable "légende" ou symbole, au sens où l'on parle de symbole en chimie, dans le titre du *Génie du lieu II*, c'est-à-dire *Où*. En effet, si l'on voit dans ce titre, comme Butor le faisait à propos de l'arabe "cette admirable écriture qui, réduite à ses éléments principaux constitue sa propre sténographie"[14], ce que nous dit la sténographie de ce triple ou quadruple titre en un seul mot c'est, bien sûr, le lieu qui s'entend malgré tout sous la rature et se redouble du sous-titre, mais c'est aussi l'alternative, les deux se trouvant ainsi conjoints par le geste qui raturant l'un fait apparaître l'autre, le geste de l'effacement qui fait surcharge, le geste de notre "accumulation" encore, c'est-à-dire le geste du déictique. Le déictique qui rend solidaires, c'est-à-dire rivées, l'une réciproquement inscrite dans le sol, le solide, de l'autre, solidaires donc la sélection que dit l'alternative et la combinaison que présuppose le locatif.

Bien entendu, si le signifiant "Où" peut avoir la valeur qu'ici je lui donne c'est justement d'être un signifiant c'est-à-dire, bien plus que le simple mot ou même la simple matérialité auquel, à laquelle un contresens tenace trop souvent encore réduit le signifiant, mais un *dispositif* dont la réactivation par la lecture produit des propositions d'actualisation qui sont autant d'écritures apposées en son lieu.

Par ailleurs, il faudrait, à l'inverse, s'agissant de l'envergure

[14] *Le Génie du lieu*, Paris, Grasset, 1958, p.154.

entière du texte et non plus de son titre seul, nuancer maintenant ce qui autrement prêterait sans doute à confusion quant à la restriction progressive que j'ai attribuée au texte, restriction, mettons pour faire bref, du champ des possibles. Si effectivement le texte restreint en avançant l'espace de ce dont il s'est arraché, disons l'espace du déictique ou du référent peu à peu réduit jusqu'à n'être presque plus, mais en soulignant ce "presque" qui ne s'effacera jamais, que l'apparente surface du texte, c'est que ce décollage est un ébranlement d'où se produit, dans la chaîne signifiante, la pléthore du "palpable" métonymique dont la répercussion de loin en loin convoque à la limite toute la littérature. L'intertextualité, quant à moi, c'est là que je la situerais: dans l'activation effervescente des signes qui, sur la page, *et dans les combinaisons* où se marque la spécificité qu'ici on les voit prendre, fait venir en filigrane, en infratexte, en "encyclopédie" au sens d'Eco, telles autres diverses combinaisons où ils se purent déjà peut-être laisser prendre. Autrement dit, l'intertextualité, c'est, pour moi, un des autres noms que l'on peut donner à ce "trésor" de Baudelaire, à cette "accumulation" de l'homme Butorien dont je n'ai pas cessé de parler ici. Elle ne fonctionne jamais mieux que dans les textes où la combinatoire est riche, alors que ceux qui prétendent constituer leur trésor de la seule accumulation des sélections n'aboutissent au mieux qu'à un *Bouvard et Pécuchet* qui n'aurait pas été écrit par Flaubert. Car l'imagination sans rigueur pour la cultiver, la relancer, n'est qu'un prurit, une démangeaison de l'âme. Elle n'a, à proprement parler, pas lieu. Elle n'est, pour parler Lacan dont je me rapproche tranquillement, qu'un imaginaire sans symbolique, c'est-à-dire un phantasme de phantasme.

Mais avant d'aborder aux rives de la psychanalyse lacanienne, je voudrais désigner une autre des procédures par lesquelles, à mon sens, le texte de Butor active la fonction poétique, telle du moins que je l'ai reformulée à partir de Jakobson. Il y en a plusieurs, on s'en doute, mais celle qui maintenant va retenir un temps mon attention, c'est celle qui consiste à disposer sur la page des unités de texte dont d'une part la tabulation ou la place occupée par rapport aux marges, d'autre part la typographie diverse et contrastante, mettent en évidence ce que j'appellerais leur "réductibilité". Je m'explique.

Lorsqu'elle prend connaissance de l'organisation, rendue, par ce type d'opérations, visible dans la phrase, le vers, le paragraphe, qui met en place la solution de continuité où est prise la séparation/saisie du référent nommé, par exemple la basilique San Marco, et du texte lui aussi nommé, c'est-à-dire de quelque façon, réciproquement, absenté en lui-même, absent de soi, lorsqu'elle prend connaissance de cette spatialité retorse de l'inscription/description, la lecture se sent d'une part "encadrée", orientée, prévue dans ce qui est ainsi, au plein sens du terme, on l'a souvent dit, une "partition", mais d'autre part elle se sent aussi libérée de tout ce que l'arbitraire surdésigné du travail scriptural lui dit, paradoxalement, de la mobilité des signes. C'est que les mailles de ce que Butor appelle souvent son "filet", pour être solides et denses, n'en sont pas moins immensément ouvertes, comme un appel à la lecture pour qu'elle intervienne à son tour et appose, ici, là, un accent, une nuance, voire un changement intempestif de tempo. Ce que dit, en somme, une telle organisation c'est que seule une puissance, un dispositif, une procédure peuvent se répéter; un signifiant ne se répète jamais et le travail du texte consiste peut-être à suractiver les signifiants, à les prendre précisément dans la rigidité impérative d'une structure, mais pour les relancer, car ainsi perçu le texte est un accélérateur de particules de sens.

Et comme il se donne visiblement pour "déplacé" toujours, le signifiant ainsi traité apparaît non pas vraiment comme un lapsus mais comme le point par où une autre combinaison serait toujours sur le point d'advenir, de surgir, comme une alternative localisée. Chaque signifiant dès lors est un "où". Chaque signifiant ouvre d'autres textes, comme le discours du lieu de Butor est toujours en même temps un discours du "au lieu de", même au niveau référentiel, l'Egypte renvoyant à l'Europe, l'Amérique à l'Asie, Angkor au Nouveau Mexique, etc.

Ainsi rien, jamais, n'aura eu lieu irréductible, tout bouge, se constelle, prend une place, provisoire, au lieu d'un autre, pour faire signe et finalement s'accumuler de ses errances. Le signe, et c'est aussi ce que dit la disposition dans la page, est le rythme propre de l'espace humain, sa musique. Toutes synesthésies sont rendues possibles parce que la première condition du signe c'est sa mobilité, une mobilité telle que, si manifestement séparés qu'ils soient et notamment par son clivage, le monde et l'homme en sont conjoints outre distance dans la solidarité indéfectible de l'espace partagé. Ainsi peut-on écrire des phrases telles: "D'abord toujours ces mêmes changeants au bord de cette même brèche maintenant mêmes seins changeants à rainures la page se gonfle."[15] Ou encore, dans un tout autre registre: "Ruisselant de page en page, de livre en livre, de texte en image, de foule de pierre en foule de chair."[16]

Le langage est au monde, il est ce qui du monde se dit en nous et entre nous. Il est aussi ce qui nous dit, provisoires, incertains, joués.

Inscrit dans la figure du déploiement que peut-être son émergence elle-même fonde (leçon du lac?) le langage met en branle la métonymie par le déictique. La description, mieux, la désignation précède nécessairement le récit puisqu'il faut qu'une chose soit nommée, sommée d'être pour qu'elle varie et éventuellement s'ordonne.

De la naissance au stade du miroir au moins - et même dans le stade du miroir où elle commande à la cérémonie du spéculaire - la métonymie précède la métaphore, comme la combinaison, et surtout parce qu'elle est spatiale, toujours précède la sélection.

Stade du miroir? Et si le texte était miroir, non pas du réel ("ce serait la science") mais ("de ce qui lui manque"), dans ce sens seul qui, comme concept, revient à Jacques-Marie Lacan que je convoque à présent.

4. Le miroir en effets

Je ne puis m'empêcher, tout d'abord, de signaler à quel point, par sa pratique de parole, Jacques Lacan est une manière de "génie du lieu" et que tous les efforts théoriques qu'il a pu consacrer à cette spatialisation du signifiant qui me paraît être sa marque propre coïncident parfaitement

[15] *Où, le génie du lieu II*, Paris, Gallimard, 1971, p.23.
[16] *Description de San Marco*, Paris, Gallimard, 1963, p.23.

avec cette hantise qui fut la sienne d'un verbe non seulement inscrit visiblement dans un espace mais qui se donne pour en émaner. Le "sujet supposé savoir", c'est un effet de perspective, un piège labyrinthique que l'espace tend au commun qui se hausse à professer. Et le dit de Lacan est souvent une parole oraculaire en ce sens que le lieu qu'il occupe, qu'il projette, qu'il habite et qu'il hante, il le travaille aussi tant et tant, comme l'inscription obligée de son propre corps, qu'à la fin par sa bouche c'est ce lieu même qui parle. Le sens est un effet et même peut-être un "accident" de l'espace, c'est ce que profère sans fin la parole oraculaire. Et tout oracle répercute un passage.

On tirera ici un double profit à citer quelques unes des phrases admirables que Butor consacrait à Delphes et à son oracle, car d'une part elles éclairent d'un jour étonnant les citations de *L'appel du large* dont, on s'en souviendra, je suis parti, et d'autre part elles jouent d'une façon que l'on dirait presque éhontée le discours de la psychanalyse.

D'abord du dieu dont l'oracle est à Delphes et dont Héraclite disait qu'"il ne dit ni ne cache mais donne des signes"[17], *Le génie du lieu* énonce: "Il est loxias, c'est-à-dire l'oblique, l'énigmatique, celui par qui l'énigme prend forme, au lieu de demeurer illimitée, contagieuse et destructive" (p.77). C'est, pourrait-on dire, surtout après ce que j'ai avancé concernant l'accumulation, le côté apollinien du texte qui ici également par ce biais se désigne. Ensuite cette prodigieuse suite métonymique: "(...) ces exhalaisons donneuses de délire, s'échappant des lèvres aujourd'hui refermées de Gé.inspiratrice, de cette fente au-dessus de laquelle balbutiait sur son trépied une vieille femme ignorante" (p.67). Où, plus qu'une description spectaculaire de l'hystérique et de l'hystérie, plus même que l'invention du langage et de la société à partir du "bord", ici la "fente", et qu'elle soit féminine n'y change pas grand chose, je lirai la transcription des "mortelles", des "rouges" "émanations" dont Lautréamont dit porteur son texte dyonisiaque. Enfin, dernière citation, où cette fois Butor lui-même ou ce qui dans le texte en tient lieu se décrit

[17] *Fragments*, texte établi, traduit, commenté par Marcel Conche, Paris, P.U.F., 1986, p.150.

buvant à la fontaine Castalie: "à grand plaisir et à longs traits (...) la certitude qui me manquait auparavant du droit absolu qui m'est imparti par l'écho qu'elle éveille en moi, d'appliquer ma propre divination vénérante à cette énigme que propose l'immense bouche d'or rocheux." Un texte qui dit encore, mais par quelle sonore et solennelle dérive, de quel ruissellement du monde provient l'or dont il fait sa poussière éparse.

Semblablement, oserai-je dire, pour Lacan, le mouvement du sens qui court "sous" le signifiant est celui de la métonymie fondatrice et re-génératrice en ce double sens que, figure de la naissance, elle est aussi celle qui constitue le labyrinthe du miroir, son apogée en quelque sorte, ce moment où, pur déclenchement, pur mouvement jusque-là, elle trouve dans le dispositif optique, qu'elle fonde et qui l'arrête, son lieu. La scissiparité infinie qui l'anime trouve ainsi là son point d'arrêt: la métaphore du moi, métaphore un peu tremblée car ce moi reste une interrogation, métaphore qui est à la fois salvatrice et menace.

Cette métaphore d'où le sujet *se trouve* constitué (c'est-à-dire *se découvre* comme ayant toujours été là, un participe passé en fait, si l'on veut bien accorder à ces deux termes leur plus forte portée sémantique, celle qui fait dire que le sujet est celui qui a participé, mieux, qui se voit en un instant comme le passé d'un "autre" bifide et par là bicéphale - lui, la mère - où il logeait), cette métaphore, en fait, elle n'aura jamais lieu. Elle n'aura jamais lieu, elle ne peut même avoir lieu, elle qui de tant d'errements métonymiques ne peut qu'être à la fin pourtant produite, car elle serait, advenue enfin, formée complètement, la mort du sujet, totémisation définitive bien avant sa mort biologique.

Et pourtant seule cette mort contemplée peut permettre au sujet de se constituer.

La mort, dans cette perspective qui est celle ouverte par le stade du miroir, c'est, contre toute attente biologique, la mère.

Etre constitué par elle dans la scission opérée, rétro-opérée même, depuis, au double sens spatial et temporel, le miroir, c'est être constitué contre elle mais pour autant que le mouvement du reflet se détache de la surface du miroir, indéfiniment. S'il s'y prend au contraire, narcisse, mais d'elle, il meurt.

C'est donc ici une forme particulière de régression qui, perpétuée par tout regard, à jamais menace le sujet...mais aussi l'érige. Et l'on aura peut-être ici vu agir le "bord" dont parlait Lyotard, la rive, la mer, en ce miroir d'où se répercute, enfin accumulé, métaphore à jamais de lui-même, l'homme et son discours, l'homme et son rêve insensé mais nécessaire, d'écrire interminablement avec les choses et les lieux, par la suture du déictique.

Il est temps de conclure, provisoirement bien sûr.

Et de déclarer en finale que si je me suis appuyé sur des philosophes, un linguiste, un psychanalyste, c'est pour mieux dire ce dont le travail de Michel Butor me semble produire la recherche et déjà ainsi marquer le lieu: une conception du signe qui ne soit ni celle des philosophes, ni celle des linguistes, ni celle des psychanalystes mais, se reconnaissant faite de l'intersection de ces divers paradigmes où se lit également alternativement et concurremment sa pratique, s'énonce d'abord comme le paradoxe qu'elle ne peut ni être ni ne pas être: une interminable, incodable et finalement indécidable théorie des exceptions. Car écrire c'est accepter de perdre tous les nords pour la promesse d'un pôle qui ne serait même pas localisable, qui n'aurait d'autre lieu que la constellation des autres.

VANITÉ DU SYMBOLE: POUR UNE LECTURE EMBLÉMATIQUE DE MICHEL BUTOR

Laurent Bazin

Quand je réfléchis sur les livres que j'ai déjà faits, j'ai l'impression qu'ils sont presque tous pareils...[1]

De la "réflexion" à l'"impression", de la distance critique à l'intimité re-créatrice, il pourrait bien n'y avoir que l'espace d'une boutade, où se résorbe tout écart: entre l'hétérogène et l'identique, entre un Butor pluriel et le Butor d'un seul livre. Certes, touchant à tous les genres, ou les contestant l'un après l'autre, l'éventail de la création butorienne s'est ouvert à ce point qu'aux prétentions exhaustives des lectures synthétiques l'oeuvre oppose aujourd'hui, plus encore qu'en 1967, une surface particulièrement rebelle, tout en mobilité et en métamorphose; et pourtant le lecteur, sensible au retour des thèmes à travers la révolution des formes, ne pourra s'empêcher de partir à la recherche du même dans le foisonnement du multiple, en quête de cette unité d'écriture revendiquée par l'auteur. Prendre au sérieux une telle affirmation, c'est en tout cas faire droit à l'exigence de cohérence formelle sur laquelle Butor s'est

[1] M. Butor, in Raillard, G., *Butor*, Paris, Gallimard, 1968, p.185.

expliqué longuement, soulignant l'importance que prenaient, dans le travail littéraire, certains "schémas logiques" ou "réseaux organisés" seuls capables de restituer le manque inexprimable à l'origine de toute "création".[2] C'est donc à l'une de ces formes fondamentales autour desquelles l'oeuvre gravite que l'on voudrait s'attacher ici, sans pour autant prétendre l'y réduire; forme simple dont la récurrence n'empêche pas l'évolution -- comme si, d'un livre à l'autre, une structure se dégageait peu à peu, jouant de façon de plus en plus nette jusqu'à émerger à la conscience claire: la forme emblématique. Encore faut-il aussitôt préciser que l'outil considéré reste à définir en profondeur et par couches successives: si l'on veut se tenir à l'écart du piège qui consiste à faire de l'emblème une sous-catégorie du symbole ou du signe, il convient de se méfier des herméneutiques closes comme des terminologies restrictives. Certes chaque livre de Butor est plein de ces objets qualifiés d'"emblème", et dont on pourrait retracer les réseaux qu'ils y tissent; mais c'est en un sens plus global que l'oeuvre, en sa totalité, peut se donner comme "emblématique". Forme historiquement datée (livres "illustrés" du XVIe et XVIIe siècles) qui dépasse la contingence de ses manifestations, l'emblème, construction hybride à mi-chemin entre le génie du bricolage et le triomphe de l'intertextualité, est en effet bien plus qu'un objet, ou même qu'un genre: plutôt une manière de penser, ou de dire, aux implications si profondes qu'on peut y lire, de la Renaissance à l'âge classique, de l'idéal néoplatonicien à la dispersion baroque, la crise d'une civilisation[3]. Or on ne peut qu'être frappé par la résurgence, au XXe siècle, de l'esprit emblématique: dans son histoire (passion, chez Jarry et Apollinaire, pour l'héraldique et le livre d'emblèmes) ou dans son processus (la vogue, chez les Surréalistes, du collage ou du livre-objet en est, quoique en surface, l'une des manifestations). L'oeuvre de Butor constitue comme le point culminant de cette trajectoire dont elle propose

[2] M. Butor, in Charbonnier, G., *Entretiens avec Michel Butor*, Paris, Gallimard, 1967, pp.67-74.

[3] Voir entre autres Schöne, A., *Emblematik und Drama im Zeitalter des Barock*, München, Beck, 1968; *L'Emblème à la Renaissance*, Société française des seiziémistes, Paris, SEDES-CDU, 1982; Russell, D., *The emblem and device in France*, Lexington, French Forum Publishers, 1985; Benjamin, W., *Origine du drame baroque allemand*, Paris, Flammarion, 1985; Matthieu-Castellani, G., *Emblèmes de la mort*, Paris, Nizet, 1988.

l'expression la plus lucide; sans doute parce que, dans le dialogue à la fois écoutant et informant qu'elle entretient avec ses "sources", elle trouve en les préoccupations de la Renaissance un miroir, autant qu'un reflet, du malaise contemporain. Par quoi lire Butor en son temps serait, aussi bien, relire l'emblème en son devenir; dialectique de la carte et du territoire[4] où l'oeuvre modèle son modèle, et ce faisant le comprend -- l'assimile autant qu'elle l'explique.

1. *"Un instrument manque pour le dire"*[5]

La création butorienne s'ouvre sur un paradoxe: héritière dans son esprit du surréalisme dont elle salue la quête orphique au nom d'un même démon de l'analogie, proche, avant de s'en démarquer, des recherches du Nouveau Roman dont elle emprunte les préoccupations formalistes, elle se trouve en fait à l'intersection de deux langages: une esthétique du symbole et une esthétique du signe, qu'elle exploite sans s'y réduire, défiant aussi bien l'exégèse gnostique que les lectures sémiotextuelles. Cette situation d'écartèlement coïncide avec la perception d'appartenir à un tournant décisif de l'Histoire: tournant analogue, ou pressenti comme tel, à celui de la Renaissance dont Butor fait, dès *Degrés*, le paradigme privilégié, quoique profondément ambigu, de la modernité. C'est que, alors comme aujourd'hui, la conscience d'une crise radicale de l'édifice ontologique définit une révolution des formes qui affecte les conceptions théologiques du signe en menaçant l'impérialisme du signifié; à la "fissure historique"[6] répond ainsi la fracture du symbolique, et le besoin, alors comme aujourd'hui, de produire une forme nouvelle capable à la fois de dire cette crise et de sauvegarder l'unité de l'humain.

Dans son origine, donc, et dans son projet, l'oeuvre de Butor se définit comme quête d'un langage autre; quête dont témoigne le premier *Répertoire*, tout entier consacré à l'examen de langages symboliques[7], et

[4] M. Butor, in Charbonnier, *op. cit.*, pp.114-115.

[5] *Ibid.*, p.71.

[6] *La Modification*, Paris, UGE/10-18, 1957, p.274.

[7] Cf. J. Waelti-Walters, "Oeuvres et critiques: Les Répertoires" in *Michel Butor, Regards critiques sur son oeuvre*, Paris, Jean-Michel Place, 1985, pp.147-148.

dont les premiers romans figurent la préhistoire. De l'objet-emblème, dans *Passage de Milan*[8], à l'objet "comme un emblème", dans *la Modification*[9], une esthétique semble se constituer peu à peu, qui épouse la problématique seiziémiste de la représentation et en convoque les différents "modèles": l'idéogramme -- à savoir la tentation de redonner force à un langage perdu, hiéroglyphique --, que sanctionne une même égyptomanie; l'ekphrasis, soit le commentaire plastique considéré comme un des beaux arts; la mosaïque, enfin, autrement dit le morcellement des structures classiques et la reconstitution, à travers le collage, des résidus de la culture. Ces trois modèles, qui d'ailleurs hanteront l'oeuvre tout entière, la Renaissance les avait fondus en un dispositif unique: l'emblème, construction plus ou moins rigide réunissant une *inscriptio* (titre ou "légende", à fin conceptuelle), une *pictura* (image chargée de la visualiser) et une *subscriptio* (commentaire explicitant la relation signifiante). Réunissant au sein d'un même système le linguistique et l'iconique, l'emblème renouvelle donc de façon paradoxale le vieux rêve d'un langage total: en se donnant la juxtaposition comme principe d'écriture, il ouvre en fait la dialectique de l'unité et de l'hétérogénéité, de la monovalence et de la polysémie - bref, du dialogue et de la discordance. Par delà la volonté didactique ou, mieux, éthique qui caractérise le livre d'emblèmes, il y a là un enjeu plus essentiel dont les romans de Butor se font un premier écho: tenter, en rapprochant les codes -- le texte et l'image, la fiction et sa critique -- de retrouver l'unité de la perception et de remonter en deçà de Babel; interroger, en confrontant les démarches, les mécanismes de production du sens et remettre en question la transcendance du symbolique. (*L'emploi du temps*, déjà: systèmes référentiels multiples, la tapisserie ou le vitrail cessent de présenter une surface transparente à la lecture; l'interprétation laisse des zones obscures, la cathédrale de signes se lézarde au gré de l'aporie policière).

Tout se passe alors comme si Butor, ayant eu l'intuition d'une forme nouvelle, allait en multiplier les actualisations possibles: c'est l'époque des premiers "livres objets" dont *Répertoire II* rappelle qu'ils

[8] *Passage de Milan*, Paris, Points-Seuil, 1984, p.50.
[9] *La Modification*, p.10.

constituent des "volumes", des "espaces à trois dimensions"[10]; l'époque aussi où se pose de manière plus aiguë la question des transpositions -- d'un système à un autre (problème de l'"Illustration"[11]), ou d'un degré de réalité à l'autre (rêve-réalité, carte-territoire). Ici encore le modèle emblématique tient lieu de révélateur, en ce qu'il condense, en son dispositif tripartite, toute la problématique de la signification: en juxtaposant trois ordres (la dénomination, la figuration et l'interprétation) c'est au fond le processus même de symbolisation qui est rejoué, voire projeté, sur l'espace-plan de la feuille[12]. En somme l'emblème joue à l'égard du symbole le même rôle que la projection de Mercator dont il est le contemporain: une mise à plat du symbolique, véritable cartographie gommant peu à peu la dimension anagogique au profit d'une signification horizontale. Les intuitions de *Degrés*[13] trouvent ainsi à se réaliser dans *Histoire extraordinaire, Mobile* et *Description de San Marco* qui constituent chacun, à différents égards, une variation triadique autour du principe de projection: le découpage d'un rêve en intitulés autonomes propose une représentation séquentielle de l'inconscient qui en favorise la compréhension globalisante, la figure d'un pays se donne à voir dans sa nomenclature qui en "projette toute la mentalité"[14]. San Marco, enfin, démultiplie ses origines[15] au sein d'une véritable "polyphonie spatiale dont nous commençons seulement à retrouver les secrets"[16]; aux trois marges typographiques répondent les trois strates de la construction emblématique: le dicible, éparpillé dans les paroles des visiteurs, le visible tel que "décrit" par le "narrateur", et le lisible, concentré dans le discours biblique où l'ekphrasis ouvre la voie à l'interprétation. Symbolisme au second degré, donc, en ce que l'échafaudage formel redouble ici l'enjeu

[10] *Répertoire II*, Paris, Minuit, 1964, p.107.

[11] Cf. J. Bessière, "Michel Butor: Peinture, écriture de l'illustration", in *Transpositions*. Actes du Colloque d'Amiens, Paris, Presses Universitaires de France, 1980, pp.91-103.

[12] Cf. G. Matthieu-Castellani, "La parleuse muette", in *L'Esprit créateur*, Vol. XXVIII, No. 2, 1988, p.26.

[13] *Degrés*, Paris, Gallimard, 1960, p.56.

[14] M. Butor, in Charbonnier, op. cit., p.159.

[15] Cf. J. Waelti-Walters, "The architectural and musical influences on the structure of Michel Butor's *Description de San Marco*", Revue de littérature comparée, LIII, no. 1, janvier-mars 1979, pp.65-75.

[16] *Description de San Marco*, Paris, Gallimard, 1963, p.77.

thématique: comment changer de langue, ou de langage, en évitant l'érosion du sens? De cette problématique de la traduction qui a pour enjeu la possibilité même de la lecture symbolique, l'emblème est pressenti comme reflet privilégié: écartelé entre épiphanie et entropie, entre le déchiffrement et l'incompréhension, entre le principe chrétien de transmission du sens (la Pentecôte) et le versant oriental de sa dispersion (Babel).

2. ***"Nous perfectionnant dans l'emblématique..."***[17]

L'outil s'affine, la création réfléchie "se met peu à peu à maîtriser sa propre invention"[18]; l'oeuvre, s'étant pour ainsi dire appropriée l'esthétique de l'"Ut pictura poesis"[19], entreprend d'en explorer les mécanismes. L'interaction de l'écrit et du visuel s'exacerbe, témoins la collaboration avec des peintres de plus en plus nombreux et le pouvoir iconographique que Butor exige de son propre texte; témoin aussi la réflexion entamée sur d'autres systèmes de représentation mettant en jeu des problématiques similaires: "idéogrammes lyriques" d'Apollinaire qui interprètent l'esprit des "bien beaux livres du Moyen Age ou de la Renaissance"[20], "structure triple" des collages de Max Ernst[21], ou encore "projection" de la peinture de Hérold, qui "dissocie les éléments tout en rendant leurs liaisons apparentes"[22] -- trois analyses, c'est à noter, qu'unit la notion de "transfiguration". Enfin l'intérêt pour les sources ("l'invention prend parfois la forme de l'imitation[23]") se fait plus investigateur, à travers l'intérêt croissant pour des oeuvres contemporaines de l'esprit emblématique: Montaigne, Colonna, Holbein (dont une composition en forme d'emblème sera citée dans *Matière de rêves*[24]), et surtout Rabelais chez qui il discerne une tension essentielle entre la fascination pour une écriture chiffrée et l'ambiguïté constitutive du

[17] *Portrait de l'artiste en jeune singe*, Paris, Gallimard, 1967, p.39.
[18] M. Butor, in Charbonnier, *op. cit.*, p.63.
[19] *Répertoire IV*, Paris, Minuit, 1974, p.94.
[20] *Répertoire III*, Paris, Minuit, 1968, p.297.
[21] *Répertoire* IV, p.329.
[22] *Répertoire IV*, p.334.
[23] *Répertoire III*, p.12.
[24] *Matière de rêves*, Paris, Gallimard, 1975., p.117.

langage.

De cette recherche deux oeuvres cristallisent plus particulièrement l'esprit en tentant d'en exploiter, de façon quasi encyclopédique, les découvertes. *Le Portrait de l'Artiste*, d'abord, propose un creuset où l'artiste ayant comme "découvert le mot de passe, le Sésame"[25], jette avec une jubilation évidente références et modèles (Michael Mair, par exemple, auteur du livre d'emblèmes alchimiques *Atalanta fugiens*, dont le texte original, il faut le souligner, est accompagné d'une fugue musicale) et accumule les langages symboliques au sein d'une architecture qui en exacerbe de manière concertée le fonctionnement. L'emblématique, donc, s'y perfectionne, et le dispositif tripartite prolifère: à l'échelle de la page qui, par exemple, reproduit fidèlement la disposition d'un ouvrage de Flamel (légendes - descriptions - interprétations)[26]; à l'échelle des citations renvoyant à trois niveaux de connaissances (nomenclature historique à travers l'énumération des exécutions capitales, imaginaire mythique avec *Les Mille et Une Nuits*, gnose mystique de Boehme, Valentin, Kircher...); à l'échelle du récit qui confronte trois fonctions primordiales (le narratif - le descriptif - l'interprétatif). Une telle construction, loin de figer le sens, le relance indéfiniment: essentielle à cet égard est la part accrue faite, ici ou dans l'oeuvre à venir (*Matière de rêves...*), au discours de l'inconscient comme ce qui, débordant la glose, échappe à la réduction herméneutique ("la plaque tournante du rêve donne sur tant de voies"[27]). Glissant l'une sur l'autre sans jamais se superposer exactement, les voix symboliques s'harmonisent moins qu'elles ne s'imitent, et l'assemblage joue: équivalent scriptural d'un certain "art de la fugue"[28], interprétation mais non plus exégèse. Passage d'un système vertical à un système horizontal de signification, l'emblématique ainsi retrouvée singe le symbolique plutôt qu'elle ne l'assume, le joue pour le mieux déjouer.

[25] *Portrait de l'artiste en jeune singe*, p.39.
[26] *Op. cit.*, p.31.
[27] *Histoire extraordinaire*, Paris, Gallimard, 1961, p.265.
[28] *Op. cit.*, p.63.

Les Mots dans la Peinture constituent le pendant théorique du *Portrait*: "l'aventure des emblèmes"[29] y est envisagée comme une histoire, dont on peut à la fois suivre l'évolution (analyse du rôle des attributs dans la peinture du Moyen Age à la modernité) et dégager le fil conducteur (étude de la confrontation de l'écrit et de l'image qui dépasse, dans ses enjeux, la simple exégèse picturale). Grille de lecture qui retrouve, chez Breughel (*Les Proverbes*) comme chez Magritte (*La clef des songes*), le même fonctionnement tripartite, l'emblématique prend force d'esthétique: la dynamique des codes comme principe de la circulation du sens. Dans le même temps, ce qui fascine Butor et dont son propre texte offre une manière d'actualisation, c'est la mise en place d'un dispositif qui "explore les coulisses de notre langage, de notre conscience"[30], et qui, vers la fin du Moyen Age, perd sa transparence au profit d'un système ambigu où le pari de signification court le risque de l'aporie. D'où la réflexion sur l'anamorphose (à laquelle se rattache l'étude sur Holbein dans *Répertoire III*), tant dans les vanités de Valdès Leal que dans cette nature morte qu'est, à maints égards, le collage au XXe siècle; l'emblème, contemporain de la Vanité dont il épouse le fonctionnement oblique, porte en lui une menace d'"illisibilité"[31] qui met en question le postulat ontologique du sens: "dénonciation d'un vide, d'une incapacité de notre langage"[32], et dont la Mort, figure par excellence de la non-figurabilité[33], définit la présence en creux.

Procès, non plus seulement processus, de la symbolisation en Occident, et illustration de sa dispersion possible; tel sera ainsi l'un des propos des *Illustrations* que de questionner ce vide, ou cette absence: "illustrations d'images absentes de textes absents..."[34] *Illustrations III* prolonge ainsi la problématique du premier volume (de "la conversation" comme conservation du sens) tout en l'exacerbant: variation autour du

[29] *Répertoire IV*, p.46.
[30] *Op. cit.*, p.63.
[31] *Op. cit.*, p.53.
[32] Op. cit., p.54.
[33] Cf. G. Matthieu-Castellani, *Emblèmes de la Mort*, *op.cit.* pp.145 sqq.
[34] Verso de *Illustrations II*.

thème de la représentation, représentation désespérée de la quête d'un langage. L'effacement y menace sans cesse la correspondance ("Missives mi-vives..."), la signification y est contestée par l'explosion du signe en sens proliférants ("le Crabe", "L'Echange"). L'anamorphose fournit le modèle de toute lecture ("Comprenne qui pourra mes figures, je tire de ces hiéroglyphes une signification oblique"[35]); l'énumération se fait ressassement, "le triomphe de la mort"[36] consacre la vanité de l'exégèse.

3. "Maintenant nous jouons avec..."[37]

L'instrument est assimilé, la structure passe à la conscience claire. La "conversation" en devient un mode d'expression privilégié, en ce que le dialogue des locuteurs y reproduit la relation des strates de l'emblème ("chacun corrigeant l'autre, déviant ou redressant ce qui lui est proposé"[38]) aussi bien que la spécificité de ses voix. Ainsi, dans "les Révolutions des Calendriers" (où la valse a pris le pas sur la fugue), alternent l'Investigator (attaché aux "dénominations"), le Scrutator (privilégiant "la vision") et le Commentator (intéressé aux "clefs de la réalité")[39]; de même, dans "Picasso -- labyrinthe"[40], la narratrice, le présentateur et l'explicateur; ou, dans *Vanité*, Scriptor, Pictor et Viator (le voyageur étant ici le guide à la fois explorateur et exégète du monde).

Vanité constitue à cet égard une sorte d'aboutissement puisque la méditation y est inséparable de l'autobiographie et qu'aux trois passions de Butor (la littérature, l'art, le voyage) répondent trois modes de connaissance ("écrire, peindre, philosopher"[41]); convergence des voix que renforce la théâtralisation d'un discours emmené par un "chef d'orchestre" (Viator, puis Pictor) et qui, dans le jeu alterné des versets et des didascalies ("commence maintenant une fugue"...[42]), se veut spectacle

[35] *Illustrations III*, Paris, Gallimard, 1973, p.17.
[36] *Op. cit.*, p.146.
[37] *Op. cit.*, p.51.
[38] *Répertoire V*, Paris, Gallimard, 1987, p.328.
[39] *Répertoire V*, pp.149-151.
[40] *Au Jour le jour*, Paris, Plon, 1989.
[41] *Répertoire* V, p.288.
[42] *Op. cit.*, p.283.

total. La question qui hantait l'oeuvre entière depuis ses débuts est ici abordée de front: convoquée tout au long du livre sous ses actualisations artistiques (vanités, écorchés, etc. ...), suggérée par les didascalies qui scandent sa présence latente en autant de natures mortes (papillon-sphinx, fleurs fanées), esquissée dans les blancs du dialogue et dans l'hésitation croissante qu'oppose le peintre au discours du critique, la Mort, sujet du texte, est ici reconnue et désignée comme cette absence au coeur de tout texte qui en mine le pouvoir de transfiguration. Apprendre à lire, c'est identiquement apprendre à mourir; l'emblème est, en dernier ressort, pratique de dépouillement en ce qu'il initie l'homme à l'expérience de la disjonction. Par quoi cette conscience est aussi conjuration: de la vacuité par la vanité, de la fuite par la fugue, de la grève des signes par le déroulement des voix. Transmutation, on le voit, profondément musicale, l'emblématique faite prosodie relance la dynamique du sens dans un espace devenu rythme:

> *la prosodie, cette conscience du comment de l'écriture, peut être considérée comme une manifestation de la présence de la mort et le début de son renversement...*[43]

Resterait à mettre au jour des formes autres, qui prolongent le procès de la représentation en fixant les ambiguïtés; des "mobiles immobiles" qui ne convoquent la présence (sens/essence) que pour en déjouer l'avènement. C'est à quoi, semble-t-il, une partie de l'oeuvre s'attache désormais, dans son travail créateur (brouillons brouillés, cartes postales retravaillées) comme dans sa recherche critique: intérêt pour la calligraphie orientale, et surtout fascination pour le logogramme (sorte de quintessence idéographique de l'emblème puisque les trois textes n'en font qu'un). La collaboration avec les musiciens, enfin, s'intensifie, tant certains principes contemporains de composition épousent au plus près la dynamique du dispositif emblématique: ainsi des *Tarots musiciens*[44], où la symbolique traditionnelle du jeu de cartes se "mobilise" à travers le

[43] *Op. cit.*, p.22.
[44] *Les Tarots musiciens*, Michel Butor/Jean-Yves Bosseur, 1983-1984.

dialogue du texte et de la partition. Ce sérialisme ouvert[45], à la fois mémoire et attente, clôture et relance, (et où l'on pourrait voir les bases d'un nouveau langage[46]) est en fait à l'image de l'oeuvre tout entière: déjà, dans *Passage de Milan*, les tarots iconiques du peintre de Vere... Continuité d'une oeuvre où chaque ouvrage poursuit la quête du livre futur; d'une oeuvre en apparence éclatée, dont la continuité est le rêve et l'éclatement la matière; et qui, au coeur de la réflexion occidentale sur les systèmes de signification, oppose à toute théologie du signe l'énigme emblématique:

> *-- Et puis il y avait un projet de thèse de doctorat sur "les aspects de l'ambiguïté en littérature et l'idée de signification". Cela n'a mené à rien. – Sinon à tous vos livres.*[47]

[45] Voir à ce sujet les remarques de Michel Butor et le commentaire qu'en donnent Dominique et Jean-Yves Bosseur dans leur article "Musicalités de Michel Butor", in *Michel Butor. Regards critiques...*, *op. cit.*, p.84-85.

[46] *Ibid*, p.81.

[47] *Le Retour du boomerang*, Paris, Presses Universitaires de France, 1988, p.117.

LE RÉEL ET LA PEINTURE: COMMENT DÉCRIRE CE QUI SE DIT?

Leon S. Roudiez

Ce qui se dit, dans le cadre de cette communication, c'est la parole provoquée par le graphique. Il y a certainement des distinctions qui s'imposent et on ne peut décrire de la même façon tout ce qui se dit sur l'art. Je ne confondrai donc pas l'histoire de l'art, la critique d'art, l'analyse, le commentaire, la méditation, et le travail avec l'artiste -- mais ces catégories, pourtant, ne sont là que pour mémoire car elles ne sont pas absolument étanches.

Michel Butor a dit à maintes reprises aux personnes qui venaient l'interviewer qu'il avait besoin des peintres et des musiciens, que ceux-ci avaient beaucoup à lui apprendre (et la réciproque est certainement vraie). Ceci veut dire, me semble-t-il, qu'il avait besoin de pénétrer à l'intérieur de la peinture et du travail du peintre -- et je laisse dorénavant les musiciens de côté car mon incompétence est là encore plus grande qu'ailleurs. Ceci explique aussi pourquoi ses essais ne constituent pas à proprement parler de la critique d'art dans le sens usuel de l'expression: il n'y est pas question de condamner ou d'absoudre selon un code prédéterminé, civil ou pénal, esthétique ou moral; il s'agit plutôt d'amener ses lecteurs à une perception plus riche de l'oeuvre, de lui donner une vie plus généreuse.

Plutôt qu'à l'essai et au commentaire, qui, après tout, correspondent à des pratiques qui nous sont familières car elles sont le fait de bon nombre d'écrivains (seule la qualité diffère) et au travail avec l'artiste (qui comporte encore trop d'inconnues), je m'attacherai surtout à ce que j'appelle méditation (catégorie inspirée par le titre d'un texte sur Pierre Soulages). C'est peut-être là, en effet, que nous aurons le plus de chance de trouver la réponse à la question: pourquoi Butor a-t-il besoin des peintres, des aquarellistes, des dessinateurs, des graveurs, de tous ceux qui, en somme, travaillent surtout sur une surface plane. (Les sculpteurs posent un problème que je ne prétendrai point résoudre ici, bien que la frontière entre peinture et sculpture ne soit pas imperméable, ainsi qu'en témoigne l'oeuvre de Frank Stella, par exemple.) Il y a longtemps, l'écrivain avait déjà répondu à cette question, en partie tout au moins: "Un tableau m'intrigue; j'y reviens; je veux lui arracher le secret de son pouvoir. Que connaissait-il cet homme, ou ces hommes, que moi j'ignore. [...] C'est donc mon profit que je cherche, et le vôtre. [...] Les peintres m'enseignent à voir, à lire, à composer, donc à écrire, à disposer des signes dans une page. En Extrême-Orient, la calligraphie a toujours été considérée comme la communication nécessaire entre peinture et poésie."[1]

La réponse est partielle en ce sens qu'elle explique le lien entre l'intérêt de Butor pour la peinture et la présentation physique de textes comme *Mobile, Description de San Marco*, etc., l'intérêt qu'il a porté aux "logogrammes" de Christian Dotremont, et le soin qu'il apporte à la composition proprement dite de ses oeuvres. Par contre, elle n'explique pas ce qui relie tel ou tel texte au graphisme sur le support duquel, papier ou toile, il a été tracé, ni ce qui relie tel autre texte à la peinture qui lui a servi de prétexte. Pourquoi est-ce précisément tel texte qui a été provoqué par telle composition graphique?

Nous savons tous qu'il y a un lien historique entre le dessin ou la peinture d'une part et l'écriture de l'autre, que les êtres humains ont successivement communiqué au moyen de la pictographie, quelquefois de l'idéographie, et du syllabisme, avant d'aboutir à l'alphabet, en Occident. Mais ils n'ont pas pour autant, à la fin de cette évolution, cessé de

[1] M. Butor, "Réponses à *Tel Quel*," in *Répertoire II*, p.296.

dessiner ou de peindre, comme s'il y avait quelque chose qui ne pouvait pas passer par l'écriture; d'autre part, l'écriture a cessé d'être ce moyen perfectionné de communication claire, univoque et autoritaire: des pratiques scripturales différentes ont vu le jour. La poésie, telle que nous l'entendons aujourd'hui, est venue prendre la relève des pratiques magiques qui mettaient l'être humain en rapport avec l'inconnu. Je vous rappelle d'une part que les premiers textes de Michel Butor ont été des poèmes et d'autre part qu'il s'est intéressé très tôt à l'alchimie ainsi qu'en témoigne un essai de 1953, "L'Alchimie et son langage."[2]

Dans cet essai il notait que "Les auteurs classiques [de l'alchimie] relatent tous la recherche de quelque chose de perdu." Une chose perdue c'est une chose qui manque, et cette notion va se retrouver souvent chez lui. Il dit par exemple à Madeleine Santschi que ce qu'il fait "est description, non pas seulement du réel [...] mais de ce qui manque au réel, de son désir."[3] Ce qui se dit, serait-ce le désir? Dans cette question du réel, il y a pourtant un problème de vocabulaire: je préfèrerais, quant à moi, remplacer dans cette citation le mot "réel" par le mot "réalité." Pour moi, la réalité est quelque chose de changeant, une sorte de fiction que nous élaborons tant bien que mal pour rendre compte de notre expérience du monde, un peu comme une théorie qui doit constamment être modifiée.

Ainsi que Butor l'expliquait encore à Madeleine Santschi, "Nous sommes tous entourés d'illusions. Nous vivons dans des illusions. Le monde n'est pas du tout comme nous croyons qu'il est, parce que nous sommes toujours en retard. [...] Nous sommes entourés d'illusions que le langage charrie. Et dès qu'on s'efforce d'écrire les choses un peu autrement, ces illusions s'écroulent" (p.54). C'est en somme à l'écrivain qu'il incombe de modifier la réalité, mais comment va-t-il faire pour aider la réalité à se rapprocher du réel? Remplacer une réalité par une autre est

[2] M. Butor, *Répertoire*, pp.12-19. Voir aussi le livre de J. Waelti-Walters, *Alchimie et littérature*, sous-titré "A propos de *Portrait de l'artiste en jeune singe* de Michel Butor" (Paris: Denoel, 1975).

[3] M. Santschi, *Voyage avec Michel Butor* (Lausanne: l'Age d'homme, 1982), p.22.

en effet une pratique neutre ou, si l'on préfère, ambiguë. Elle peut très bien s'accomplir à l'intérieur de la modalité symbolique (et j'adopte ici la terminologie de Julia Kristeva),[4] par le moyen d'une manipulation rationnelle et consciente du langage, le résultat visé étant déterminé d'avance. On connait les pratiques des agences de propagande, des entreprises publicitaires et des campagnes électorales; on espère que celles des enseignants dans nos écoles, collèges et universités vont dans le bon sens--mais comment savoir? Ont-elles eu pour résultat la perte des illusions dont parlait Michel Butor?

Qu'en est-il alors des modifications causées par l'interaction des modalités symboliques et sémiotiques au cours desquelles le sémiotique se trouve jouer un rôle dominant (l'hypothèse étant que le sémiotique est en contact plus étroit avec le réel)? C'est là que nous nous trouvons au coeur d'une certaine pratique de Michel Butor, celle où il compose un texte en réponse, au défi pourrait-on dire, que lui lance un artiste. Notons d'abord que le texte sera de nature différente selon le caractère du graphique, c'est-à-dire qu'une peinture dite représentative n'occasionnera pas la même sorte de texte qu'une peinture qui ne l'est pas. Dans le premier texte d'*Illustrations*, par exemple, "La Conversation," qui est sous-titrée "Sur quelques tableaux d'Alessandro Magnasco," Michel Butor, à partir d'une peinture essentiellement réaliste mais qui côtoie le fantastique, produit un texte linéaire, plus fantastique que les tableaux du peintre et qu'il a lui-même comparé à un récit de rêve, donc à un récit fictif. Mais c'est un rêve que l'on peut raconter sans problèmes malgré les circonstances bizarres qui le ponctuent, de même qu'on peut "raconter" les tableaux de Magnasco. Mais en ce qui concerne les thèmes qui se manifestent dans ce texte de 1957 (désintégration, désaffection, aliénation, par exemple), on peut se demander jusqu'à quel point ils caractérisent la peinture de Magnasco. Quant au narrateur du récit, le lecteur, ainsi que le narrateur lui-même, découvre à mi-chemin du cours de ce récit qu'il est un page noir affublé d'un costume exotique--ce qui me parait étranger aux tableaux. Les thèmes se retrouvent, par contre, dans d'autres écrits de la

[4] J. Kristeva, *La Révolution du langage poétique* (Paris: Seuil, 1974), p.22 et passim.

même époque, particulièrement dans *L'Emploi du temps* (1956). Ceci pour dire que "La Conversation" nous parle autant de l'écrivain Butor que du peintre Magnasco. A rapprocher de la note finale apposée à *Histoire extraordinaire* quelques années plus tard: "Certains estimerons peut-être que, désirant parler de Baudelaire, je n'ai réussi à parler que de moi-même."[5]

Je reviendrai à ce premier volume d'*Illustrations* après avoir examiné un texte beaucoup plus récent, *L'Embarquement de la reine de Saba*, paru en 1989, écrit à partir du tableau de Claude Lorrain. Je note d'abord que Claude Lorrain, comme Magnasco mais pour des raisons différentes, occupe une place à part dans l'histoire de l'art car bien qu'il ait vécu à l'époque néo-classique et qu'il ait admiré le classicisme de l'antiquité grecque et romaine il est considéré comme un précurseur des Impressionnistes.

Un des aspects remarquables de l'art de Claude Lorrain est qu'il repose sur une composition géométrique à trois dimensions, fort rigoureuse (particulièrement dans le cas de "L'Embarquement de la reine de Saba") comportant des plans de rectangles avec leurs diagonales, au centre desquels se trouve souvent le soleil auquel peintre et spectateur font face. Michel Butor a converti cela en contraintes d'écriture: ainsi, son texte est divisé en cinq parties--et on sait l'importance du chiffre cinq dans son oeuvre -- comprenant chacune six chapitres pour un total de trente. Le premier a une longueur d'une douzaine de lignes, le deuxième est un peu plus long, le troisième davantage encore, et ainsi de suite jusqu'au quinzième et seizième qui sont de huit à neuf fois plus longs que le premier. Ensuite, les chapitres diminuent pour arriver au trentième qui est aussi court que le premier (on pourrait penser aux "Djinns" de Victor Hugo). Ce dernier chapitre répète la requête adressée au premier marinier de la Reine dans le chapitre initial: "Avant de longer pendant tant de jours et de nuits les côtes de l'Arabie heureuse, chante-nous ton appel du

[5] M. Butor, *Histoire extraordinaire/Essai sur un rêve de Baudelaire* (Paris: Gallimard, 1961), p.267.

large."[6] Cet appel est une sorte de litanie relativement brève et qui se retrouve, avec des contenus différents, dans tous les chapitres du texte.

Au fur et à mesure que les chapitres s'allongent d'autres catégories font leur apparition et sont en général répétées: aspects du palais de Salomon tels que l'imaginent les voyageurs, l'organisation de la caravane qui doit transporter les présents, énumération des pierres précieuses et autres objets rares destinés au roi (énumération reprise, avec variantes, du texte de "Mille et une caravanes" qui date de 1980),[7] rêves souvent centrés sur les rapports de la reine de Saba et du roi Salomon, citations ou paraphrases de "L'Ecclésiaste," énigmes qui seront proposées à la sagesse du roi, et ainsi de suite. Comme il arrive souvent chez Butor, il y a un jeu entre la rigueur possible de la composition théorique et sa pratique. S'il y a, par exemple, trente énigmes dans trente chapitres, elles ne sont pas présentées à raison d'une par chapitre. Ce que l'on pourrait appeler des refrains (dont je viens d'énumérer une partie) ne viennent pas dans le même ordre dans chaque chapitre.

Alors qu'il avait, dans "La Conversation," respecté l'ambiance des tableaux de Magnasco, Butor se conforme plutôt au style de la peinture de Claude Lorrain. On remarque aussi qu'à l'architecture classique des monuments de celui-ci correspond un vocabulaire également classique dans le texte. La légende de la visite de la reine de Saba au roi Salomon, empruntée à la Bible, est maintenue dans son ensemble. Les thèmes possibles de Magnasco avaient été infléchis dans un sens butorien mais ici la thématique semble passer au second plan et il est beaucoup ajouté à la légende grâce à des apports variés. A plusieurs reprises la reine est appelée Balkis, qui est le nom que lui donne le Coran; c'est aussi la Fée aux Miettes de Charles Nodier (Nerval et Flaubert sont également présents dans le texte); la reine raconte des histoires au roi Salomon afin d'échapper à la mort (ceci dans un rêve, bien sûr), ce qui évoque

[6] M. Butor, *L'Embarquement de la Reine de Saba/D'après Claude Lorrain* (Paris: La Différence, 1989), pp.15 & 101.

[7] Il s'agit d'un rouleau comprenant des photographies d'André Villers accompagnées d'un texte de Butor. Le texte a été reproduit dans *Hors d'oeuvre* (Rouen: L'Instant Perpétuel, 1985). pp.25-57

Schéhérazade et les *Mille et une nuits*; le navire qui transporte les chameaux et les onagres chargés de présents se transforme en une véritable arche de Noé; enfin, si dans le tableau de Claude Lorrain la reine est d'une élégance et d'une blancheur d'aristocrate italienne, dans le texte de Michel Butor un membre de sa suite rêve des pieds de sa "Reine que l'on prétend délicieusement velus et fourchus," et le roi Salomon (à qui la même description est parvenue) désire toujours, tout comme le lecteur, que la reine découvre ses pieds et ses jambes... Racontant un rêve à la reine, un personnage dit: "Alors vous découvriez vos jambes franchement jusqu'aux genoux, ce qui le rendait éperdument amoureux de vous." Mais les lecteurs ne sauront jamais comment sont ces jambes, pas plus qu'ils ne sauront de quelle couleur est sa peau; pourtant, après avoir lu qu'on n'avait jamais vu "une si riche légion d'éléphants blancs conduits par un si nombreux essaim d'Ethiopiens noirs," ils liront: "une jeune fille qui vous ressemble, reine, s'amuse à monter sur un taureau blanc," et plus loin, que la reine était assise sur un éléphant blanc. Ceci, par analogie, conduit à supposer que la reine de Saba était noire comme ses sujets éthiopiens. Surgissent alors des échos provenant de toute une série de textes: le noir Horace Buck de *L'Emploi du temps*, le narrateur de *Matière de rêves*, avec qui Michel Butor s'identifie et qui se transforme en noir, et bien d'autres encore. Parmi ceux-ci, nous retrouvons le narrateur de "La Conversation," qu'au début nous supposions tous être blanc, qui dans son récit que nous avons convenu d'appeler un récit de rêve se trouve être un page noir au service d'aristocrates blancs en décomposition.

Je reviens ainsi momentanément à *Illustrations* où se trouve le texte intitulé "Rencontre" et sous-titré "sur cinq eaux-fortes d'Enrique Zanartu," peintre contemporain chez qui l'élément représentatif est plutôt faible -- du moins dans les eaux-fortes en question. Alors qu'il n'est précisé ni combien ni quels tableaux de Magnasco ont servi de prétexte à "La Conversation," l'édition originale de *Rencontre*, publiée en 1962, deux ans avant *Illustrations*,[8] présente les cinq eaux-fortes sur les pages de droite, chacune étant confrontée à un texte de Butor sur la page de

[8] Paris: Galerie du Dragon. Edition limitée à 50 exemplaires.

gauche correspondante -- ce bloc textuel variant de largeur et de hauteur mais n'excédant jamais la page. C'est un texte écrit à la première personne (comme "La Conversation") et comprenant une suite de phrases "normalement" constituées (sujet, verbe, complément, propositions reliées selon les règles de la syntaxe courante) et formant ce que, à la limite, je pourrais encore appeler un récit linéaire. Mais je ne pourrais pas "raconter" ce que disent les cinq textes, sauf d'une manière tellement générale que ce serait une interprétation et, comme toute interprétation, sujette à caution. Si le texte de "La Conversation" était une sorte de prose poétique, celui de "Rencontre" est de la poésie. Je le lis aussi comme un texte essentiellement érotique, un texte de désir et de son accomplissement; après la suie, le délabrement, les échecs et la solitude de *L'Emploi du temps* (auxquels renvoyait "La Conversation"), on découvre ici l'espoir de *Degrés* symbolisé par la découverte de l'Amérique, c'est-à-dire d'un monde inconnu (par Christophe Colomb d'abord, dans le roman, par Michel Butor ensuite, immédiatement après la rédaction de ce roman), et le rôle nouveau confié à la femme: c'est à Micheline, l'amie du narrateur originel, que sera confié le manuscrit destiné aux générations à venir -- un peu comme Montaigne avait confié à Marie de Gournay l'avenir de ses essais. A confronter les textes de *Rencontre* aux eaux-fortes, je note une congruence remarquable; mais à les confronter avec les textes plus ou moins contemporains de Michel Butor j'en note une qui est tout aussi remarquable. Encore une fois, comme pour ce qui s'est passé avec Magnasco et Claude Lorrain, à partir de Zanartu c'est son propre désir qu'il rejoint.

Quel est alors l'objet de ce désir? La question se pose car ce que j'appellerai son corrélat objectif varie d'un texte à l'autre. Désir érotique dans *Rencontre*, désir social dans "La Conversation," désir érotique et désir de connaissance dans *L'Embarquement de la reine de Saba*. Dans chaque cas, il s'agit de dire quelque chose qui n'a pas été dit mais qui ne pourrait pas se dire sans ce non-dit; il y a, dans le travail de l'artiste, quelque chose qui manque et l'écrivain va s'efforcer d'y suppléer. Mais ce manque, dans les tablaux de Magnasco et dans les eaux-fortes de Zanartu me parait avoir été ressenti à un niveau plus intensément personnel que dans la peinture de Claude Lorrain. Il est fort possible qu'une autre personne contemplant les premiers n'éprouve aucun sentiment de manque, ou alors que ce manque soit ressenti d'une manière complètement différente -- de manière purement formelle, par exemple. Toujours dans le même volume d'*Illustrations* Michel Butor nous fournit un échantillon de ce manque formel à propos de "Litanie d'eau." A partir de gravures en noir et blanc de Gregory Masurovsky, il a composé un texte où il a inséré quantité de mots se référant à des couleurs, puisque c'est la couleur, précisément, qui manquait dans les gravures. Je n'insiste pas, car ceci a déjà été expliqué à plusieurs reprises par l'écrivain lui-même.[9]

Dans le tableau de Claude Lorrain, par contre, le manque est d'ordre différent. Le texte biblique qui a servi de point de départ à ce tableau est lui-même fort succinct: il captive l'imagination justement par ce qu'il ne dit pas et nombreux sont ceux qui ont rêvé de cette reine de Saba et de sa visite au roi Salomon. La peinture de l'embarquement est une sorte de litote: on y voit la reine, accompagnée d'une suite peu nombreuse, descendant les quelques marches menant vers l'eau où l'attend une barque qui doit l'ammener à son navire; au centre, au-dessus de la sortie du port, le soleil qui va bientôt se coucher et, sous lui, un peu à droite, en attente, un navire et l'eau bleue de la mer et du port qui occupe une grande partie de la moitié inférieure du tableau et sur laquelle sont disposées une demi-douzaine de barques (non pas au hasard comme on pourrait d'abord le croire mais le long des deux demi-diagonales inférieures dont j'ai déjà parlé). Navires et monuments divers encadrent cette scène où, finalement, il ne se passe presque rien, sinon que la reine est sur le point de descendre une marche. On attend, et c'est pour cela que Michel Butor peut laisser vaguer son imagination, donnant la parole à l'entourage de la reine, car chacun et chacune se demande ce qui va se passer là où elle va. Bien plus tard on se demandera aussi d'où vient cette reine mystérieuse, ce qui n'est pas précisé dans la Bible. Comme l'écrira André Malraux dans ses *Antimémoires*, elle "vient de l'inconnu, avec son éléphant couvert de plumes d'autruches, ses cavaliers verts sur des chevaux pie, sa garde de nains, ses flottes de bois bleu, ses coffres

[9] Voir Michel Butor, Gregory Masurovsky, et Roger Borderie, "Entretien," in *Obliques*, février 1976, Numéro Spécial Butor-Masurovsky, p.2.

couverts de peau de dragon, ses bracelets d'ébène (mais des bijoux d'or comme s'il en pleuvait!), ses énigmes, sa légère claudication et son rire qui a traversé les âges. Et son royaume appartient aux civilisations perdues."[10]

Aux rêves des civilisations perdues font pendant ceux des civilisations futures. C'est là que réside un aspect particulièrement butorien de ce texte, manifestant une préoccupation que les lecteurs de *Passage de Milan* auront déjà notée à propos du projet de livre de Samuel Léonard et de la référence à Charles-Bernard Renouvier, ce philosophe du dix-neuvième siècle dont on a dit qu'il abhorrait l'inconnu sous toutes ses formes. L'avenir est peut-être l'inconnu qui nous trouble le plus, et les énigmes proposées au roi Salomon (tout au moins dans l'imagination de Michel Butor) fourmillent d'éléments appartenant à notre XXème siècle: réfrigérateurs et telex, téléphones, héliports, stylos, rétroviseurs de voiture, marchande de journaux, appartement dans le quinzième arrondissement avec vue sur la Seine et ses ponts, et ainsi de suite. Le "Cavalier de cuivre, devin préposé aux énigmes," prédit d'emblée que le roi "ne parviendra sans doute pas à deviner les titres des courts textes que je lui rassemble, et qui décrivent un état de choses dans un avenir fort lointain." A la fin il répète sa prédiction avec une légère variante dans le temps des verbes, mais il est dit dans le texte de la Bible: "Salomon répondit à toutes ses questions: il n'y eut rien qui restât caché au roi, sans qu'il pût répondre." La sagesse (celle de Salomon était proverbiale) consiste peut-être à connaître l'avenir; en tous cas, ce qui m'importe ici c'est de noter la présence de ce désir de connaissance. La congruence dont j'ai parlé plus haut, avec les autres écrits de Michel Butor, se retrouve une fois de plus, depuis le texte premier de *Passage de Milan* jusqu'à des textes plus récents que je cite un peu au hasard. Dans "Ballade de l'Italie aujourd'hui," de 1985, par exemple, "prête-nous ton doigté pour ouvrir en douceur / les vantaux bourdonnant du prochain millénaire"; ou, dans "Franchir l'espace," de la même année, il est question "de simuler /.../ tel

[10] A. Malraux, "Antimémoires," in *Le Miroir des limbes*, Bibliothèque de la Pléiade (Paris: Gallimard, 1976), p.62.

qu'il sera ce jour-là, /.../ tel qu'il sera dans un lointain avenir."[11] Une fois de plus, quand Michel Butor médite sur Claude Lorrain et sur la reine de Saba, c'est aussi de son propre désir qu'il nous parle -- et probablement du nôtre. Il est temps sans doute de compléter la citation de la dernière page d'*Histoire extraordinaire* que j'avais tronquée un peu plus haut: "Il vaudrait certainement mieux dire que c'est Baudelaire qui parlait de moi. Il parle de vous."

Mais en quoi la réalité a-t-elle été changée par cette sorte de conversation entre la peinture et le texte? Je note d'abord que, surtout en comparaison avec les eaux-fortes de Zanartu, la charge sémiotique du tableau de Claude Lorrain est relativement faible; d'autre part, elle est relativement forte dans la méditation dialoguée de Michel Butor. Comme je l'ai déjà suggéré, le manque est donc plus grand dans "L'Embarquement de la reine de Saba" et c'est un manque inhérent au néo-classicisme, lié au culte de la litote. Claude Lorrain ne nous a rien dit de la reine, il nous a laissé imaginer ce qui allait se passer après le départ des navires, après leur voyage, après leur arrivée. Romantique, il aurait peut-être imaginé des scènes de violence ou d'érotisme entre Salomon et la reine de Saba à Jérusalem, ou encore l'arrivée spectaculaire de la reine accompagnée de sa garde noire, de ses éléphants et de ses chameaux, de son or et de ses pierres précieuses. Il a préféré le calme du départ, de l'attente, l'imminence d'un voyage qui sera sans doute ordinaire, routinier, car son tableau ne suggère aucune angoisse, ni même une appréhension. Il ne représente rien de réel (c'est en cela que sa charge sémiotique est faible), il rassemble des éléments de la réalité conventionnelle et les soumet à une composition rigoureuse.

Ce faisant, il n'a pas changé grand chose; de plus, le changement effectué n'a peut-être pas été dans le bon sens car il n'a fait que créer une autre illusion. Il a en quelque sorte apprivoisé la reine de Saba et en a fait une reine du dix-septième siècle -- c'est du moins l'impression que donnerait le tableau considéré en lui-même. Mais un tableau n'est jamais

[11] M. Butor, *Au jour le jour* (Paris: Plon, 1989), pp.31 & 128-129.

seul, car pour qu'il existe et fonctionne en tant qu'oeuvre d'art il lui faut au moins un spectateur qui va "lire" le tableau avec les ressources de son imagination. C'est évidemment ce qu'a fait Michel Butor qui, répondant à l'appel du peintre, a laissé agir ses propres pulsions qu'il a ensuite, lui aussi, soumis à une composition rigoureuse. Situé en troisième position le lecteur/spectateur voit ce qui manque et écoute ce qui se dit: il se laisse alors emporter par son désir individuel. Pour chacun ou chacune de ces lecteurs ou lectrices la réalité à laquelle renvoie l'expression "reine de Saba" sera changée - mais chacune de ces personnes risque de concevoir une réalité qui lui sera très particulière en accord avec le vécu, les préjugés, l'éducation, le mode de lecture qui lui sont propres. C'est donc bien le dialogue entre les virtualités de la peinture et le désir de l'écrivain qui a rendu un changement possible -- mais non pas tel ou tel changement prévu d'avance. Le changement qui, par contre, me parait le plus important est celui qui affecte notre conception même de la réalité: ce n'est pas qu'elle ait été changée de telle façon précise, mais qu'elle puisse être changée, qu'elle est précaire, incertaine, illusoire et, souvent même, oppressive, mais qu'il soit possible d'échapper à son emprise.

J'examinerai pour conclure le texte intitulé "Méditation sur la frontière," composé à partir d'oeuvres de Batuz, artiste contemporain d'origine hongroise.[12] La série de tableaux qui lui a servi de prétexte est d'une nature particulière quant au matériau employé: ce ne sont pas à strictement parler des "peintures" car Batuz se sert d'une sorte de papier mâché, dilué et diversement coloré, et en projette couches et couleurs successives sur une toile renforcée par du contreplaqué où il a inséré le plus souvent une bande de métal de forme irrégulière, verticale par rapport à la surface de la toile. Cette ligne de démarcation joue évidemment un rôle esthétique, séparant quelquefois des masses de couleurs ou de textures différentes, mais elle est envisagée par Michel Butor comme une sorte de métaphore de la frontière en géographie. Cette lecture métaphorique du tableau se base non point seulement sur l'imagination de l'écrivain mais sur la biographie du peintre qui, né en

[12] Ce texte a d'abord paru dans *Batuz* (Lisbonne: Fundaçao Calouste Gulbenkian, 1983), pp.37-49 à l'occasion d'une exposition d'oeuvres de Batuz.

Hongrie, a épousé une Viennoise; il a vécu une vingtaine d'années en Argentine avant d'émigrer aux Etats-Unis où il vivait quand Michel Butor a écrit son texte; depuis, il s'est établi en Allemagne: que de frontière! Les rapports turbulents entre l'Autriche et la Hongrie, leur union pendant le dix-huitième siècle, le régime dualiste qui les administra de 1867 jusqu'à la fin de la première guerre mondiale, la séparation qui prévaut depuis -- tout cela permet de donner à la notion de frontière un développement très riche.

Ensuite, la frontière se relativise et se généralise tout à la fois: elle est aussi changeante que la réalité, et elle s'intériorise: "Nous sommes doubles; la frontière passe au milieu de notre coeur; et pourtant nous sommes d'un côté ou de l'autre; une partie de nous-mêmes pendant des siècles réprime l'autre, veut l'empêcher de s'exprimer, la recouvrir, la dévorer." Nous retrouvons la reine de Saba de Claude Lorrain dont le tableau dissimule la reine érotique et sauvage entrevue dans le texte de Butor. Il y a pourtant une possibilité d'harmonie entre les deux régions terrestres ou psychiques et la "Méditation sur la frontière" se termine sur une note érotique: la frontière "devient le lieu où deux territoires se pressent amoureusement, le contact de leurs deux peaux. La frontière dédoublée délivrée s'anime en couple qui danse, dessinant son ombre et sa flamme sur les parois de la caverne Terre, et conquérant l'espace de ses enlacements." Au départ il y a congruence entre l'obsession picturale de Batuz et ce qu'elle traduit d'une part, et de l'autre l'intérêt de Butor pour ce qui se passe de l'autre côté des frontières, constamment manifestée par ses nombreux voyages ou séjours hors de France; on se souvient que *Illustrations III* porte la dédicace "pour les frontaliers" et que ses trois résidences successives depuis une vingtaine d'années sont situées près d'une frontière.

Dans un texte de désir comme "Méditation sur la frontière" il s'agit à la fois de maintenir et de transcender la notion de frontière, qu'elle soit extérieure ou intime. La frontière est ce qui nous sépare de l'autre, de l'inconnu, de l'avenir -- qui sont en dernière analyse les objets du désir. Je décrirai donc ce qui se dit comme étant la manifestation du désir de révélation par le moyen d'une fiction: récit, méditation, poème, peu importe, car en fin de compte toute l'oeuvre de Michel Butor est une série de méditations à partir de textes antérieurs - graphiques, littéraires, musicaux, ou topographiques. Il s'agit en somme du désir universel et irréalisable d'une apocalypse.

L'ÉCRITURE BUTORIENNE ET LE TEXTE-PARTITION: UNE ÉCOUTE DE *BRASSÉE D'AVRIL**

Thierry Belleguic - Annick Desbizet

Dans le cadre d'une réflexion collective sur le mouvement dialogique à l'oeuvre dans la création butorienne, notre projet se présente comme une tentative de mise en évidence des relations étroites que nous semble entretenir la pratique scripturale de Michel Butor avec le domaine musical. En nous appuyant d'une part sur l'étude approfondie de quelques textes de *Brassée d'Avril* et d'autre part sur l'analyse du fonctionnement de créations musicales contemporaines, nous tenterons d'expliciter un certain nombre de caractéristiques théoriques et formelles que ces deux modes d'expression semblent partager. Il conviendra de s'interroger sur la spécificité d'une démarche qui tend à faire du champ sémiotique un espace de création au sein duquel le travail du créateur, aux frontières et sur les frontières des genres, établit des axes de communication privilégiés. Nous tenons tout particulièrement à insister sur le fait que notre démarche tendra à illustrer ce passage des frontières par la présentation d'une composition musicale, suggérée par la lecture/écoute de certains textes de *Brassée d'Avril*.

*Nous tenons à remercier Dr. Greg Lessard pour l'aide précieuse qu'il nous a apportée dans l'établissement de la concordance de *Brassée d'Avril*.

Prolégomènes:

Brassée suggère tout d'abord une brassée de fleurs. *Brassée d'avril*, c'est une brassée de fleurs printanières. Une brassée, c'est tout ce que mes bras peuvent embrasser, c'est tout ce que mon corps peut saisir du monde, c'est le monde de mon corps et mon corps dans le monde. Ce n'est pas une composition; c'est un "désordre" de fleurs des champs dans le hasard de leur agencement et le hasard de la position de mon corps qui la saisit. Brassée est au singulier, geste unique, original, à nul autre pareil. Michel Butor nous offre une brassée d'impressions, de senteurs, de sons et de couleurs multiples. De feuilles, de fleurs, pleines de sève, promesse de vie et de floraison, promesse d'un monde à venir. Mais une brassée, c'est aussi la mesure de mon évolution dans un milieu aquatique où tout n'est que mouvement, effacement, transformation et perpétuel recommencement. C'est aussi la mesure de mon avancée dans le texte.

Etudiée du point de vue lexical, la concordance que nous avons établie de ce texte est très révélatrice de cette poétique de la transformation que *Brassée d'Avril* met en oeuvre. Le lexique se répartit essentiellement en quatre champs: la faune, la flore (déesse d'avril), les quatre éléments, le corps.

Dernier élément de cette série lexicale, l'inscription du corps dans le texte joue un rôle déterminant pour la constitution du paysage poétique de *Brassée*. Décrit dans le mouvement de ses organes et de leurs fonctions, dans les plaisirs ou les souffrances dont il est le siège, c'est un corps qui "s'affecte" au contact du monde sensible qui l'entoure. Cependant, si tous les sens participent à la perception renouvelée du monde, l'ouïe semble assurer dans ce procès poétique une part prépondérante. Illustrant le credo butorien de la musique saisie comme "art réaliste", l'univers sonore de *Brassée* consacre l'effacement de la division traditionnelle entre le musical et le non musical; tout bruit devient alors son, contribuant à l'élaboration d'une musique "concrète";

> *[...] la musique, déclare Michel Butor, est un art "réaliste", c'est-à-dire qui ne se produit pas seulement dans un lieu sacré, fermé,*

> *pour une élite, mais doit organiser tous les sons, pas seulement ceux que l'on entend dans une salle de concert, mais tous ceux que l'on peut entendre où que ce soit [...]*[1]

Il s'ensuit que les bruits de la végétation s'entrelacent aux productions plus orthodoxes de genre musical. L'homme y est à la fois producteur et récepteur de sons.

Réseau, passage, frontière.

Parmi les séries sémantiques qui structurent *Brassée*, le "réseau" et la "frontière" se distinguent, qui dessinent deux espaces dont l'intersection désigne le "passage" comme lieu privilégié du texte. Le passage est ce mouvement vital qui traverse les frontières, les abolit tout en les maintenant, pour y dessiner de nouveaux réseaux qui viennent irriguer l'espace de liberté ainsi créé. Une telle pratique scripturale témoigne d'un refus d'organisation catégorielle et catégorique. Ecrire devient l'art de ménager des passages d'un registre à un autre.

Ainsi la série paradigmatique de la clôture ("barbelés" (3), "barrages" (2), "barrière" (1), "frontières" (8), "mur" (14), "muraille" (1), "paroi" (6), "prison" (1), "tours" (2)) se double-t-elle du paradigme du passage. Ce dernier est d'ailleurs constitué, tant de termes relevant explicitement de ce mouvement ("brèche" (2), "contrebandiers" (1), "creuser" (7), "entrouvrir" (4), "faufiler" (3), " franchir" (7), "migration" (3), "ouvrir" (10), "passage" (10), "percer" (10), "traverser" (8) "voyage" (3)), que d'éléments connexes évoquant l'ignorance des frontières, tels "nuages" (17), "pluie" (10) et "vents" (15). Les très nombreuses occurrences de ces derniers confirment le passage comme caractéristique essentielle d'une nature saisie dans le mouvement labile de sa constante transformation, comme en témoigne cet extrait de "Pluie sur les Frontières":

[1] *Répertoire V*, "Une semaine d'escales", (Minuit, Paris, 1982), p.270-271.

O pluie, efface[2] *pour nous ces frontières, lave nos continents de ces zébrures doucereusement infligées par le fouet diplomatique [..] emporte-nous [...] jusqu'à ces autres frontières qui ne correspondent à aucune ligne tracée sur une carte, gardées par nulle armée, marquées par nulles pancartes, dans ces régions où les contours du savoir se précipitent en cataractes [...] O pluies de frontières, baignez nos quadrillages et nos ulcères; emportez-nous de l'autre côté des frontières de la pluie, flagellez notre engourdissement et dissolvez-nous dans les bonheurs de la germination et de la vaporisation, filtrant avec émoi par toutes les parois de nos corps et des heures.*

Au thèmes du passage vient se superposer dans *Brassée* celui du réseau qui a cette particularité de nommer à la fois le mouvement du monde et celui de l'écriture. Outre la pratique scripturale de "mise en réseau" par les multiples paradigmes qui sillonnent littéralement le texte, le terme même de réseau est suggéré par une série lexicale désignant le monde du livre et le livre du monde dans la traversée de leur commun espace par des "axes" (1), "canaux" (1), "canyon" (1), "chemin" (2), "corridors" (2), "courants" (2), "piste" (6), "route" (4), "rue" (3), "ruelle" (4), "sentier" (6) et "voie" (1). Constituant la vaste métaphore filée de la circulation du sens, ces mots désignent dans le texte des lieux privilégiés où s'élabore une poétique de l'exploration, de la découverte et de la traversée[3]: l'on y voit à l'oeuvre le mouvement conjoint de la marche de l'écriture qui génère le paysage du monde et du paysage dont la traversée génère l'écriture.

Le chemin, le sentier, la piste, sont les lieux privilégiés de déchiffrement du sens caché du livre/du monde. *Brassée* est le texte d'une quête du sens, ainsi que le confirme l'importance du paradigme de la

[2] Les italiques de ce passage, ainsi que celles figurant dans les citations futures de *Brassée d'avril*, sont de notre fait.

[3] Cf. "Le voyage et l'écriture" dans *Répertoire IV*, (Minuit, Paris, 1974), p.29: "Si la lecture est déjà traversée, même si elle ne se prétend parfois qu'une traversée éblouie dans le nuage de la blancheur, l'écriture, toujours lecture en transformation, l'est nécessairement bien davantage."

recherche. La nature porte en elle ou plus précisément sur elle les marques de son sens profond; "failles" (3), "falaises" (5), "rainures" (2) sont autant de signes "inscrits" (4) dans la pierre, la boue ou le ciel, dont le sens se donne à décrypter dans ce qui en même temps désigne sa chute, son aporie, sa perte. Le "livre" (4), la "page" (7), le "texte" (3) sont dans la quasi-totalité de leurs occurrences associés au monde de la nature. Le paradigme de la marque, de l'inscription, c'est-à-dire du stylet, du style, est d'ailleurs très présent dans *Brassée* avec "balafre" (2), "dessin" (7), "encre" (5), "graver" (3), "imprimer" (1), "inscrire" (4), "marque" (4), "rayer" (7), "sculpter" (2) et "tailler" (5). A l'image, un échange avec les illustrations de Da Silva. L'on pourrait donner des textes de *Brassée* la définition que Bakhtine propose du mot, "une sorte de pont jeté entre moi et les autres".[4] Mais là où le livre traditionnel s'offre au simple décryptage, celui de Michel Butor se veut ouvert et porteur de son propre avenir, comme l'est d'ailleurs le printemps qui l'anime:

> *Si je publie un livre, nous confie l'auteur, ce n'est pas que j'en sois satisfait, c'est que je ne sais plus comment travailler davantage sur lui [...] Ce n'est pas qu'il soit terminé, c'est que j'ai besoin de passer la main; je supplie que l'on continue.*[5]

"Passer la main", c'est aussi courir le "risque" que de l'autre côté du livre, quelqu'un se prenne au jeu de l'écouter autant que de le lire et le prolonge à sa manière. Tel est notre propos et cette manière sera musicale.

Le dialogisme et la frontière des genres

Au-delà d'un travail paragrammatique qui tend à traverser le texte de multiples réseaux et en libère toute la polyphonie, *Brassée* provoque une réflexion sur l'effacement des frontières extérieures au textuel. Il ne s'agit pas seulement de la barrière lecteur/scripteur. Ne peut-on en effet déceler dans la métamorphose de l'oeuvre passant de main en main, d'une

[4] Mikhail Bakhtine, *Le Marxisme et La Philosophie du Langage*, (Minuit, Paris, 1977), p.124.
[5] *Répertoire V*, p.9.

sensibilité à une autre - musicale, picturale ou autre - une autre ouverture, conséquente de la première? N'est-ce pas là le signe qu'il n'est plus possible de séparer arbitrairement des modes d'expression dont les définitions s'élargissent jusqu'à la con-fusion? L'expérience artistique nous a laissé nombre témoignages de précédents rapprochements à partir desquels des genres comme l'opéra ou l'un de ses avatars, le théâtre musical, ont bâti leur devenir. Aujourd'hui, une tentative d'analyse soucieuse de ces enjeux est assurée de s'engager sous le signe du dialogue.

Des trois champs artistiques qui nous paraissent être à l'oeuvre ici, à savoir le textuel, le musical et le pictural, nous nous arrêterons sur les deux derniers, et particulièrement le musical, parent pauvre dans l'histoire des rapports de la critique littéraire et des modes d'expression artistique autres que textuels.

Nous avons face à une toile une démarche "photographique" qui consiste, d'abord, à embrasser l'ensemble, ensuite, à saisir les détails, le tout dans un temps que nous maîtrisons librement. Ce n'est que progressivement que l'oeuvre musicale se reconstitue à travers sa forme, tel un puzzle dont la pièce maîtresse serait la dernière posée.

> *Devant l'espace d'un tableau, écrit Boulez, [...] la vision est en principe d'abord une vision globale. [...] En musique c'est tout le contraire; c'est l'instant ou, du moins, le rapport d'un instant avec un autre instant que l'on apprécie.*[6]

Aussi ne faut-il pas nécessairement voir dans l'archet, présent dans *Brassée* à la fois par le mot et l'illustration, le marqueur indubitable d'une "musicalité" du texte. Les véritables marqueurs de cette musicalité sont ailleurs. Evoquant les rapports du pictural et du musical chez Klee, Boulez déclare:

[6] Pierre Boulez, *Pays Fertile*, (Gallimard, Paris, 1989), p.86.

Si quelque leçon doit être apprise de lui, c'est que les deux mondes ont leur spécificité et que la relation entre eux peut être seulement de nature structurale. Aucune transcription ne saurait être littérale sous peine d'être absurde.[7]

Quelles sont donc les différences d'aperception de ces genres? D'une nature plutôt "événementielle", la musique fait appel à la mémoire de l'auditeur pour la reconnaissance des motifs; seule leur reprise en écho, transformée ou non, peut s'imprimer face à l'inexorabilité d'un temps défilant à sens unique. L'importance de la répétition motivique prend toute son ampleur comme relais de la mémoire. C'est le cas du texte lu à haute voix et de la littérature de tradition orale. La répétition prend alors une dimension, celle du temps dans l'Histoire. "Restitution du texte ancien, écrit Michel Butor, invention du texte nouveau sont deux actions corrélatives, écrit-il. Plus je restitue, plus je suis forcé d'inventer (et encouragé dans cette aventure); plus j'invente, plus je restitue."[8] Webern orchestrant la *Fugue Ricercare* de J.S. Bach ou Picasso revisitant les *Ménines* de Vélasquez l'ont dit à leur manière. De nos jours, la musique comme la peinture tendent à chercher, dans la spatialisation de leur écriture, la mise en valeur, par des procédés qui restent parfois classiques, de matériaux les plus divers. L'abondance des percussions dans la musique de Varèse, la recherche d'une "micro-musicalité" chez Ligeti, le travail sur une autre dimension du temps de Jean-Claude Eloy, ou les expériences d'Aperghis en matière de théâtre musical, sont les expressions de la création contemporaine.

Ces expressions s'inscrivent dans le mouvement d'une pensée de la prolifération dont les signes avant-coureurs avaient déjà pris chez Stravinsky ou Messiaen les noms prometteurs de polyrythmie, de polymodalité et de valeur ajoutée. Bernd-Aloïs Zimmermann, compositeur allemand, nous dit par ailleurs:

[...] nous vivons en bonne intelligence avec une incroyable

[7] *Id.*, p.44.
[8] *Répertoire I* , p.13.

quantité de matériaux culturels d'époques très différentes. Nous vivons à la fois à différents niveaux temporels et événementiels dont la plupart ne peuvent être ni séparés, ni assemblés et pourtant nous évoluons bel et bien en sécurité dans ce réseau confus de fils entremêlés.[9]

C'est cette même impression qui ressort à la lecture du recueil de Michel Butor. L'univers sonore de *Brassée d'Avril* questionne notre perception musicale: où s'arrête le bruit pour devenir musique? Commence-t-il à la suggestion de sa présence dans le mouvement de l'élément liquide? Peut-on dire qu'il existe lorsqu'au niveau visuel, le blanc omniprésent, assorti de "nuages", "volutes", évoque le spectre acoustique du même nom?

La concision de la grande majorité des textes de *Brassée* permet que ces derniers soient davantage saisis dans leur dimension spatiale, à l'instar de la perception que l'on peut avoir d'un tableau. Ainsi, au sein de chacun des différents ensembles textuels autonomes du recueil, désignés comme tels, nommément par leur titre et typographiquement par les marqueurs de la dédicace et du blanc liminaire, se disposent de véritables "îlots" graphiques et sonores qui sont autant de touches s'offrant tout entières à l'immédiateté de la saisie par l'oeil. Le visuel est en effet tant au service du pictural que du musical: reprenant le paradigme de la blancheur, il se réaffirme dans chaque chapitre en une organisation de l'espace de la page et une typographie variée soutenue par une pratique scripturale consciente des enjeux stylistiques et poétiques de ses moindres altérations. Par la dimension réduite de la plupart des textes, l'oeil découvre d'emblée les phénomènes d'allitérations, d'assonances, d'homophonies ou même tout simplement le rythme général du texte par la disposition des paragraphes. La fréquence de mots à deux syllabes de "Mouvementé" dans *Filaments sensibles*, par exemple, génère un rythme et même une pulsation dont la rupture est d'autant plus significative qu'elle allie un changement de nombre de syllabes à un autre,

[9] "Du métier de compositeur", *Contre-Champs*, no. 5, Novembre 1985.

phonémique, et encore un autre, sémantique: "[...] tranchant claquant cinglant percer marquer frapper blessures concassages [...]"[10].

*

Le texte-partition: écoute de *Brassée d'avril*

Afin de repenser de façon plus précise ce que la musicalité d'un texte peut être, il nous paraît nécessaire de suivre le passage du texte à travers l'analyse approfondie de deux îlots de *Filaments sensibles*, "Gracieux" et "Agité", et de leur transcription musicale.

Le premier exemple sera celui de "Gracieux". Le caractère très pictural de ce texte, nous semble-t-il, a directement inspiré le jeu d'alternance des nuances dans la composition musicale. D'un point de vue phonique, l'exploitation des consonnes sifflantes, qui inscrivent leurs courbes typographiques dans le texte, ajoute à l'effacement des contours de l'ensemble. L'aspect duratif et inachevé du "s" et du "c" est sporadiquement renforcé par des phénomènes de nature allitérative dont "le froissement des soies" constitue un exemple révélateur.

Musicalement, nous avons donc voulu respecter une approche formelle qui adoucisse les contours sonores et privilégie les mouvements de type ondulatoire en effaçant au maximum l'idée de rythme et de registres vocaux, de manière à obtenir un effet d'intemporalité aussi insaisissable qu'un nuage sonore dans l'espace (exception faite de la mesure 5 pour des raisons figuratives et phoniques que ne dément pas le texte). Les barres de mesure, en effet, ne sont là que pour indiquer le passage à un autre univers sonore, mais elles n'encadrent aucune entité rythmique. Au contraire, chaque choriste peut et doit énoncer à la vitesse et au rythme qu'il choisit le membre de phrase en question, tout en privilégiant le ou les mots qui lui semblent particulièrement évocateurs et en exposant tous leurs attraits sonores, voire en le ou les répétant.

[10] *Brassée d'Avril*, (La Différence, Paris, 1982), p.105.

Au cours de la production musicale, les chanteurs évoluent librement à l'intérieur de l'accord ou de l'agrégat, généralement écrit dans une tessiture propre au mélange des différents registres vocaux; mais il est bien évident que la couleur du do 3, de la mesure 1 à la mesure 4, sera très nuancée, selon qu'elle sera chantée par un soprano ou une basse. Outre l'idée que l'équilibre du choeur traditionnel à quatre voix mixtes est rompu, cela permet à des groupes de formation variable, même hétéroclite, d'aborder une telle partition. Il s'agit avant tout de faire du texte musical une oeuvre ouverte: c'est la sensibilité individuelle des intervenants qui concourt à la richesse de l'ensemble.

Cette richesse est sous-tendue dans le texte par le recours au motif de la courbe, tant au niveau figuratif qu'au niveau symbolique, motif qui se trouve déjà formalisé scripturalement jusqu'au choix du corps des lettres "g" et "c" du titre et dans la mise en musique par une conclusion sur l'harmonie initiale, enrichie. Ceci n'est pas sans évoquer un caractère féminin qui se voit renforcé par l'omniprésence, tant polysémique que polymorphe, de l'élément liquide. En effet, le paradigme aquatique encadre le texte de l'incipit à la clausule, le héron final venant rejoindre le paysage lacustre suggéré par l'image des vaguelettes baignant les roseaux. Partant de ce constat que vient confirmer l'importance des consonnes liquides dans le texte (34[1]), le travail de composition musicale élabore un espace sonore au sein duquel la voix a tendance à jouer avec l'incertitude durative de cette consonne majoritaire, en la suspendant, en la liant, dans un balancement ternaire, renforcé lui-même par le motif de la courbe.

Ce balancement est toutefois contrarié par l'emploi stratégique des occlusives [g] et [d] qui incitent au rythme binaire. Il est à remarquer que le [g] de gracieux, bien que relativement peu représenté, s'articule toujours au sein de mots-clés soigneusement dispersés. Il s'agit en l'occurrence de mots qui ressortent, soit par leur longueur relative ("vaguelettes"), soit par la nature incongrue et d'autant plus remarquable de leur rapprochement (algues grises), soit par leur isolement catégoriel ("guêpes" est par exemple le seul nom figurant dans le long énoncé compris entre "avion" et "poires")[11]. Quant au texte saisi dans la substance de son matériau sonore, il est à remarquer que la "pluie", "le froissement des soies", "le bourdonnement d'un avion" et les "guêpes" évoquent un bruit diffus énonciateur de vie qui fonctionne comme fond sonore d'où viennent se détacher les fragments distincts des "bouchons qui sautent", des "jappements des chiens", des "douces claques sur les fesses des enfants" et, plus loin, du "sifflet du chemin de fer"[12]. Ces éléments contribuent à la création d'une progression de l'intensité sonore, générale dans son mouvement sinon stricte dans sa succession.

Visuellement, l'univers poétique de *Gracieux* repose sur une peinture de l'entraperçu; à peine une image est-elle évoquée dans l'ambiguïté de sa formulation que le mouvement du texte vient lui superposer une autre image, elle-même à la fois effacée et maintenue dans la mémoire de la suivante. La très fugitive "pluie de cils" ne s'estompe par exemple que pour mieux ressurgir dans la symbiose vaguelettes/roseaux, consacrant l'union créatrice de l'onde et de la courbe. En effet, l'absence de ponctuation libérant les mots de leurs attaches syntaxiques a pour conséquence d'ouvrir tout élément du texte à l'influence des autres. Cette stratégie d'ouverture fonctionne, comme nous l'avons déjà mentionné, à plusieurs niveaux: le signifiant "algues *grises*" anticipe la griserie du bal, de même que "*hiron*delle", par son homophonie partielle, appelle le "héron".

Ainsi, au sein d'intersections sans cesse renouvelées, l'évocation protéiforme de la courbe, le milieu aquatique et le paradigme sémantique de la germination et de la naissance se conjuguent pour créer un espace de vie, de douceur et de gourmandise où les parfums, les sons et les sensations sont autant de touches qui viennent donner substance et corps à la trame mouvante d'une vie plurielle. Nous en prendrons pour exemple l'analyse suivante: l'association fortement sexualisée du pileux et du liquide dans "Pluie de cils vaguelettes" rejoint l'image de la libération des flots amniotiques que vient suggérer la mention de l'écluse, elle-même

[11] *Ibid.*
[12] *Id.*, p.104.

associée à des "graines" (paradigme de la germination) et de façon plus significative encore à des "fétus/foetus" qui baignent dans ce liquide de vie. Ce motif de l'expulsion libératrice de liquide se retrouve dans l'image du bouchon qui saute, suivi d'une évocation de nudité et de douceur où femmes et enfants semblent partager une commune intimité.

Il peut sembler paradoxal d'avoir eu recours à une écriture musicale assez traditionnelle pour ce qui est de la trame "harmonique". Or, ce texte est tellement évocateur d'une nature donnée à voir dans sa multiplicité chatoyante, qu'il semblait difficile que les accords qu'il génèrerait ne fussent pas eux-mêmes inspirés du phénomène de résonance amenant l'établissement d'accords parfaits. Cependant, leur renversement dans les mesures 1, 7 et 12, ou l'apport d'une note étrangère dans la mesure 5, les rendent plus souvent perceptibles comme une superposition d'intervalles ou la citation d'un schéma musical antérieur, ainsi qu'il apparaît dans la mesure 5 pour les voix de femmes, de même que dans la mesure 8. Les autres mesures, à l'instar de la mesure 6, sont essentiellement placées sous le signe de la dissonance douce, amenée le plus souvent par mouvement conjoint d'une mesure à l'autre, tandis qu'une note reste commune à l'accord précédent, ceci pour accentuer encore l'idée de flottement.

L'écriture de *Gracieux* essaime dans son espace des images dont la rotondité dispose une trame supplémentaire dans la toile du texte: les cils recourbés, baignés de vaguelettes apparaissant et disparaissant sans cesse au milieu des roseaux flexibles qui plient mais ne rompent jamais, s'associent aux tourbillons en spirale; la rondeur des épaules et des fesses, reprise par les courbes de la cloche et la douce inclinaison des vallons, suggère une corporalité appétissante que vient célébrer le festin des guêpes autour des formes féminines des poires offertes qui irradient le texte de toute leur puissance connotative de rondeur et de féminité. Le texte est également travaillé par un mouvement de dévoilement progressif qui va de l'abaissement des *voiles* aux soies dévoilant des épaules nues de femmes, pour s'achever dans l'acte de la consommation du fruit mûr. Ici se donne progressivement à voir et à entendre un univers de plus en plus riche et de plus en plus complexe dont les multiples reflets se répondent.

*

Notre deuxième exemple repose sur une lecture/écoute du texte "Agité", extrait de *Filaments sensibles*. Le constat premier que l'on peut faire à propos de ce texte concerne le caractère particulièrement binaire de son organisation rythmique, caractère qui nous semble ressortir de deux plans de composition qui se superposent et se répondent, à savoir un plan sémantique et un plan phonémique.

Le caractère extrêmement rythmique de ce texte se manifeste au niveau sémantique par la fréquente occurrence de termes appartenant au paradigme du temps, qu'il s'agisse de durée ("harcelé du matin au soir", "pas un instant"[13]), de vitesse ("un peu plus vite encore un peu plus vite") ou de projection dans le futur ("je reviendrai", "nous verrons cela"). Le temps apparaît dans l'inexorabilité de son déroulement et l'impossibilité pour l'individu de le retenir, fût-ce à travers la répétition obstinée du "je", expression de l'identité saisie comme tentative désespérée de lutte contre une irréversibilité entropique.

Le texte s'annonce dès l'incipit comme la mise en place d'une structure binaire, voire duelle, au sien de laquelle semblent se répondre et s'opposer des motifs qui peuvent être saisis à la fois comme un commentaire - ou une opposition - de l'énoncé précédent (par ici/par là, un peu à droite/un peu à gauche, mais non/mais si). Aussi le choix musical s'est-il volontairement orienté vers une écriture à deux voix qui se commentent et s'opposent elles aussi par le jeu du mouvement contraire de leur contrepoint. L'on constate, par ailleurs, que cette opposition structure le texte jusque dans la clausule qui reprend en l'inversant le schéma binaire oppositionnel du début, introduisant un mouvement cyclique en contradiction avec une représentation linéaire et pragmatique du temps. La partition a tenté de rendre l'inversion de la clausule par un "da capo" avec échange des textes entre les voix, tandis qu'une accélération précipitée jusqu'au chaos de la "zone free" conduit et conclut

[13] *Id.*, p.103.

la pièce sur le bruit. Le temps s'effrite d'ailleurs tout au long de cette accélération qui voit le texte disparaître par bribes, ça et là, d'une voix à l'autre, jusqu'à la confusion totale.

Ce texte génère un espace à l'équilibre instable, en permanente menace de rupture: "j'ai failli glisser je me suis rattrapé de justesse un peu plus et c'était la catastrophe [...] attention". Ainsi l'ordre est-il toujours menacé par le chaos. Musicalement, l'ordre (la régularité du 4 temps de l'accompagnement) est constamment menacé par le désordre (l'irrégularité des chiffres d'indication de mesure chantée) et le texte est bousculé par le déplacement aléatoire des accents toniques du temps au contre-temps. La rupture, quant à elle, est amenée par le passage au phrasé binaire renforcé par l'impact du rythme parlé, et ce jusqu'à ce que reprenne la course ("il faut seulement aller un peu plus vite"). Dans l'espace-temps ainsi généré, la communication apparaît comme un carrefour d'absences, ceci étant marqué dans le texte par l'abondante utilisation des syntagmes figés appartenant au domaine de la politesse de convention.

Notre hypothèse de travail repose sur le constat d'une étroite relation, dans le texte de *Filaments sensibles* dans son ensemble, entre la lettre et le phonème, entre le mot et le son. En effet, les titres de chaque pièce qui composent ce texte nous semblent jouer un rôle programmatique en ce sens qu'ils confèrent à notre lecture une atmosphère, une ambiance, mais également un rythme. Il devient alors possible de considérer le texte dans son organisation phonique et l'une des voies de recherche peut alors être l'analyse d'une éventuelle correspondance entre le titre saisi comme matériau phonique de base et son développement, ses répétitions, ses altérations dans le texte. Dans le cas d'"Agité", le matériau vocalique s'apparente à celui utilisé en improvisation vocale jazz.

Dans le détail, l'analyse phonémique du texte révèle que la sifflante [s] et l'occlusive [p], sous forme d'allitération très suggestive d'un instument de percussion, par exemple cymbale et caisse claire, suggèrent un style musical propre à l'agitation du texte: le be-bop. L'idée de la présence de "pêches" rythmiques est encore renforcée par l'exploitation de la plosive [p] sous forme de mots monosyllabiques qui constituent 20 des 24 occurrences du phonème dans le texte. Les voyelles du titre sont plus directement exploitées avec une majorité de [a] puis de [i], suivis de [e]. Notons que sur le plan rythmique, la voyelle ouverte [a] incite davantage au rythme ternaire, contrairement à la voyelle fermée [i] proprement binaire, constat qui tend à confirmer l'hypothèse initiale d'un paradigme de la dualité structurant le texte.

Il est également important de constater que le texte "Agité" se compose d'une majorité significative de mots monosyllabiques qui marquent le passage du temps comme une pulsation - cardiaque? - effrénée que l'on pourrait comparer à la "walking bass" jazz reprise ici. Cette pulsation est entravée par les mots tri ou quadri-syllabiques qui assurent une fonction de syncope rythmique, également caractéristique de l'écriture jazz. La place et la fréquence dans le texte de quelques mots de 4 et 5 syllabes jouent donc un rôle de ralenti dans le rythme. Ainsi, "désobligeriez" se signale comme un frein, discordance elle-même désobligeante.

Si l'on analyse attentivement le texte, il apparaît qu'en dépit de sa structure linéaire, celui-ci distribue, par le réseau binaire que nous avons évoqué antérieurement, une structure de type dialogique, ne serait-ce d'ailleurs que par la présence des déictiques "je" et "vous". Ces derniers signalent les deux pôles destinateur/destinatire du discours, même si seule l'instance énonciatrice d'un des deux protagonistes possibles de l'échange est mise en évidence. L'autre instance se manifeste en négatif, en contrepoint, l'énoncé "mais bien sûr n'en croyez rien" pouvant par exemple être interprété comme la réponse possible à une intervention d'un interlocuteur. En tout état de cause, le libre jeu des déictiques autorise tout un travail de substitution et de renversement. Cette structure, qui distribue silences et ellipses, peut être vue, entendue, comme une parodie de communication. Les deux voix de la partition sont elles aussi sous le signe de l'inauthenticité, par la rupture constante de leur cheminement tonal et leur superposition désaccordée.

La clausule, qui est une reprise inversée de l'incipit, revêt une dimension ludique: son interruption brutale consacre la non-importance du message. Le schéma entropique de dépense à l'oeuvre dans cet espace semble doublé d'un schéma néguentropique qui condamne tout son au bruit et tout ordre au chaos dont il provient et où la partition retourne.

*

Création butorienne et dialogisme

Par sa polysémie et son travail de spatialisation de l'écriture, la poétique de *Brassée d'avril* illustre la saisie du texte comme productivité. Le texte littéraire est alors traversé de réseaux qui "remplace[nt] l'univocité (la linéarité) en l'englobant, et suggère que chaque ensemble (séquence) est aboutissement et commencement d'un rapport plurivalent."[14]

Exhaussement de la matière textuelle au rang de carrefour dialogique, quête d'une identité réinventée au contact de la puissance créatrice conjuguée de la musique et de la peinture, signature plurielle au bas d'une nouvelle page, telles sont les caractéristiques fondamentales de *Brassée d'Avril*. Il s'agit pour Michel Butor de percer l'impasse du parallélisme des arts et de repenser l'irréductible originalité de chacun, dans un cadre suffisamment souple pour que puisse s'élaborer une complexe polyphonie. "Michel Butor, déclare Henri Pousseur, a une conception de la littérature qui inclut beaucoup le côté musical, sériel, structurel, certes, mais aussi sonore, sensoriel, phonétique et imagé."[15]

Au regard des commentaires de Michel Butor et de Henri Pousseur, il est donc essentiel de ne pas confondre espace textuel, espace musical et espace pictural, mais d'essayer d'évaluer leurs possibilités de communication, d'explorer les réseaux qui les unissent, de travailler aux frontières communes des uns et des autres. *Brassée d'avril* nous semble être le fruit d'une telle réflexion. Elle se constitue en univers textuel où

[14] Kristeva, *Séméiotike, Recherches pour une Sémanalyse*, (Seuil, Paris, 1969), in "Pour une sémiologie des paragrammes", iv: "Le modèle tabulaire du paragramme". (Rééd, Points Seuil, p.123.)

[15] M. Pousseur, entretien avec M. Calle-Gruber in *Butor Pluriel*, (Kingston, QUP, 1990).

s'élabore une physique que nous serions tenté de qualifier d'alchimique, en ce qu'elle est éloge de subtils mélanges, incitation à repenser le passé par le magique cryptage d'une "réalité imaginaire":

> *Le langage alchimique,* écrit Michel Butor, *est un instrument d'une extrême souplesse, qui permet de décrire des opérations avec précision tout en les situant par rapport à une conception générale de la réalité. C'est ce qui fait sa difficulté et son intérêt. Le lecteur, qui veut comprendre l'emploi d'un seul mot dans un passage précis, ne peut y parvenir qu'en reconstituant peu à peu une architecture mentale ancienne. Il oblige ainsi au réveil des régions de conscience obscurcies.*[16]

Texte de la métamorphose, *Brassée d'avril* est aussi métamorphose du texte, phénix de l'écriture qui renaît de ses propres cendres, qui s'exhausse de la gangue qui retient la magie évocatrice de la polysémie. Elle est une invitation à découvrir sa secrète architecture. Une telle poétique met en oeuvre une modification de la nature même du texte par la création de multiples réseaux qui réinventent l'espace de l'écriture; cette pratique textuelle constitue la spécificité de la démarche butorienne à l'intérieur du champ de la production contemporaine. "La spatialisation de l'écriture, écrit Michel Butor, est un renversement des puissances de la mort."[17] Réinventant "le langage des choses" sorti de "la caverne du sommeil" qu'est le rêve, l'écriture butorienne est cette tentative réussie de la transmutation de la souffrance, du manque-à-être, en fortune.[18] Elle est ce constant effort de résurrection: "L'écriture, ajoute l'écrivain, est une transmutation, heureusement toujours imparfaite, de la mort en vie."[19] Telle est en tout cas la tâche à laquelle l'alchimiste des mots qu'est Michel

[16] *Répertoire I*, p.19.

[17] *Répertoire V*, p.22.

[18] Parlant du "démon de la création en s'appuyant sur les exemples de Beethoven, Schubert et Mozart, Butor décrit le procédé alchimique que nous évoquions: "Qu'est-ce qui les en a rendus capables? Quel démon les poussait, les forçait? Derrière tout cela, il y a forcément de la souffrance. C'est un manque, c'est une misère; dans l'art nous assistons à la transmutation de cette misère en fortune." *Ibid.*, p.18.

[19] *Ibid.*, p.22.

Butor s'est astreint, avec un rare bonheur.

Agité

pour deux voix solistes,
clavier ou guitare,
et basse ad libitum.

L'accompagnement est ici réalisé à titre indicatif

Texte de Michel Butor

Annick Desbizet

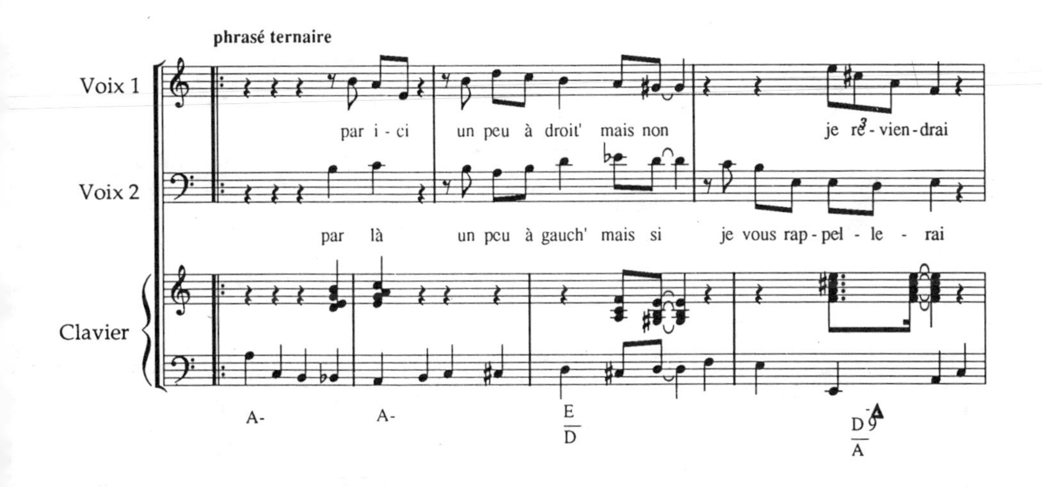

Fin
je suis tellement ces temps-ci
pris
ad libitum
pas un ins - tant av - ec cet - te cris' qui s'en mêl' cela ne tardera pas
je suis tellement
pris ces temps-ci
ad libitum
har - ce - lé du ma - tin au soir si vous sa - viez
rythme des accords
en alternance
F#
G
Ab-7
Db
Gb
Eb7

phrasé binaire
je fe - rai tout mon pos - sible dès que j'au - rai un - e mi - nut'
un peu plus et c'é - tait la ca - ta - stroph'
je fe - rai tout mon pos - sible dès que j'au - rai un - e mi - nut'
j'ai fai - lli glis - ser
je me suis ret - tra - pé
de jus - tes - s
F sus 4
C sus 4
F sus 4
C sus 4

ral.
tempo primo
pas seulement pour moi
tout est en or - dre de nou - veau
nous som - mes so - li - des
tout est en or - dre de nou - veau
n'ay - ez plus au - cu - ne crain - te
nous somm' so - li - des
8va
8va

phrasé ternaire
il il il il en - cor' un peu plus vit' at - ten - tion
il faut seul' ment al - ler un peu plus vit' at - ten - tion
La reprise effrénée fera perdre leurs moyens aux chanteurs, au point qu'ils pourront confondre leurs voix, omettre ou répéter des mots et finir dans le bruit

Gracieux

pour chœur mixte a capella

Texte de Michel Butor

Annick Desbizet

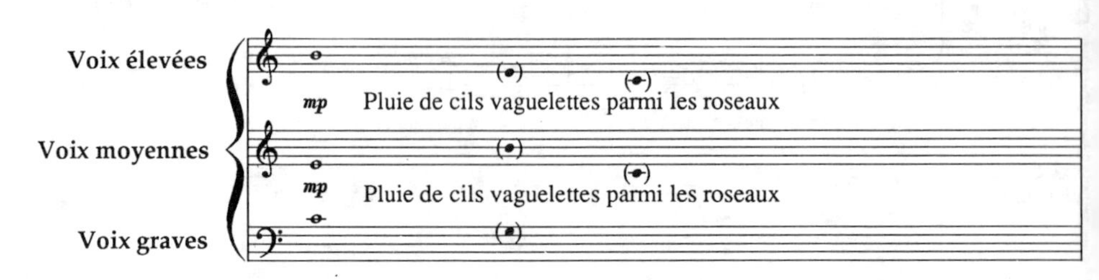

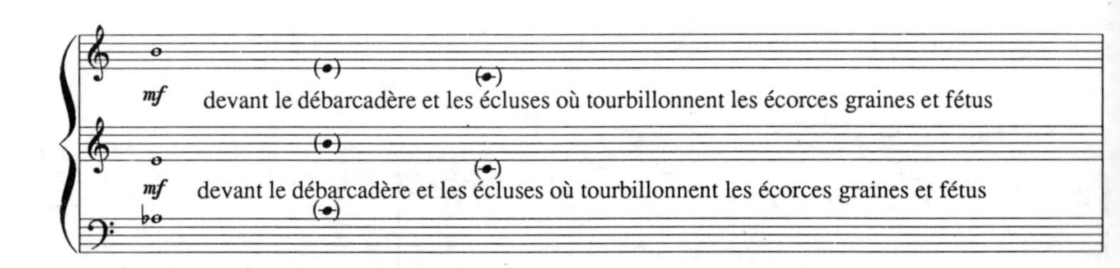

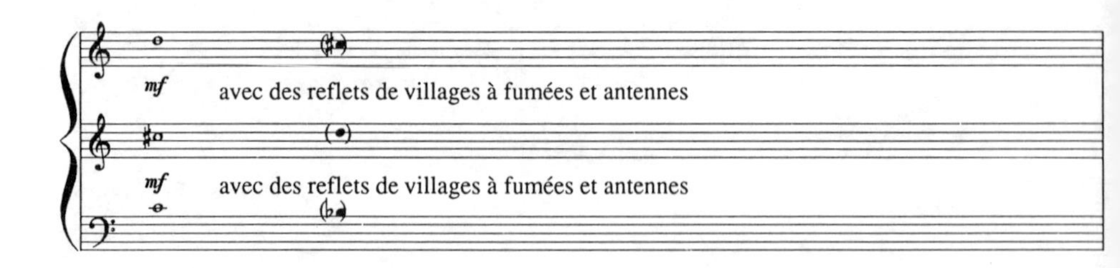

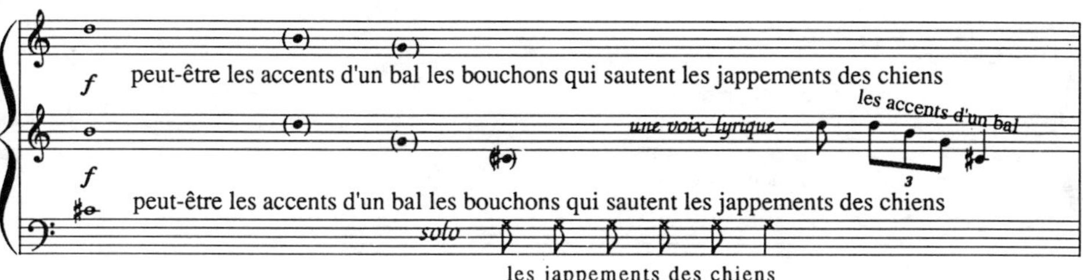
f
peut-être les accents d'un bal les bouchons qui sautent les jappements des chiens
une voix lyrique
les accents d'un bal
3
f
peut-être les accents d'un bal les bouchons qui sautent les jappements des chiens
solo
les jappements des chiens

p
les froissements des soies
p
les froissements des soies

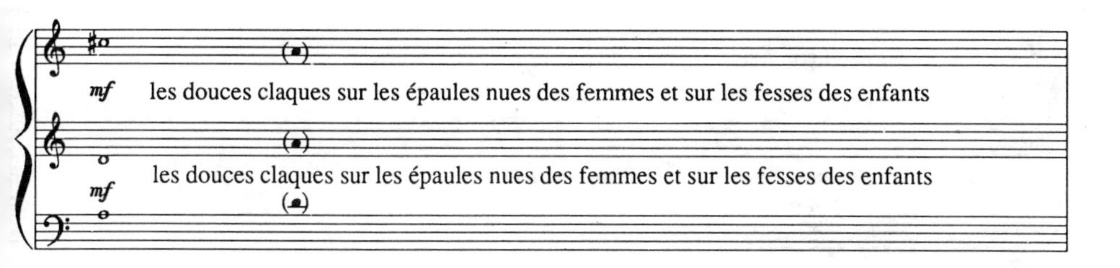
mf
les douces claques sur les épaules nues des femmes et sur les fesses des enfants
mf
les douces claques sur les épaules nues des femmes et sur les fesses des enfants

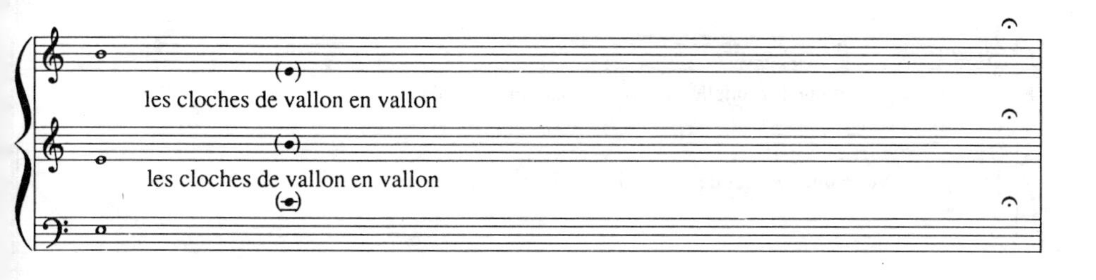
les cloches de vallon en vallon
les cloches de vallon en vallon

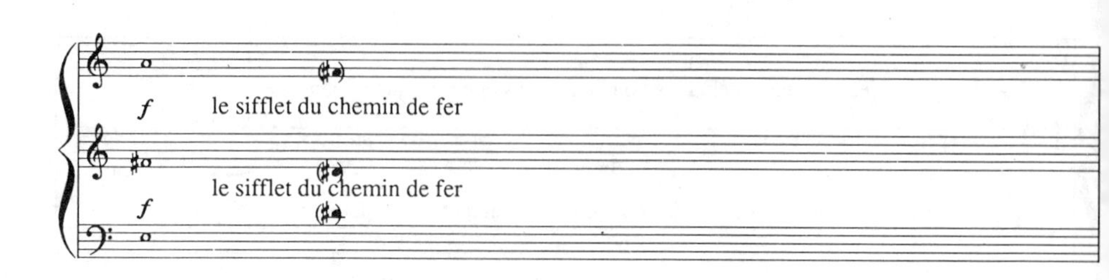
f
le sifflet du chemin de fer
le sifflet du chemin de fer
f

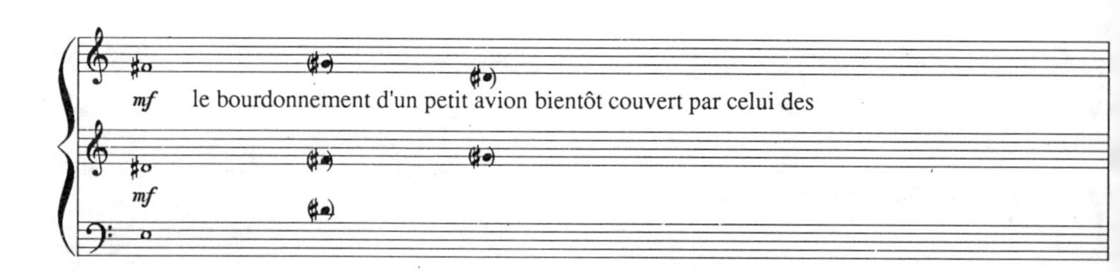
mf
le bourdonnement d'un petit avion bientôt couvert par celui des
mf

guêpes
guêpes
guêpes
f
guêpes autour des poires entamées et le
guêpes
guêpes autour des poires entamées et le
f
guêpes
guêpes

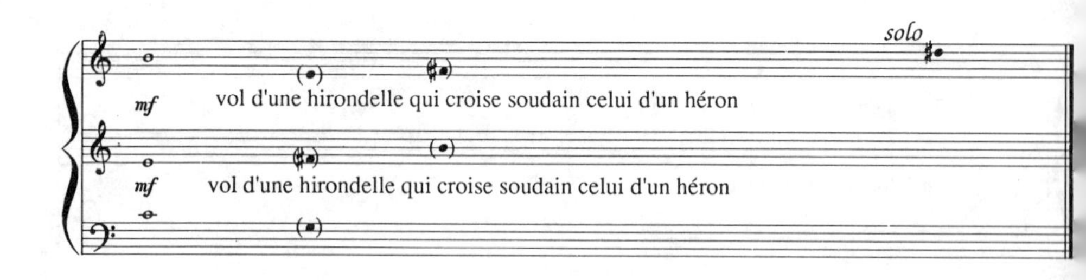
solo
mf
vol d'une hirondelle qui croise soudain celui d'un héron
mf
vol d'une hirondelle qui croise soudain celui d'un héron

ARTISTE HOLISTIQUE - ART GLOBALISANT: LECTURE ORPHIQUE DE QUELQUES TEXTES DE MICHEL BUTOR

Metka Zupancic

Différentes raisons m'incitent à vouloir présenter l'écriture de Butor dans le cadre orphique, c'est-à-dire mythologique, dans un cadre que je taxe aussi de globalisant, holistique. Dans le développement des mouvements littéraires contemporains, le Nouveau Roman en l'occurrence, ce qui m'intéresse en premier lieu, c'est ce que j'appellerais la transposition, dans le processus de modification des postulats de base, d'une pensée qui se veut plutôt structurale vers une attitude paradigmatique, à savoir "mythémique", pour me servir d'un terme de Gilbert Durand. Je n'ignore évidemment pas les divergences entre le Nouveau Roman comme groupe ou "école" et notre écrivain. Ainsi, le groupe tel quel servira ici plutôt à titre d'exemple dans le processus plus large de la restructuration globale de la pensée occidentale à la fin de cette période de 2000 ans, avec aussi la modification de la conception de Poiesis, l'Art en général. Dans ce sens, Butor était tout de même le premier, parmi les "nouveaux romanciers", à déclarer, dès 1953, son intérêt pour l'alchimie et par-là pour la pensée symbolique et "ésotérique"[1]. Si je m'en tiens aux descriptions des "modes orphiques"

[1] "L'Alchimie et son langage", *Répertoire*, Minuit, 1960, p.12-19. Je ne puis m'empêcher de noter dès cet endroit le recours butorien presque symptomatique au symbolisme des nombres, surtout au 3 qui se déverse dans le 4, 3 et 4 donnant le 7, chiffre, entre autre, de l'alchimie, comme l'indique aussi Jennifer Waelti-Walters (*Alchimie et littérature*, voir ci-après).

par un Brian Juden[2], l'alchimie en est l'exemple typique. Mais je ne vais pas essayer d'accommoder la pensée et la visée scripturale de Butor à ce qu'on nommerait, avec Juden, le "mysticisme dans le romantisme français". Ce qui m'intéresse, c'est la continuité d'une attitude artistique et éventuellement vitale qu'on taxerait aujourd'hui d'"alternative", parallèle en quelque sorte aux différentes "idéologies dominantes", et ceci depuis l'époque présocratique, et où l'alchimie occupe elle-même une place spéciale, tout en étant, dans ma conception des choses, l'avatar d'une attitude encore plus ancienne, anciennement "globalisante" envers le monde[3].

Toujours est-il que les débuts scripturaux à l'intérieur du Nouveau Roman, et qui concernent tout de même fortement Michel Butor, relèvent plutôt d'autres préoccupations, au moins à la surface, et dans les déclarations de groupe. Ces préoccupations, je les taxe en premier lieu de phénoménologiques - la phénoménologie, vue à partir des connaissances actuelles, ne s'inspirant-elle pas elle-même d'un certain type de pensée présocratique? Mais n'oublions pas la prédominance des intérêts structuraux, frôlant une approche "scientifique" et certainement mathématique de la littérature. Là encore, le fond grec s'impose, lié, dans ma propre conception, au pythagorisme. Je vois ce dernier comme une branche ou bien un "mode", un tour de spirale dans le développement du "système" orphique traditionnel, ce que j'ai développé dans mes recherches sur le Nouveau Roman et sur Claude Simon plus en particulier[4].

[2] B. Juden, *Traditions orphiques et tendances mystiques dans le romantisme français*, Klincksieck, 1971.

[3] Le *Y King* chinois, vieux de quelques 3000 ans, n'est-il pas le livre d'alchimie par excellence? De même que les écrits de Hermès Trismégiste, et la Table d'Emeraude? Autant de textes dont on retrouve trace chez Butor.

[4] Cf. ma thèse *Orphisme et polyphonie dans les textes de Claude Simon (Orfizem in polifonija v delih Clauda Simona)*, Zagreb, Yougoslavie, déc. 1988, reprise dans: *De Triptyque aux Géorgiques: La polyphonie de la structure et du mythe dans deux textes de Claude Simon* (Ed. Préambule, Montréal, à paraître). Voir également: *Literatura, mitologija, orfizem* (Littérature, mythologie, orphisme). - *Nova revija*, 48-49, 1986, V, pp. 512-526.

Plus que par l'alchimie telle quelle, je justifie ma perspective "orphique" dans la lecture des "nouveaux romanciers" et de Butor en l'occurrence par ce que j'y vois comme émanation modifiée, conforme à l'air du temps, à la fin de ce millénaire, de la pensée "mythématique" reformulée, - ou génératrice du mythe orphique restructuré, en voie de restructuration globale. D'où ma presque équation entre "pensée orphique" et "pensée holistique, globalisante". D'une part, je m'appuie, dans mes conclusions, sur les positions d'un Mircea Eliade sur la désacralisation progressive du monde occidental, avec la mise au ban de l'art comme forme irrationnelle, voire "fictive", échappatoire par rapport à la "réalité du monde", et ceci surtout après l'époque romaine. Toujours d'après lui, une certaine remythisation est par contre en cours actuellement, qu'il voit dans la "démystification de la démystification, de la désacralisation". Bien sûr, il perçoit tout de même une continuité dans le mode de fonctionnement de l'art qui d'après lui a toujours servi de refuge à une sorte de "vérité plus complexe, plus globale" au sujet du monde, ce qui n'a nullement empêché l'état des choses que l'on connaît.

D'autre part, en ce qui concerne le nature "holistique" de l'orphisme, je m'appuie sur Elizabeth Sewell qui parle, dans son livre *The Orphic Voice*[5], de la complémentarité du "mythos" et du "logos" dans ce qu'elle définit comme tout un système, un "mode de pensée", loin du simple appel aux thèmes mythiques. Dans ce sens, un auteur orphique regroupera dans son art, le plus souvent dans l'écriture, ce qu'elle appelle cinq langages orphiques ou systèmes formels: le *rituel* et la danse, les *arts plastiques* et les formes visuelles, la *musique* et le rythme, les *mathématiques* et la *Parole*. Il agira donc sur un mode analogique, associatif, en joignant les contraires, en les dépassant dans une nouvelle unité. Cette pensée analogique sera à l'origine d'une série de relations en miroir, le domaine orphique étant selon E. Sewell celui où le mythe se reflète lui-même. Comme je le suggère dans ma thèse sur Simon, l'artiste orphique rejoindra les tendances apolliniennes avec les phénomènes dionysiaques, en réconciliant les contraires, les tensions entre Eros et

[5] New Haven, Yale UP, 1960

Thanatos, ce dont parle aussi Walter A. Strauss[6]. D'après lui, cette *coincidentia oppositorum* très orphique s'adapte parfaitement à la métaphysique de Héraclite, pour être développée dans une nouvelle "logique mathématique" par Nicolas de Cusa (1400-1464)[7].

En ce qui concerne l'"histoire" du mythe orphique, E. Sewell de même que W. Strauss rejoignent les conclusions dans la plupart des recherches qui y voient trois phases, trois étapes principales qu'on peut essayer de placer temporellement mais qui apparaissent très souvent de façon conjointe, parallèle, se relayant, se remplaçant ou bien se complétant mutuellement. J'y accorde foi moi-même, en croyant que ces phases dénotent et reflètent les grands mouvements spirituels et les changements idéologiques de l'antiquité grecque. D'autre part, ces mêmes phases sont comme reprises, répercutées, sous forme modifiée, vers le futur, dans une sorte de continuité en spirale. C'est ce dont parle E. Sewell qui reprend les trois phases de l'orphisme grec pour les développer dans sa vision des trois retours en spirale, à partir de la Renaissance.

Dans la première phase du mythe "traditionnel", Orphée est considéré comme prêtre et mage *apollinien*. Dans la deuxième, l'élément féminin est introduit avec Eurydice - qui meurt prématurément et dont la mort afflige son époux. Cette phase est marquée par la *katabase*, la tentative d'Orphée de ramener "à la lumière du jour" sa bien-aimée. Dans la troisième phase, Orphée, pour des raisons complexes et qui ne sont pas vraiment explicitées, est *déchiré* par des Ménades, tandis que sa tête continue à chanter, comme nous le savons[8]. M. Eliade définit l'art du début de ce siècle, avec le cubisme, la musique dodécaphonique etc., comme typiquement "déchiré"[9], traduisant et reflétant la "décomposition" qui précède presque nécessairement une nouvelle reconstitution,

[6] W. Strauss, *Descent and Return. The Orphic theme in modern literature*. Cambridge, Harvard UP, 1971, p.11. Strauss cite H. Marcuse, *Eros and Civilization* (1955)

[7] W. Strauss, p.15.

[8] Outre E. Sewell et W. Strauss, voir : *Paulys Realencyclopädie der Klassischen Altertumwissenschaft*, Stuttgart, 1950.

[9] M. Eliade, *Aspects du mythe*, Gallimard, 1963.

reconstruction des "pièces dans un nouveau tout". Pour revenir à E. Sewell: chez elle, la phase apollinienne du mythe est comme reprise, "réincarnée" par la Renaissance; le cheminement "entre les deux mondes" qui, à ce niveau, s'excluent mutuellement, se manifeste vers la fin du XVIIIème et au début du XIXème siècle, alors que le déchirement, plutôt dionysiaque, prend place au début de notre siècle.

La plupart des théoriciens de l'orphisme, E. Sewell et W. Strauss en l'occurrence, s'arrêtent, dans leurs analyses respectives des auteurs, plutôt dans la première moitié de notre siècle. Ce qui représente un défi particulier pour ma propre recherche, c'est de voir dans quelle mesure il y a "continuité dans les contrastes", dans les divergences. Il s'agit pour moi de définir en quoi consiste la nouveauté du mythe orphique chez Butor, et ce qui justifie toujours la filiation de cette littérature avec l'orphisme comme mode de pensée. Il ne faut pas oublier que le mythe d'Orphée est conditionné par le mode "hermétique", mercurien en même temps, dans plusieurs acceptations des termes. La littérature qui est associée à ce mythe est par conséquent "difficile", "hermétique", tout en réussissant à "relier les mondes". Il s'agit de voir si, dans le cas de Butor, ce cheminement entre les "mondes différents" relève de ce que j'appellerais "l'intermédialité", l'aspiration douloureuse vers "l'autre", le "déchirement" entre des modes d'existence différents, ou bien, si cette dualité/pluralité est en quelque sorte dépassée dans une expansion vers le tout, vers une "vraie" globalité, "vraie" attitude holistique (holos, gr. = le tout). C'est là que je verrais la modification profonde de ce mythe qui porte en lui-même et qui incarne, selon W. Strauss, le processus de la remise en cause perpétuelle, de la croissance intérieure plutôt que l'expansion vers l'extérieur. La littérature n'est-elle pas toujours "prophétique" d'un état de pensée, d'un mode cognitif à venir, à être développé - ou présent sous forme dormante, sous-jacente?

Pour qu'il y ait une quatrième phase du mythe orphique dans l'époque actuelle, il ne suffirait pas, à mon avis, que les "pièces éparses" se réorganisent autour de ce noyau légendaire qui "continue son chant". Il faut une restructuration globale du mythe que je verrais dans l'exploitation de la dimension ana-logique de l'écriture contemporaine, avec l'introduction d'une "nouvelle logique" présente, d'ailleurs, dans toute notion mythologique, dans tout mythe, mais considéré dans sa plénitude. Pour qu'il y ait "vrai" changement, le "tout" doit être pris en compte, sans "déchirement intérieur", "séparation entre les mondes différents". L'ancien n'est pas rejeté, il n'est "que" restructuré, métamorphosé à fond, en accord avec la nature fondamentale de ce mythe, comme nous l'avons déjà vu par exemple chez W. Strauss.

Butor est, selon moi, *orphique* d'une façon tout à fait particulière. Mettons de côté, pour le moment, ses aspects "mythographique", "alchimique", "hermétique", ou encore "égyptien" tels que nous les voyons par exemple dans *Portrait de l'artiste en jeune singe*. Ils participent tous ensemble et chacun en particulier à ce qu'on pourrait rapprocher aux différentes étapes du mythe orphique. Je pars évidemment du présupposé ou de la notion acquise que le côté mythographe d'un *écrivain* se lira, se traduira de préférence et tout particulièrement à travers le mythe orphique. Orphée comme "patron" de la poésie/ de l'écriture, soit, mais aussi Orphée porteur d'un certain niveau de conscience, d'un certain type de perception du monde - d'une façon de penser, comme le dit E. Sewell. Si Dällenbach affirme[10], au sujet de la *Modification*, qu'"*Il n'est plus de mythologie que littéraire*", c'est qu'il confirme en quelque sorte les positions dont il semble vouloir se distancer - celles d'un Eliade qui, en expliquant le processus de la désacralisation du monde occidental, considère que seuls les arts peuvent servir de réceptacle privilégié et aussi gardien de ces trésors que sont les mythes, pour en conférer le message, à l'heure actuelle, maintenant sous forme "hermétique", symbolique, à qui voudra s'engager sur la route des arts (de la littérature). L'affirmation "*Il n'est plus de mythologie que littéraire*" invertit donc la négation - puisque la littérature est toujours mythique, elle est par définition "orphique".

Je persisterai pour un moment encore dans ce triangle - trilogue - entre le texte de Butor, les conclusions qu'en dégage L. Dällenbach et ma propre pensée. Je dirais que la décision de Delmont, dans la *Modification*,

[10] *Le livre et ses miroirs dans l'oeuvre romanesque de Michel Butor*, Archives des Lettres Modernes, VIII, no. 135, 1972, p.37.

de se mettre à écrire son propre livre après s'être (intérieurement - mais cela suffit déjà!) séparé de Cécile relève plus que tout autre d'une attitude que je qualifierais d'orphique. Le voyage entre Paris et Rome est tel le cheminement d'Orphée entre les *deux* mondes; Rome est perçue comme ce lieu "originel" auquel Delmont (et avec lui l'homme du XXème siècle, à en croire Butor) a tendance à assigner une importance que la ville ne peut plus recouvrir, notamment celle du *centre*, de l'ombilic, de l'*axis mundi*. Malgré la possibilité de recouvrement partiel et des correspondances, donc malgré la présence de Rome à Paris et vice versa, Paris imite, dans son architecture, les oeuvres qui ont servi, à un moment donné, à la "centralisation", de même que les peintres admirés par Delmont, à savoir Poussin, Lorrain, sont perçus comme puisant à ce centre, à cette source d'inspiration, dans un au-delà encore très orphique. La créativité, comme le suggère Dällenbach, vient à titre de remède, après la constatation de l'impossibilité d'aboutir au salut (de l'âme) à travers "l'amour fou". Nous avons donc affaire à un centre qui est ailleurs et qu'on démystifie aussi. Selon Dällenbach, cette prise de conscience est en elle-même source de démystification. Je dirais ici: démystification de notre propre procédé de penser, qui consiste à projeter des valeurs sur un objet, ce qui mène à la *création* d'un *mythe*, celui-ci restant *pertinent* tant qu'on lui prête foi.

Pour revenir à ce centre qui est ailleurs: il relève selon moi d'une croyance très profonde qui a toutes les caractéristiques d'un mythe: la femme est inaccessible, alors que l'homme, le chercheur (Léon) est voué, croit être voué au vieillissement - donc à la mort. Il voudrait échapper à ce processus en s'accrochant à ce qu'il croit être sa fontaine de Jouvence (Cécile). Sa rédemption consiste à écrire ce livre qui est un livre des désirs inassouvis, de l'aspiration vers l'inaccessible - qu'il identifiait, pendant un moment, avec la femme, l'Idéal féminin.

Il s'agit au fond du conditionnement même de ce que j'ai appelé plus haut la deuxième phase du mythe orphique, celle du cheminement entre les deux mondes - de la katabase qui, pour Delmont aussi, sera cette prise de conscience de son être profond, en dehors du voyage effectué. Orphée se retourne pour regarder en arrière - ce geste auquel on continue à chercher une explication plausible et vraiment convaincante - et parallèlement, Léon cherche son salut dans les valeurs du passé, dans une certaine image de la femme et du monde, et *bien sûr*, il *perd* son Eurydice. N'est pas fortuit le rappel d'Orfeo de Monteverdi (que Léon écoute à la radio, à Paris), et, au même endroit, l'évocation de Virgile (p.68) ainsi que de la peinture. La femme tellement désirée, qui est la source de notre inspiration, ne peut l'être que dans la *séparation* - la *mortalité*, l'au-delà. La nature précaire de cette source sert de point de départ à sa "restitution littéraire" - et donc mythique par excellence. La créativité qui se nourrit de la perte, de la séparation, de la *souffrance*[11] - voilà une croyance très "orphique". C'est comme si la souffrance, l'isolement, le retrait (Dällenbach), la perte de l'être aimé étaient les conditions *sine qua non* de la créativité. Voilà un paradigme qui, toujours dans le cadre des symboles orphiques, semble appeler le "démembrement", le sparagmos, donc l'éparpillement, le décentrement aussi. Rome n'est plus le centre, et ne peut plus l'être - de même qu'aucun lieu "géographique", "tangible", ne peut plus, à mon avis, et dans ma vision du changement des paradigmes, porter ce poids pour et à la place de l'humanité, pour et à la place de la civilisation occidentale. Nous projetons un centre en dehors de nous, comme le fait Léon, nous le rejetons lorsque nous découvrons qu'il n'est "plus" adéquat (sans penser qu'il ne l'a probablement jamais été, ou mieux, qu'il n'a pu l'être que tant que nous lui avons prêté notre énergie). Et nous créons à partir de ce rejet, de cette déception.

Butor indique un état de choses, prête sa propre énergie à certaines croyances, mais indique en même temps, dans la *Modification* en particulier, que ce mode de vie n'est pas vraiment valable. Dällenbach se demande, tout en suggérant cette solution, si on peut encore compter sur la créativité, sur ce livre à écrire dans le cas de Léon, pour notre salut. Je dirais qu'au lieu de placer cette possibilité dans l'avenir, je la placerais dans le passé, comme quelque chose qui *n'est plus* possible. Butor lui-même semble très bien comprendre qu'il s'agit là d'un

[11] Ch. Segal, *Orpheus*, Johns Hopkins, 1989.

paradigme dépassé qu'on continue néanmoins à nourrir. Chez lui, pourtant, cette réalisation, voire manifestation de la "deuxième phase" du mythe orphique ne semble pas être la seule possible. Je pense surtout au *Portrait de l'artiste en jeune singe* que je lis comme une manifestation très claire de ce qu'on pourrait appeler "l'hermétisme" à des niveaux différents. Le monde mythique y est évidemment bien présent - la pensée analogique y est fortement opératoire, surtout dans le cas d'un autre type de *katabase* - ici, celle d'un voyage entre le monde "réel" et celui des "rêves". Ce magnifique "conte de fées", "conte fantastique" du jeune étudiant du Saint-Empire trahit encore la recherche des lieux sacrés, des omphaloi. Il représente la descente dans un certain type de passé, de la mémoire collective, si l'on veut, et la remontée vers ce monde qui n'est pas plus réel, puisque lui-même vestige des temps passés, une sorte de réincarnation d'un cercle alchimique, hermétique, maintenu de force autour de ce centre qu'est la bibliothèque. Il me paraît intéressant de constater qu'elle est déjà le centre-décentré, démembré dans ces particules infimes que sont les livres. Ce "rêve vivant" une fois terminé placera ses actants dans une autre réalité encore: le comte deviendra un employé de banque, pour servir l'argent après avoir donné son énergie à l'occulte. Sur le plan "architectural" (épithète utilisé par Léon Roudiez, dans sa lecture de Butor) et qui est (comme d'autres textes non seulement de Butor mais du Nouveau Roman en général) porteur des dimensions symboliques, je dénote dans le *Portrait* une série de rappels au mercure/Mercure[12] - le 7 étant le nombre d'Hermès et donc aussi le sien. Comme nous le savons, il y a 7 chapitres de la partie "Saint-Empire" - intercalés dans ceux qui décrivent la visite en Franconie[13]. Dans chacun de ces chapitres, il y a mention double (chaque fois modifiée) et progressive des intervalles musicaux - jusqu'à la septième, dans le septième des chapitres. Bien sûr, les "langages orphiques" (Sewell) cités plus haut y sont tout le temps

[12] Dans *L'Emploi du temps*, Jacques Revel commence son journal - comme le signale Dällenbach - le mercredi 4 juin - le mercredi étant le jour d'Hermès, 4ème de la semaine. L'écriture est donc générée par l'énergie mercurienne, énergie des passages, de la communication entre les mondes - énergie orphique, puisque manifestée dans l'écriture.

[13] Jennifer Waelti-Walters, dans son livre *Alchimie et littérature*, Denoël, 1975 (p.35 sq) attribue elle aussi une grande importance à cette distribution des chapitres du Voyage, de ces 8 parties qu'elle associe à la "réalité" (autobiographique) où s'insèrent les 7 parties du "rêve".

présents et à l'oeuvre - la musique répondant aux couleurs, aux "rites de passage", et à la science (même occulte), le tout à l'enseigne de l'écriture. Mais ce sept, la tension de la septième dissonantique (dans la gamme pythagoricienne!), appelle comme une solution, un déversement dans la consonance qui, dans le texte, est indiquée d'abord par le "retour à la réalité", ce huitième chapitre du Voyage, le dernier à encadrer le "conte de fées". En outre, et tout à la fin, cette dissonance semble appeler le chemin à prendre presque inévitablement, vers l'Egypte. Le 7 qui mène en Egypte est, dans ma compréhension de la pensée mythologique, cet Hermès qui sert de guide, encore une fois, mais là, vers les sources mêmes de l'orphisme, vers "l'au-delà" de l'orphisme qu'est, à en croire l'intuition de chercheurs différents, l'hermétisme, celui de Hermès Trismégiste égyptien. S'agit-il d'un retour aux sources, pour la découverte d'autres dimensions, d'autres paradigmes dans la conception du monde? Vers l'unité première ou bien seulement une des étapes dans la recherche des autres centres possibles? Pour découvrir que le "génie du lieu" est présent dans de nombreux lieux, pour nous apprendre le recentrement-à-travers-la prise-de-conscience-du-décentrement/démembrement-du-tout?

Centres interdépendants? *Mobile* jouant dans un ensemble significatif - comme les mobiles de Calder qui seuls ensemble peuvent assurer l'équilibre? La collaboration - la co-présence des centres, relation qui devient non plus exclusion d'un élément au détriment d'un autre, communication qui est co-existence... Est-ce pour cette raison, dans la perception intuitive de ces dimensions, que Butor n'écrit plus de romans - puisqu'ils reprennent tous, on dirait presqu'inévitablement, l'échec relationnel générant l'écriture - processus s'il en est, mais toujours à l'intérieur du paradigme de la séparation/souffrance-conditionnant-la-créativité? Et est-ce pour cette raison qu'il chemine - dialogiquement - dans d'autres domaines de la créativité, pour se retrouver, au-delà des dialogues avec l'extérieur, dans son propre dialogue intime - en poésie?

Je dénote chez Butor la présence de différents paradigmes de pensée à la fois - ce qui est d'ailleurs un des symptômes de la crise du monde occidental dont il parle lui-même dans la *Modification*. Il y a présence du passé, des valeurs établies, désir d'y rester, d'y séjourner encore (que nous décelons dans le regard en arrière de Delmont) - mais quand on aura suffisamment creusé dans le passé, que découvrira-t-on pour le futur? Il y a, dans le passé, des germes incontestables de nouveau, puisque dans la vision mythique, le temps existe et n'existe pas (dans la cohabitation des contraires) et que tout est présent à la fois. Mais - et là, je me pose moi-même des questions sur la portée de la restructuration des valeurs à la fin de notre millénaire - il faut être très attentifs et vigilants pour bien discerner entre ce qui nous permet vraiment de nous engager vers un nouveau paradigme et ce qui maintient l'ordre établi des choses. Entre ses Scylles et Carybdes, j'essaie de discerner, dans l'écriture de Butor, les germes de la vision prophétique (un pléonasme?) à mon avis lisible dans cette oeuvre, même si on ne la perçoit que très vaguement... - je ne puis m'empêcher de faire appel à cette magnifique image d'*Orion aveugle* de Poussin citée et employée par Simon (peintre cher à Butor aussi) qui, à tâtons, - et à grands pas - *(coincidentia oppositorum)* cherche son chemin vers la lumière qui, elle, semble rester inaccessible, la constellation (le chercheur) s'éclipsant pourtant pour laisser la place à une nouvelle journée...

Donc, créativité nouvelle avec *Eurydice présente*, les deux (ou la pluralité des) *Mondes présents*, et non pas créativité à la place de l'amour - créativité et amour - les dialogues de Butor avec les autres arts, avec le Monde, ne partent-ils pas d'une position d'amour? Avec ce cheminement qui ne l'est plus, puisque tout est présent et accessible dans ce *Tout-polycentré* auquel je participe moi-même avec mon propre centre...

Ce but est-il vraiment atteint, dans l'écriture butorienne? Je dirais qu'il l'est peut-être davantage dans cette série de réflexions "dé-centrées" des essais, par exemple dans les *Répertoire* qui voyagent d'un art à l'autre, d'un mode de pensée, d'un système cognitif à l'autre, pour former un tout épars, re-centré d'une façon nouvelle. Je dis davantage - par rapport à l'ensemble romanesque, et surtout à *Degrés*. Pourquoi ce roman de 1960, après ce que je viens de dire au sujet de la *Modification* et de *Portrait de l'artiste en jeune singe*? Dans *Degrés*, je retrouve ce *trois* qui se déverse dans le *quatre* dont j'ai parlé au début, le triangle masculin entre Pierre Vernier, Pierre Eller et Henri Jouret entouré par la dimension féminine (symbolisée par le 4!), par Micheline Pavin. A côté d'elle, tout un panaché de "femmes au foyer", mères nourricières, Mme Eller, Mme Jouret, mais aussi femmes disparues - Mme Mouron - ou bien mourantes - Mme Bonnini représentant à mon avis un bel exemple du mythème d'Eurydice, ce qui dans le texte est souligné par les lectures de Dante et l'affliction de M. Bonnini. Mais encore: femmes adultères - Mme Fage, peut-être Elisabeth Bailly, femmes qui rompent avec les "mythes familiaux", en ces années 1953-55, femmes sacrifiées - Claire que René Bailly n'épousera pas après son divorce; ou encore femmes se sacrifiant - pour revenir à Micheline Pavin. Pierre Vernier opte pour ce qu'il croit être la créativité, c'est-à-dire sa façon de vouloir remettre en ordre le monde qui tombe en morceaux (Rilke). Il le fait pour conjurer la stérilité qui le menace. Il le dit bien lui-même: soit l'écriture soit le mariage. Il ne réussira complètement ni dans un sens ni dans l'autre. Sa progression dans l'écriture est accompagnée par la lente construction de la relation avec Micheline, *inspiratrice*, ange gardien, support et contrôle, *présente* autant que possible. Cette femme qui s'efforce de sortir l'homme de son enfer intérieur, comme l'essaie aussi Claire par rapport à René Bailly, est tel l'Hermès féminin, guide vers un autre monde. N'oublions pas que Claire est artiste et qu'elle travaille pour Hermès - travaille pour? - à titre d'"artiste de second rang", de divinité secondaire, en voie de désacralisation et de resacralisation?

L'intermédialité dont je parle plus haut ne semble pas être dépassée, dans *Degrés*, à considérer les niveaux différents de communication entre les actants du roman. Rien n'est vraiment accompli: le mariage entre Pierre et Micheline n'a pas lieu, le livre sur lequel Pierre a travaillé a totalement échappé à son contrôle. Pierre, même s'il est "mortellement blessé" par ce processus qui représentait son salut, n'est pas mort à la fin du roman. Son désir de conjurer le monde par le biais de l'écriture a débouché sur un presque-échec (dont parle Dällenbach aussi) et une rupture presque totale avec le "noyau", la "famille" (symbolique, encore). A la fin du roman, pourtant, lorsque les quatre actants principaux se retrouvent - trois hommes et une femme, ou encore, trois personnes en "bonne santé" entourant le "malade" (le mourant?), les distances, la séparation, la rupture, sont abolies, au moins pour un moment. Pierre Eller a pardonné à son oncle Pierre Vernier. Tous les quatre se sont sacrifiés et ont été sacrifiés, en quelque sorte, mais le sacrifice n'est ni décisif ni absolument fatal. Nous sommes bien sûr dans un monde désacralisé (l'impact de l'église - pour les scouts - ou au lycée est arbitraire) mis en miroir par rapport à d'autres "sacrifices littéraires", ceux de l'*Iphigénie* de Racine ou encore dans Euripide ou Homère. Chez Racine déjà, il y a la possibilité de sauver celle qui était désignée pour le sacrifice. Rien n'est donc décisif, aucun mode de pensée n'est immuable, aucun système de valeurs n'est inébranlable.

Reste la question des centres, de ce "qui parle?" prononcé par Pierre Vernier tout à la fin de *Degrés*. Ce "ni tout à fait [le] même, ni tout à fait [un] autre", avec ce moi-cédant-la-parole-à-ce-toi-et-à-ce-il, à ce "je est un autre" tel que mis en oeuvre par Butor, engage notre écrivain dans une direction parfaitement dialogique, voire polyphonique. Ce dialogue/trilogue/polylogue s'étend bien au-delà du triangle "masculin" de base (avec Micheline Pavin comme "cercle" féminin entourant le triangle). Cette construction dialogique déploie ses tentacules, si je puis m'exprimer de la sorte, dans les cinq systèmes orphiques suggérés par E. Sewell. Les retours perpétuels aux mêmes éléments du récit, aux mêmes thèmes pivots (en dehors de cette leçon sur la découverte et la conquête de l'Amérique) sont comme un rituel, une incantation, une tentative de conjurer la langue - pour qu'elle livre ses secrets, pour qu'elle se laisse capter et qu'elle permette de capter le "Monde". Mais encore - ce cheminement perpétuel entre les matières "scientifiques" - surtout les mathématiques avec la géométrie, mais aussi la physique, la chimie (l'alchimie?) - et les "sciences humaines", entre le "logos" et le "mythos", trahit bien un auteur globalisant, orphique, selon mon appellation. En outre, les spirales qui s'ouvrent sans arrêt font communiquer entre eux des représentants des différents systèmes orphiques, le tout *concilié* à l'intérieur de la littérature - qui est, là, présente, malgré l'échec permanent qu'elle ne cesse de frôler...

Il reste à découvrir si cette Eurydice "incarnée" dans un texte ou bien uniquement à titre de symbole, parvient à concilier les mondes et les opposés, à ouvrir cette spirale centrifuge - multi-centrée vers la totalité, et dans quelle mesure cette totalité lui permet d'être captée dans une oeuvre d'art, dans un texte littéraire. En ce sens, tout reste à dire…

UNE ÉCRITURE DIALOGIQUE?

Lucien Dällenbach

Un écrivain assez audacieux pour faire de *vous* le protagoniste d'un de ses romans

Un écrivain qui pratique les textes en dialogue, et de plus en plus les oeuvres en collaboration

Un écrivain à l'écoute des voix de la Cité et de notre polyphonique Babel planétaire

Un tel écrivain, comme dirait W.C. Fields, ne saurait être foncièrement monologique...

En question, donc: le dialogisme effectif de Michel Butor, dans la mesure où une écriture "en préfiguration" sera dialogique ou ne sera pas.

Parmi d'autres tests possibles, j'ai choisi d'évaluer le rapport à Balzac et présente ci-dessous les traces d'un parcours effectué oralement à moins grandes enjambées.

Pourquoi Balzac?

D'abord parce qu'il est pour Butor sinon le plus classique de ses Classiques, du moins celui avec lequel le commerce n'a pas cessé, puisqu'après les célèbres articles des premiers *Répertoire*, il y revient dans son enseignement (cours sur les *Récits philosophiques* en 1980, sur "La ville chez Balzac" en 1986, sur "Les femmes de Balzac" en 1989) et qu'en référence ludique au *Traité des excitants modernes*, il a signé il y a deux ans une fantaisie intitulée *Scènes de la vie excitante*...

Ensuite parce que cette pièce-maîtresse du réseau intertextuel butorien est, du point de vue qui nous intéresse, un point très sensible, l'objet d'un enjeu

Un centralisateur, un unificateur, un moniste (raison pour laquelle on en fait un repoussoir et un épouvantail)

Tel est le Balzac stéréotypé

Aux antipodes de la relativité moderne, du principe d'incertitude, de l'écriture fragmentaire.

Abondent dans ce sens la quasi totalité de la critique contemporaine et singulièrement le Nouveau Roman historique, qui avait besoin d'une tête de Turc pour se fonder.

Omniscient, monolithique, tout se tient, texte plein, pas de vides, sorte de gigantesque et génial *demeuré*.

Hypothèse, à partir du principe "qui peut le plus peut le moins": s'il s'avérait que Michel Butor parvient à imposer l'idée d'un Balzac dialogique, preuve serait faite qu'il porte à ce point le dialogique en lui qu'il rend dialogique tout ce qu'il touche...

Le fait est qu'il voit en lui un *tremplin* pour la littérature contemporaine et que se dégagent entre eux - à le lire - un certain nombre de points de convergence.

Même capacité d'invention de structures, plus précisément: de structures ouvertes et complexes alliant la programmation stricte et la liberté d'action du lecteur (ainsi, comme *Votre Faust*, la grande galaxie balzacienne qui, selon Butor, est un *mobile*, pourrait très bien s'intituler *Votre Comédie humaine*, puisque l'ordre de lecture qu'on adopte la profile à chaque fois différemment.

Même exploration méthodique de tous les genres et de tous les modes narratifs.

Même intérêt pour le livre comme objet et la technoscience susceptible d'en révolutionner la facture (Les "Immatériaux").

Même souci de totalisation (si Balzac écrivait à Mme Hanska "Je suis condamné à tout représenter sous peine d'impuissance", on se souvient que dans une interview célèbre Sartre avait déclaré en substance: de tous les nouveaux romanciers, Butor est le seul à avoir le sens de la totalité) et, de pair avec ce souci de globalisation et de saturation (faire des listes pour ne rien oublier!), la même nécessité de bricoler une oeuvre par fragments.

Même hantise *borderline*, c'est-à-dire même obsession de marquer les frontières et de les franchir par transgression et métissage (Bibliothèque, Medias également), même tentative d'intégrer ce qui, du dehors, hante le dedans, d'où cette véritable passion de l'altérité et des minorités chez l'un et chez l'autre même si chez Butor, elle est plus attentive aux différences, plus ethnologique aussi (elle ouvre sur un dialogue des cultures) et même si chez lui la prise en compte du rejeté ou du marginal passe par une intériorisation (de la femme, de l'homosexuel, de l'Indien, du Noir, de l'Aborigène) qui, souvent, va jusqu'au transfert.

Même effort pour articuler la fiction sur un intertexte non fictionnel et un contexte culturel au sens le plus large.

Même diagnostic porté sur une société fissurée et malade du Centre (lire *La Peau de Chagrin* à la lumière de *la Modification* ou de *Boomerang*) et ceci amenant cela, même perspectivisme, même approche relationnelle, chaque être et chaque chose n'existant qu'en rapport et par rapport à une autre réalité (les Parisiens en province, les Provinciaux à Paris, Paris dans Rome, Rome dans Paris, la France telle que se la représentent les journaux australiens, Genève vue de Lucinges) - d'où une conception du monde et du livre foncièrement anti-hiérarchique et multipolaire.

Même optimisme, enfin, quant à la vertu thérapeutique et je dirais politique de la littérature.

Conclure cette énumération par le *quod erat demonstrandum* qui clôt la dantesque description de Paris au début de *La Fille aux yeux d'or*?

On l'a vu: ce qui retient d'abord (voire exclusivement) Butor dans Balzac, ce qui fait de lui un *tremplin*, c'est le mobile ou le moteur central de son oeuvre, à savoir son extraordinaire capacité structurale d'articulation et de mise en communication tous azimuts.

En d'autres termes: ce que Butor admire par-dessus tout chez Balzac, c'est sa dimension dialogique méconnue, qui fait de lui précisément un Moderne.

La différence entre eux - car différence il y a - n'est donc pas de visée, mais de degré et d'échelle si je puis dire, encore qu'on assiste chez Michel Butor, où la carte de France s'ouvre maintenant sur l'Europe et la planète, à une volonté plus audacieuse de reculer les limites de tous ordres et pas seulement géographiques et culturelles - de passer du côté de l'inconscient par exemple, d'essayer le délire contrôlé et d'expérimenter des "espèces" autres que sociales, comme en témoigne par exemple le rêve (hugolien cette fois) du devenir-animal (*Le Chien-Roi*) ou végétal (*Herbier lunaire)* - cette différence suffisant d'ailleurs à expliquer que pour être Balzac aujourd'hui, autrement dit pour écrire une *Comédie humaine planétaire*, il est paradoxalement indispensable de renoncer au roman, et cela par fidélité au roman lui-même, puisque ce qui a toujours défini le roman comme genre et comme geste d'écriture, c'est précisément son ambition totalisante et dialogique, et que pour satisfaire à cette ambition, le roman doit aujourd'hui se saborder lui-même au profit de formes moins étriquées, mieux adaptées à des coordonnées spatio-temporelles à la mesure du monde, plus capables, aussi, d'articuler le texte sur l'intertexte général de la Cité et du Globe (Michel Butor l'autre soir au Café: "je porte un globe dans ma tête...") et de faire résonner des voix multiples, plurilingues, et inharmonisables.

Titre rétrospectif: Butor avec Bakhtine? Butor: le plus bakhtinien des écrivains d'aujourd'hui? En ce qui concerne la dimension intertextuelle de l'oeuvre, cela ne fait aucun doute.

Quant au dialogisme, c'est là précisément toute la question, d'où un ultime rebondissement de l'enquête. En effet: ne faut-il pas qu'une condition essentielle soit remplie pour qu'une écriture puisse être dite dialogique? Au terme de nos analyses, un résultat me semble acquis: l'écriture butorienne est essentiellement - compulsivement, pourrais-je dire

- intertextuelle et *dialogale*. Mais pour ouverte à tout qu'elle paraisse, cela suffit-il à la rendre *dialogique* au sens strict que Bakhtine et, aujourd'hui, la psychanalyse, donnent à ce terme?

Pour faire bref: le sujet butorien reste-t-il classiquement un sujet cartésien autarcique et maître de soi, comme aussi des dialogues qu'il noue? Est-il au contraire ébranlé - et d'abord: *constitué* - par l'intertexte et le dialogue qu'il met en oeuvre ou plutôt, qui le mettent en oeuvre?

Mesurée à cette aune, l'écriture butorienne ne serait-elle qu'apparemment dialogique et jouerait-elle à se faire valoir par la convocation d'images de l'autre qui seraient autant d'images de soi idéalisées, gratifiantes et avantageuses (celles du Poète, baudelairien ou non, de l'Aborigène, de l'Indien...) - qui seraient donc autant de miroirs et qui en réalité ne la feraient pas sortir d'elle-même, c'est-à-dire de la "littérature"?

Je crois au contraire qu'avec l'écriture butorienne les miroirs se brisent dans la mesure où le rapport à l'autre - fût-ce souvent sur le mode de la dénégation et du retour du refoulé - est bien ici un rapport qui altère, qui *modifie*, et je voudrais en administrer quatre fois la preuve, sans m'en tenir à l'exemple commode de *la Modification*.

Preuve par l'éclatement.- Alors qu'on persiste à présenter l'entreprise butorienne comme un "projet" globalisant et méthodique qui, à ce titre, doit composer avec le fragment, tout se passe comme si, par impossibilité de programmer l'improgrammable ou, peut-être, par retour de boomerang, ce *work in progress* s'était désagrégé avec le temps et peu à peu mué en nébuleuse - c'est-à-dire en un ensemble flou, où les relations entre le tout et ses constituants ne sont plus évidentes ni gérables. Avec la crise de savoir et l'échec du désir hégémonique de maîtrise (le fameux "césarisme" butorien) qu'elle emporte avec elle, une déstabilisation de cet ordre conteste les prétentions d'une signature et rend dialogique jusqu'à "l'esprit de clocher".

Preuve par la souffrance.- Un des signes qu'on a bien affaire à la réalité de l'autre est qu'elle est dérangeante et que tout à la fois elle fait mal parce qu'elle détruit les images qui vous collent à la peau et vous libère - pour les mêmes raisons. Or l'autre est toujours chez Butor celui qui fait *le plus mal*, qui désapproprie, qui *déloge*, dans tous les sens du terme (*Gîte*), qui va à l'encontre de ce que nous avions imaginé et attendu, qui fait de vous les *jouets du vent*, qui par-delà les blessures narcissiques ou non vous déstatufie et vous rend libres comme l'air.

Preuve par le choix obstiné de la difficulté la plus grande - celle qui constamment remet en question l'élan acquis, la gloire conquise, quitte là aussi à creuser le fossé entre créateur et grand public et à payer le prix fort de la solitude - pis: à donner à certains le sentiment de l'échec pour n'avoir pas voulu récrire indéfiniment *la Modification* (comme Balzac, à qui on ne cessait de le réclamer, se refusait à refaire perpétuellement *Eugénie Grandet*). Passe ici, avec Cézanne et Picasso, le fantôme de Frenhofer, figure emblématique de l'artiste surdoué et méconnu pour avoir voulu aller jusqu'au bout de son art.

Preuve enfin par le fait que cette oeuvre affecte et transforme non seulement son producteur, mais ses lecteurs, et que son efficace serait sans doute moins vive si l'écrivain s'était voulu plus directif et n'avait pas pris le temps, en surréaliste non repenti qui sait que la littérature a toujours partie liée avec une tache aveugle, de s'émerveiller des surprises que réservent, parfois, les machines célibataires.

LA FICTION AUTOBIOGRAPHIQUE: *LE RETOUR DU BOOMERANG* DE MICHEL BUTOR

Béatrice Didier

I

Quel est le destinataire du texte autobiographique? Question que l'on est amené à se poser immanquablement, puisque à partir du moment où on lit un texte, on devient, quelles qu'aient été les intentions de l'auteur un destinaire de fait, sinon de droit, et que le texte ne prend de réelle existence que par la lecture. Pendant longtemps le destinataire du texte de nature autobiographique a été entouré de mystère, du fait que les écrivains se refusaient, en général, à une publication de leur vivant. Le texte qui prend une valeur inaugurale et en quelque sorte mythique dans l'histoire de l'autobiographie, les *Confessions* de Jean-Jacques Rousseau, n'a été publié qu'après sa mort. Chateaubriand se désespère parce que le goût du lucre du journal *La Presse* l'amène à faire entendre sa voix avant l'outre-tombe. Cependant cette pudeur est déjà le fait d'un homme de l'autre siècle, et les romantiques commencent à publier de leur vivant leur autobiographie, non sans provoquer des déceptions s'ils n'en disent pas assez, c'est ce que l'on reproche à George Sand, ou des scandales s'ils en disent trop. La publication de *Si le Grain ne meurt*, au XXème siècle provoque encore des réactions. Pour les correspondances, il est d'usage aussi de les réunir *post mortem*, quitte à faire quelques exceptions pour une lettre-manifeste qui, en fait, avait été écrite pour un périodique ou encore pour des groupes de lettres jugées d'un intérêt général. Quant au journal intime, il est le plus long à prendre droit au statut d'oeuvre littéraire et ne l'a guère conquis que ces dernières années. Son caractère "non littéraire" et son "intimité" expliquent que la publication soit toujours différée, sinon franchement éludée. Il n'est que de voir les réactions que suscitent à la fin du XIXème siècle la publication des textes utobiographiques de Stendhal. On reproche aux courageux éditeurs qui se sont lancés dans le déchiffrement des grimoires de Grenoble, de ne pas avoir servi la gloire de leur auteur en livrant au public des textes qui ne sont pas mis au point, qui sont trop intimes, etc.. et l'on englobe dans cette réprobation aussi bien *La vie d'Henry Brulard* que le journal. Nous sommes d'ailleurs encore loin d'une édition intégrale. Il faut rappeler brièvement ces données historiques, même si maintenant l'habitude a été prise de publier autobiographies, journaux, correspondances, du vivant de leur auteur. Cette habitude d'ailleurs, quoi qu'en disent les auteurs, change probablement en profondeur la nature même des textes. Mais ce n'est pas là exactement notre objet, quoique cela nous y amène. En effet l'idée de la publication ne peut absolument être absente au moment de l'écriture, dès lors que l'écrivain sait que son texte risque d'être publié dans un proche avenir, le destinataire devient le public de ses contemporains. Ainsi éclatent les distinctions traditionnelles entre divers types d'écriture du moi. Entre autobiographie, journal et lettre, même si finalement ces trois genres permettaient également l'expression du moi, ce qui les distinguait essentiellement, était justement l'étendue du destinaire. Dans l'autobiographie, il est d'une étendue maximale, et risque de devenir mal défini: Stendhal s'adresse au lecteur de 1885 ou de 1935, mais s'interroge: qui sera ce lecteur? sera-t-il sans préjugés? quelles seront ses idées? Questionnement stimulant, mais sans réponse. Dans la correspondance le destinataire est défini et en principe unique: on écrit à tel ami; l'inscription de son nom et de son adresse sur l'enveloppe le définit, le circonscrit dans l'espace; mais il arrive que l'écrivain sache fort bien que sa lettre sera lue par d'autres, qu'il s'en réjouisse ou qu'il s'en indigne: groupe d'admirateurs, familles indiscrètes. Quant au journal intime, bien des diaristes prétendent ne pas avoir de destinataire, écrire pour eux-mêmes, envisagent tout au plus d'être lus par eux-mêmes, lors d'une relecture renvoyée à plus tard, peut-être jamais accomplie. Eugénie de Guérin adresse son journal à son frère Maurice qui est mort. Cependant cette absence de destinataire est plus ou moins hypocrite, ou du moins fantasmatique, à partir du moment où l'on écrit, on songe inévitablement à être lu, fût-ce par fraude.

On voit donc un certain nombre de décalages qui s'instaurent et qui sont remis en cause par la publication, entre plusieurs catégories que la critique moderne a définies, mais parfois de façon contradictoire si bien que l'on est obligé de définir soi-même le sens dans lequel on emploie les mots. Il faut donc distinguer trois niveaux: le lecteur "réel", moi qui suis en train de lire la *Vie de Henry Brulard en 1990*, du destinataire - nous entendrons par là le lecteur auquel pensait (de façon souvent mal définie, il est vrai) l'écrivain: ces hommes ou ces femmes de 1885 ou de 1935 tels que les imagine Stendhal, du narrataire enfin, cet interlocuteur fictif qui figure dans le texte même, ainsi quand Stendhal s'adresse au "lecteur bénévole" dans une sorte de "vocatif". A partir du moment où la lettre est "ouverte", faite pour une publication à brève échéance, par exemple, le destinataire devient ce public dans lequel moi lecteur actuel je peux me trouver englobé, il n'y a plus comme c'était de règle coïncidence entre le destinataire et le narrataire, cet ami auquel l'écrivain était censé s'adresser et qu'il interpellait dans sa lettre même.

Mais laissons les généralités, et venons-en à Butor et à ce texte autobiographique qu'est *Le retour du Boomerang* (P.U.F., 1988). Il faut rappeler brièvement les conditions de sa composition. Dirigeant une collection aux P.U.F., collection "Ecrits", que je ne voudrais pas de critique littéraire, mais faite de textes romanesques et/ou autobiographiques, je demande à Butor un texte. Nous en parlons à plusieurs reprises, mais j'ai l'impression qu'alors c'est encore un peu vague. Puis enfin, il m'envoie son texte sous forme d'un dialogue où je l'interroge et où il me répond. Mais c'est lui qui a écrit les questions et les réponses, et pour qu'il n'y ait pas d'équivoques j'ajoute en note en bas de la première page: "Michel Butor est le seul auteur de ce dialogue. Mais je souscris volontiers aux propos qu'il me prête". C'est la seule petite phrase en effet que j'ai écrite moi-même dans ce livre, et c'est peu! Mais je me rends compte que c'est assez ambigu, puisqu'à la fois je refuse de passer pour l'auteur des paroles que me prête Butor, mais que j'y souscris; je ne les ai pas dites, mais j'aurais pu les dire. Maintenant quand j'ouvre ce livre, je suis à la fois lectrice, destinatrice partiellement, et narrataire inscrite dans la page de Butor. Mais il est bien évident que même si Butor a la gentillesse de feindre de s'adresser à moi dès la rédaction, il s'adresse à ses lecteurs, à son public présent et futur. Il n'est pas du tout dans la situation de Stendhal qui se dit qu'un jour peut-être un éditeur publiera son texte; l'éditeur est là, c'est aussi cette première lectrice, cette première destinataire, cette narrataire: je le presse; je veux publier au plus vite, un texte qui donne du lustre à la collection que je suis en train de créer. Si c'est bien moi la lectrice et l'éditrice; et ces initiales qui me désignent comme narrataire et pseudo-destinataire du texte ce n'est évidemment plus exactement moi, c'est un signe d'écriture, un être de fiction déjà.

Avant de voir de plus près le fonctionnement du texte, rappelons une autre donnée importante, le titre lui même: *Le retour du Boomerang*; Butor revient, se réfère sans cesse, à un autre livre, autobiographique aussi, paru chez Gallimard. Ce système de référence a d'ailleurs posé des problèmes typographiques: comment faire figurer dans notre texte, cet autre texte purement référentiel: après avoir beaucoup hésité, nous avons finalement adopté la soiution d'inscrire ces références dans une typographie plus petite, non pas en bas de pages, mais formant comme des petits chapitres qui s'intercalent, entre les chapitres de dialogues entre Butor et la pseudo "Béatrice Didier", dialogues qui eux sont dans un "corps", comme on dit en typographie, supérieur. Autre difficulté, le texte de Gallimard présentait lui-même une grande richesse typographique, et l'utilisation de plusieurs couleurs. Nous n'avons pas pu reproduire dans ces références ces couleurs, tout est en noir, mais les couleurs interviennent, "rêve bleu", rêve rouge", de façon complexe d'ailleurs, nous allons y revenir.

Dans l'histoire de l'autobiographie, rares sont les "dialogues", quoique le dialogue puisse prendre des accents autobiographiques; il était traditionnellement le lieu de l'expression philosophique, depuis ce modèle qui a marqué toute l'histoire de la pensée occidentale: le dialogue platonicien; le dialogue, encore au XVIIIème siècle, est la forme agréable, ouverte, interrogative, que prend l'austère traité de jadis.

Il devient une arme dans la bataille philosophique, et Diderot s'en sert avec prédilection dans *le Rêve de d'Alembert* (comme Sade dans le

Dialogue d'un prêtre et d'un moribond); le dialogue est tellement dans sa nature même, qu'il crée le roman-dialogue avec *Jacques le Fataliste* et le *Neveu*; cependant, même si dans cette dernière oeuvre, "Moi" dialogue avec le neveu, on ne saurait parler d'autobiographie; ce n'est pas un récit de vie, c'est une discussion philosophique, et Diderot n'est pas ce personnage du philosophe: nous sommes dans le domaine de la fiction; les paroles de "moi" ne sont pas celles de "Denis Diderot", tandis que dans le dialogue de Michel Butor, il se désigne lui-même par son nom, ce qui, aux yeux de Ph. Lejeune, est la marque même de l'autobiographie; mais nous n'avons pas de déclaration liminaire pour nous affirmer qu'il y a bien identité entre ce "Michel Butor" auteur qui figure sur la page de titre, le "Michel Butor" qui figure dans le texte, comme personnage du dialogue et ce Michel que nous connaissons, ou croyons connaître. Nous n'avons que la page de titre.

Un texte autobiographique dialogué est une originalité, et qui nous fait sortir de toute une tradition de secret et de repliement de l'écriture autobiographique. L'écriture du moi, à l'époque romantique se faisait dans la solitude, s'il y avait dialogue, ce ne pouvait guère être qu'entre "animus" et "anima", entre un moi et un sur-moi (ainsi dans le journal d'Amiel qui se tance et se réprimande lui-même). Certainement l'habitde moderne de "l'interview" a changé profondément les mentalités. On interviewe à la radio, à la télévision; dans l'édition, on fabrique des autobiographies de "stars" qui seraient bien incapables d'écrire une ligne, en les interviewant; l'intervieweur est payé par l'éditeur pour fabriquer un texte qui paraîtra sous le nom de la star, évidemment plus commercial que celui de l'obscur tâcheron qui a fait le texte. Mais rien de tel ici. Notre "star" est tout à fait capable d'écrire son texte, et c'est bien ce qu'il a fait; mon statut est celui de "directeur de collection", et pas du tout de "rewriter", ni de co-auteur. Je n'ai rien fait, sinon de lire le manuscrit, les épreuves; je n'ai pas changé un mot, une virgule.

Il n'empêche, et c'est cela qui est intéressant pour l'histoire de l'autobiographie, que Michel Butor se sentait plus à l'aise pour se livrer - et nous sommes aux antipodes de la solitude romantique - si, dans la solitude de son bureau, il s'imaginait s'adresser à quelqu'un, quelqu'un qui le forcerait de se livrer. "Un livre où je me livre; c'est bien ça que vous voudriez?" demande-t-il pour que je confirme, ce qui effectivement était bien mon désir, mais était aussi le sien: "Exactement". Il a alors une réticence, formule une objection: "Mais je me livre dans tous les livres. J'ai l'impression de ne m'y livrer que trop". Il prête alors à "B.D." qui n'est plus désignée que par des initiales, une exigence que je ne crois avoir jamais formulée ainsi dans nos conversations: "Oui, mais on voudrait que vous vous livriez autrement, que vous nous parliez un peu de votre enfance par exemple, que vous fassiez un peu ce que Sartre a fait dans *les Mots*, Nathalie Sarraute dans *Enfance*" (p.5). Ce personnage qu'il est en train de créer, celui de l'interviewer-éditrice a la manie des comparaisons -- comparaisons qui d'ailleurs ont au moins le mérite de permettre à Michel Butor de réagir et d'affirmer sa différence. *Le Retour du Boomerang* n'est pas, ne peut pas, ne veut pas être ni *Les Mots*, ni *Enfance*. Ni l'un ni l'autre de ces textes ne sont d'ailleurs des dialogues. Mais ce premier échange, à l'ouverture du texte, montre déjà bien quel rôle Michel Butor va prêter à ce personnage fictif qui l'interroge et pourquoi cette fiction lui est utile. Elle l'incite à écrire. On songe un peu au dialogue socratique à la "maïeutique". L'interlocuteur aide à trouver, à préciser, à cerner, non pas ici une vérité philosophique, mais la vérité du moi. Il faut cette fiction pour y parvenir, ou du moins tenter l'entreprise.

II

Essayons de voir de plus près la personnalité et le rôle que Michel Butor a conféré à ce personnage fictif de l'interviewer. Butor la suppose informée, surinformée, même. En elle, Butor voit un journaliste qui aurait vraiment bien préparé son travail. "J'ai préparé mon interview" (p.110), dit-elle, avec une certaine fierté de qui accomplit sa tâche consciencieusement. Elle connait bien le texte du *Boomerang* qu'elle cite constamment; mais elle connaît toute l'oeuvre de Butor, fait de fréquentes références à un autre texte autobiographique fort important: *Portrait de l'artiste en jeune singe* (p.19). Elle connaît déjà bien maint épisode de la vie de Butor: ce qu'il lisait dans la bibliothèque de sa grand'mère maternelle (p.18), les lectures qu'on lui faisait à l'école primaire (p.22). Elle sait la date où Butor a rencontré Gombrovicz (p.141).

Ce qu'elle a le plus étudié, évidemment, c'est le *Boomerang*; sa connaissance du texte semble même avoir progressé au cours des séances d'interview: "Je me suis préparée depuis les dernières séances; je me suis fait des tables" (p.144). Et Butor rend hommage à cette science qu'il lui prête: "Vous naviguez dans les eaux de cet ouvrage comme un pilote de ligne" (p.144). "Mes livres se cachent les uns derrière les autres. Vous commencez à connaître celui-ci bien mieux que moi" (p.165); peut-être comme le suggère l'interlocutrice, parce que l'auteur lui-même a vis-à-vis de son oeuvre une sorte de lecture naïve, tandis qu'elle prétend employer des "grilles de lecture" plus systématiques qui lui permettraient de "faire naviguer autrui" grâce à "des cartes ou des tables", dans les eaux les plus profondes du texte. Son caractère universitaire se double de son caractère d'éditrice; elle traque les fautes d'impression du *Boomerang* (p.164). Au total Butor suppose qu'elle sait à peu près tout sur lui, du moins tout ce qu'on peut apprendre par les livres, puisqu'il suppose qu'elle a lu des études critiques comme celle de Spencer, ou même - ce que je me suis bien gardée de faire - le savant commentaire en allemand de Wolfgang Hübner sur le *Portrait de l'artiste en jeune singe* (p.61).

Butor prête à son interlocutrice une érudition qui dépasse sa propre oeuvre. Elle est capable de rectifier une citation de Buffon inexacte, et jusqu'à la ponctuation: "Vous supprimez la ponctuation de l'original, mais je la rajoute". Il la suppose capable aussi de reconstituer rapidement l'histoire d'un mythe, ainsi *d'Andromède*: "C'est ce qui deviendra au Moyen âge l'histoire de Saint Georges, en passant par l'Arménie, et sera renouvelé par l'Arioste dans celle d'Arnaud délivrant Angélique, l'hippogriffe remplaçant Pégase" (p.63) L'interlocutrice est censée presque tout savoir, et dans des domaines les plus divers; ainsi sur la famille de Bataille: "Rose Masson était la soeur de Sylvia Bataille et de Georges Piel." Ou encore sur la carrière de Leiris ("Quand vous le rencontrez Leiris est depuis longtemps un ethnologue professionnel") (p.125), sur celle de Lévi-Strauss, etc..

Et apparaît ainsi une fonction de l'interlocutrice: elle est une sorte de chronomètre; sa mémoire, ses connaissances sans faille lui permettent de rappeler, d'une façon parfois un peu agaçante, les dates: "Vous étiez bachelier au printemps 43. Nous sommes donc dans l'année 43-44" (p.15). Ou encore: "Ce doit être quelques années plus tard. En 43-44 vous étiez en hypokhagne, en 44-45 vous avez tenté une licence de lettres classiques, et vous avez passé la licence de philo pendant l'année 1946" (p.19).

"Vous ne pouviez donc avoir plus de treize ans" (p.50). Dans ces moments-là, elle est la voix, un peu ennuyeuse, qui débite un curriculum vitae - ce qui est si différent d'une autobiographie; elle est simplement biographe, avec ce que cela suppose d'extériorité au sujet. Elle voudrait maintenir un ordre, qu'en fait toute la démarche autobiographique dément; surtout au début dans les premiers entretiens, elle se montre très soucieuse de cet ordre: ordre chronologique de la vie de Butor, ou même ordre par rapport au texte du *Boomerang*. Mais l'autobiographe, quant à lui, réclame, et avec combien de raison, le droit au désordre: "Laissez-moi pour l'instant continuer ma poursuite du butor. Vous avez voulu que je raconte, vous avez ouvert une vanne; ça y est, cela déferle, il faut me laisser raconter" (p.28). Ainsi ne voilà-t-il pas, un peu plus loin, que Butor est sur le point de parler du Japon mais "B.D." voudrait qu'il explore systématiquement sa jungle: "Retournons d'abord à notre jungle et à ses animaux profonds dont je voudrais déterrer les racines biographiques. Le loup nous a ramenés aux louveteaux. A quoi nous ramène le lion" (p.54).

Ce souci d'une sorte de logique apparaît encore dans la mesure où c'est l'interlocutrice qui choisit des citations. Souvent, en effet, elle n'a que ce rôle, apparemment humble, de présenter en quelque sorte le livre, d'en être la lectrice. Elle a un rôle citationnel surtout au début, et sa parole perd toute indépendance, puisqu'elle ne fait que dire le texte de Butor, et en cela elle doublerait un peu les interchapitres en petits caractères, ces interchapitres sans voix, hors dialogue, qui pourraient être aussi émanés d'elle, si on suppose qu'il s'agit de ces notes, de ces tables dressées par la vigilante "intervieweuse". Mais chacun sait qu'une citation n'est jamais absolument neutre: le choix des citations est déjà une forme d'interprétation. Ces citations, en fait, infléchissent le cours de la conversation; elles sont aussi une manifestation de ce rôle quelque peu directorial, vectoriel, que Butor attribue à son interlocutrice; ce peut n'être qu'une citation au second degré, ainsi, lorsque "B.D." lit Butor qui lui-même cite Buffon, ce n'en est pas moins un choix: lire le portrait du Butor, c'est amener l'écrivain à s'interroger sur son nom et sur son caractère, éléments fondamentaux de l'auto-portrait sur lesquels nous reviendrons. Il arrive cependant que Butor lui suppose un besoin d'exégèse et de commentaire, et peut-être avec une certaine ironie, l'enfonce dans ce que le commentaire peut avoir de plus subtil et de plus fallacieux. Commentaire inspiré peut-être par un excès d'érudition: "Ce sont le lion, l'éléphant, le loup et l'ours. Il est tentant de reconnaître en ces quatre animaux, comme nous y invite le premier, ceux de la vision d'Ezechiel, devenus par la suite les symboles des quatre évangélistes, qui jouent un si grand rôle dans tout l'art chrétien et dans vos propres livres" (p.46). "Je ne puis m'empêcher de remarquer que le butor qui est au centre tient tout simplement la place du Christ dans la vision ou ses illustrations" (p.46). Cette interprétation n'est pas refusée par Michel Butor, mais il la poursuit sur un mode plus nuancé. "L'oiseau-butor ne peut être qu'un Christ dérisoire (...) nos poètes se prennent à un moment ou à un autre pour un avatar du Christ, sans se faire beaucoup d'illusions; je ne fais que suivre la tradition" (p.46). Un peu plus loin, la commentatrice s'égare dans une subtile géographie des animaux-totem liés aux quatre points cardinaux; mais Butor propose une explication plus simple: "le loup est évidemment lié au livre de Kipling, lequel fonctionnait comme une sorte de Bible ou de mythe premier chez les "louveteaux" (p.49). Le commentaire par son poids excessif d'érudition risque de passer à côté des explications biographiques simples.

Autre risque dénoncé au passage: l'abus de la psychanalyse. Ne voilà-t-il pas que l'interlocutrice, après avoir observé que tous les animaux-fétiches de l'écrivain sont noirs, se lance, de façon un peu gratuite, dans des développements freudiens: "On songe à Freud et à son continent noir de la sexualité féminine, ceci d'autant plus que vos quatre ou cinq animaux sont professeurs (...) des professeurs de sexualité, des évangélistes de la sexualité, ce qu'ils n'étaient en rien ni dans le livre de Kipling ni dans la vision d'Ezéchiel" (p.55). Là encore la réponse de M. Butor va tempérer l'analyse de sa commentatrice: "Ils ne l'étaient pas ouvertement, mais dans toute histoire de métamorphose nocturne ou sylvestre, il y a une exaltation de la sexualité refoulée dans la journée ou dans la ville" (p.55). C'est encore lorsque la commentatrice suit les méthodes les plus classiques de l'explication de textes, qu'elle semble le moins s'égarer: "Sournoisement après l'adjectif "blanc" qui joue dans cette région le même rôle que "noir" dans "Jungle". Il fait passer discrètement d'une facette ou d'un fil à l'autre" (p.77). Mais Butor alors rebondit vers son séjour au Nouveau Mexique, plus intéressant que cette remarque un peu évidente sur les mots "noir" et "blanc".

Ce personnage que crée Michel Butor n'est pas un être absolument abstrait qui ne ferait que poser les questions qu'il faut justement au bon moment. Butor l'a inventé à partir de quelques paramètres que lui fournissait la réalité. Il est bien vrai que l'individu qui, à l'état civil, s'appelle "Béatrice Didier" est universitaire, et en lui prêtant la manie du commentaire, Butor ne s'écarte peut-être pas tellement de la réalité, à preuve ce que je suis en train de faire maintenant où je commente ce commentaire. Il retient mon nom et mon prénom, mon prénom surtout: nous allons y revenir. Il retient aussi quelques éléments biographiques, en particulier celui des conditions de notre rencontre. "Vous avez été professeur à Grenoble; je vous y ai rencontrée lors des Jeux Olympiques d'hiver" (p.171). Peut-être aussi, avec une certaine malice Butor a-t-il voulu me conserver ce défaut prétendûment féminin, de la curiosité. Il suppose, par exemple, que je veux absolument le faire parler de Marie-Jo. "Oui, Marie-Jo; comment avez-vous rencontré Marie-Jo?" (p.166). Au total donc Butor a conservé de la réalité ce schéma: l'interlocutrice sera du sexe féminin, universitaire, éditrice, il l'a rencontrée à Grenoble en 1968. Mais puisque tout ce dialogue est fictif, toute liberté lui était laissée pour l'invention. Il lui était loisible de me donner le rôle qu'il voulait, et c'est justement, parce qu'il avait toute liberté dans cette création, à partir d'un schéma au total réduit, que son travail intéresse cette universitaire qui est en train de vous parler.

Il semble donc, d'après ce que nous avons vu jusqu'ici, que Butor en analysant le rôle de commentatrice de "B.D." la charge à la fois du bon et du mauvais côté de la critique universitaire, d'un acharnement à décortiquer les textes, à en voir tous les détails, à poursuivre le "butor" dans les méandres de ses marécages, mais aussi, comme nous l'avons vu, des excès de cette critique trop érudite, trop subtile. Or cette critique universitaire, Butor la connaît bien, puisqu'il peut non seulement en être l'objet, mais qu'il peut la pratiquer aussi à son tour. Lui aussi, il est universitaire, et il sait se servir de ce que cette critique a de meilleur dans *Répertoire* et dans tant d'autres textes critiques de premier ordre qu'il a publiés. Mais comme il est peut-être gêné de commenter sa propre oeuvre, il charge le personnage de l'interlocutrice de le faire, en se conservant cette possibilité de distanciation que crée le dialogue, en ce sens qu'il peut toujours ne pas être d'accord sur l'interprétation que d'abord il lui a fait avancer, ou, sans vraiment la contredire, apporter d'autres explications possibles. Le dialogue permet d'exprimer la polysémie du texte, sans qu'apparaisse de contradiction. Il la charge même parfois d'aller un peu plus loin qu'il ne le fait, il la charge de dire ce qu'il n'ose peut-être pas dire lui-même, de le traquer dans ses derniers retranchements. Aussi n'hésite-t-il pas à lui donner un rôle inquisitorial. Il peut s'égarer d'autant plus facilement dans la liberté de la conversation, qu'elle ne le laisse pas quitte, et qu'il la chargera de le ramener vers un sujet momentanément oublié: "Michel Butor, vous plaisantez; vous savez très bien que ce n'est pas cela que je vous demande. Ce qui m'intéresse, c'est d'où vient ce lion, pourquoi un lion. Et votre réponse échappatoire ne fait que nous poser une autre question: pourquoi Buffon? Comment avez-vous rencontré Buffon? - MB. Je crois qu'il sera plus facile de commencer par répondre à la seconde. - BD mais je ne vous tiendrai pas quitte de la première" (p.11). "Je ne me laisserai pas détourner aujourd'hui. Auriez-vous par hasard quelque chose à cacher?" (p.111).

Le plus étonnant dans ce texte, c'est qu'à mesure que Michel Butor écrit, il est amené à donner une consistance à ce personnage qu'il crée un peu comme un romancier qui invente un être; de simple intervieweuse, l'interlocutrice va devenir un guide dans la recherche du moi. "Au début, c'est moi qui vous guidais; maintenant vous êtes mon guide" (p.145).

La narrataire est passée du "degré zéro" où elle ne manifeste qu'une capacité d'écoute, et une curiosité qui est la condition même pour qu'elle puisse exister, à un personnage mythique. La symbolique de son nom est alors pleinement utilisée. "Ce n'est pas pour rien que vous vous nommez Béatrice" (p.145). Elle n'est plus cette simple voix de l'objectivité qu'elle semblait être à certains moments, rappelant dates et faits, elle participe de cette subjectivité de l'autobiographie en profondeur. Il existe une connivence entre "B.D." et "M.B.": Michel Butor devine souvent les questions qu'elle va lui poser. Il existe un accord entre les deux voix du duo.

III

Ainsi se déploient certains aspects de la personnalité de Michel

Butor. Le point capital dans toute autobiographie c'est la réflexion sur le nom. Les études de Philippe Lejeune nous ont depuis longtemps alertés. L'autobiographie est essentiellement l'inscription d'un nom, fût-il, comme dans le cas de Stendhal, un pseudonyme. Le dialogue permet ici, avant tout une réflexion sur le nom, mais aussi sur le prénom. Michel Butor réunit en ces deux mots l'angélisme et l'animalité. Vos parents, suggère l'interlocutrice, "vous ont donné le prénom de Michel, c'est à dire du prince des archanges dont le nom veut dire "qui est comme Dieu"" (p.47), tandis que l'animalité du butor est fortement soulignée: grognements, goût pour la vase, bêtise, etc.., selon des perspectives qui sont finalement assez théologiques, l'homme se trouve situé entre l'ange et la bête. Mais alors que le thème de l'angélisme de "Michel" n'est guère développé dans ce texte, en revanche le caractère du "butor" est longuement décrit. Il ne s'agit pas d'une simple spéculation; il s'agit en fait d'évoquer comment l'enfant a pris conscience de son nom et sa découverte de Buffon, moment capital de l'autobiographie, puisqu'il s'agit à la fois de la découverte de l'identité, de la lecture et des sciences naturelles. Butor, en effet, va se définir à partir de l'article de Buffon sur le butor que lui lit, que lui relit l'interlocutrice. Si bien que même dans cette fonction de simple lectrice, elle joue ce rôle de guide qu'il lui attribue. L'explication de texte devient alors décryptage du moi, et en même temps évocation du moment de la vie de l'adolescent où Buffon l'a véritablement délivré, lui a permis d'être lui-même: "Ce texte de Buffon me délivrait. Il me révélait en cet oiseau méprisé des vertus que je pourrais m'efforcer de faire miennes. J'apercevais que mon nom me convenait; j'en découvrais la justesse. Alors qu'auparavant je ne désirais que le faire mentir" (p.22-23).

L'identité de Butor se circonscrit donc d'une façon que je crois extrêmement originale par rapport à l'histoire de l'autobiographie. En général les autobiographies sont marquées par deux mouvements contradictoires: insister sur le caractère unique, exceptionnel de l'individu, c'est la tendance romantique; mais aussi, dans la mesure où est présent un destinataire formulé ou non, insister sur le caractère communicable de la confidence, et même sur son utilité: cet être exceptionnel est le semblable, le frère du lecteur. Les perspectives de Michel Butor sont autrement vastes; c'est par rapport à l'ensemble du vivant qu'il se situe ce qui implique une extension tout à fait exceptionnelle à travers les espèces, les symboles, et l'espace. L'interlocutrice, première figure du lecteur, se trouve donc entraînée dans un voyage assez comparable aux grands voyages initiatiques. On pense en effet à Dante, mais aussi à Ulysse qui, à travers ses errances, rencontre tant d'êtres vivants étranges, intermédiaires dans l'échelle des animaux et des espèces humaines.

Car le butor n'est pas seul, même s'il est fondamental en raison de son nom. D'autres animaux-totem apparaissent aussi: ainsi le lion dont l'intervieweuse recherche la trace, le dialogue prenant alors la forme d'une chasse au lion! L'animal-totem se lie aux premières expériences du scoutisme, et donc ramène encore les souvenirs de l'adolescence. Cependant cette expérience n'a été qu'un premier pas dans ce qui s'affirme chez Butor comme une conscience de la totalité du vivant. Conscience qui va s'élargir pendant les années de l'Université et ensuite par les voyages. Butor prépare un certificat d'ethnographie à la Faculté des Sciences (p.126). Certaines lectures vont aussi permettre cet élargissement de la conscience (Breton, Bataille, Leiris). Mais c'est dans le voyage que s'affirme vraiment l'identité: elle se constitue dans le mouvement.

Butor se définit très bien comme un "enseignant errant" (p.167), ce qui évoque le mythe du "chevalier errant", auquel Michel Butor se réfère en citant la préface d'*Andromède* de Corneille: "J'ai introduit Persée comme un chevalier errant" (p.149). D'innombrables voyages dans la vie de Butor, avec dans le *Retour du Boomerang* une préférence donnée aux voyages dans le "Nouveau Monde" et en Australie. L'Amérique dont il est question n'est pas tellement l'Amérique urbaine des gratte-ciel, c'est bien davantage l'Amérique des vastes espaces où la famille Butor retrouve la vie sauvage, apprend à faire cuire son pain, communique avec la nature; évoque les "histoires indiennes" (p.79). Jean-Pierre Richard, à propos de Chateaubriand et des *Mémoires d'Outre-Tombe*, écrivait que René est l'homme de "l'entre-deux", ce serait encore plus vrai de Michel Butor, mais dans une sorte d'euphorie qui n'a pas la tension tragique du romantisme. Butor aime se trouver en "transit"; on sent qu'il adore les aéroports, et plus particulièrement ces couloirs où l'on se trouve dans un *no man's land* entre deux frontières. Il aime les "zones franches". S'il a choisi son nouveau domicile, c'est en fonction de ce goût: un peu comme Voltaire à Ferney, il n'est ni en Suisse ni en France. Il est l'homme de partout et de nulle part, ce que disait bien aussi le nom de sa maison à Nice: aux Antipodes. L'autobiographie de Butor ne peut donc être que planétaire et par conséquent son destinataire au premier ou au deuxième niveau: son lecteur est entraîné à faire le tour du monde.

Mais la planète ne suffit pas au voyageur. Tel Rabelais, il rêve d'aller plus loin. Michel Butor confie combien il aurait aimé être astronaute et il prête à son interlocutrice cette formule lucide: "Les astres pour vous, c'est le voyage" (p.83) ce qui lui permet de rebondir: "ils ont toujours été liés au voyage; ils sont les compagnons de voyage par excellence. Voyez comme il est significatif que l'on ait jugé utile d'ajouter même dans notre ciel aux constellations classiques le Sextant, juste au sud du zodiaque, instrument par excellence du navigateur classique dans son dialogue avec les astres" (p.84). Tout le texte est marqué par ces références astrales. Dès les premières conversations sur l'animal-totem, les signes du zodiaque sont présents.

On voit donc la vastitude de l'exploration de ce moi qui est finalement l'univers. Et l'on comprend le désarroi initial, qui est d'ailleurs celui de la plupart des autobiographes, et même de ceux qui n'ont pas des perspectives aussi vastes. "Si j'essayais de commencer par le commencement, de remonter d'abord à mes plus anciens souvenirs, je crois que ceux-ci se déroberaient"; perplexité qu'il fait partager à son interlocutrice: "Vous êtes tortueux" (p.6). Cette question de l'ordre de l'autobiographie, Stendhal aussi se l'est posée et il a finalement adopté la solution qui consistait à laisser à la mémoire la liberté de l'association des souvenirs et des images, renonçant donc à la logique et à la chronologie. Butor est amené un peu à la même solution. Mais avec cette différence fondamentale que lui permet le dialogue. La loi de l'association des idées et des images se transmue en la liberté de la conversation. La seule solution à ce problène est celle de la discontinuité. Cela aussi Stendhal l'avait bien senti. Mais ici cette discontinuité va prendre la forme de l'échange de "répliques", pour parler comme au théâtre; et au niveau de plus vastes ensembles, de la division en chapitres qui sont censés correspondre à plusieurs interviews, à plusieurs rencontres, séparés par des intervalles plus ou moins longs ("Bien du temps s'est passé depuis notre dernière rencontre" p.45). Cet intervalle a plusieurs niveaux de sens. Dans cette "mimesis" du réel, c'est à dire dans la fiction de l'interview, il correspondrait à une durée plus ou moins longue pendant laquelle le dialogue s'interrompt, par un temps qui est non plus remontée vers le passé, mais vie au présent ("M.B. C'est ma vie: déménagement, mille soucis. Je suis bien heureux qu'on puisse se rencontrer enfin" (p.45). Dans le temps, ou plutôt dans l'espace du livre, il correspond à un blanc, à la fin du chapitre et le nouvel interview commence en début de page, sur une "belle page", comme disent les imprimeurs, c'est à dire sur une page de droite, avec un titre. Cependant, et c'est là encore une originalité, ce blanc d'un chapitre à un autre n'est pas un vide; s'y intercalent, en plus petits caractères, les références au *Boomerang* (mais pas du tout sous forme de "notes", avec une structure: "fiche signalétique", "tranches", "rêves", "échantillon", etc..) qui, tout en marquant une rupture dans le dialogue, marquent une continuité avec un autre texte; *le retour du Boomerang* est né du *Boomerang*.

Chaque chapitre est donc un coup de sonde; et ce texte utilise, avec le dialogue, la richesse du monde fragmentaire, comme solution à la difficulté de saisir une totalité, comme moyen d'aller aussi loin que possible, en choisissant certains "moments" (en supposant plus exactement que l'intervieweuse les a choisis). Le premier chapitre "Le butor" a une certaine unité qu'indique bien le titre, autour de la question du nom, de la lecture de Buffon, de l'animal totem de l'adolescence, de la dernière guerre. Le titre même du second "Jungle" annonce une univers touffu, inextricable. Mais la "poursuite du butor" se continue dans cette jungle, tandis que figure le séjour en Egypte, donc 1950-1951. Le chapitre III: "Le ciel boréal", part encore du mugissement du butor pour aller vers d'autres animaux-totem, et les signes du zodiaque, vers l'*Andromède* de Corneille. Le chapitre IV par son titre même implique une certaine unité de temps et de lieu: "La côte Nord-Ouest" saute à la période 1973-74, l'animal-totem continuant à être présent, et permettant des perspectives sur les navigations ("le saumon" "compagnon du navigateur" p.84). Le chapitre V "Potlatch et Solstice" nous fait passer des "Indiens de la côte nord-ouest" à l'Australie. Au début du chapitre VI l'interlocutrice est supposée lancer un coup de sonde dans une direction totalement différente, et la forme fragmentaire dispense de toute transition: Comment Butor a-t-il connu Bataille, Breton, Lévi-Strauss? Mais le lien avec les chapitres précédents, Butor l'instaure immédiatement, en répondant: "Depuis

Buffon". L'interlocutrice proteste: "je ne parle pas seulement des livres, ce qu'il me faut ce sont les gens" (p.109). Mais, comme le lui répond tout de suite Butor, ce sont des gens qui ont écrit des livres, que l'on rencontre à cause de leurs livres. Et l'importance de l'ethnographie chez Bataille et bien entendu chez Lévi-Strauss permet de ne pas couper le lien avec la thématique des chapitres précédents. Inversement le chapitre suivant "Constellations des antipodes" qui semble nous embarquer de nouveau pour de longs voyages, fait intervenir la rencontre avec Gombrovicz née d'un voyage à Berlin. Des sauts chronologiques vers des périodes très diverses: le mariage avec Marie-Jo, 1964 pour la rencontre avec Gombrovicz, 1967 pour le voyage au Brésil, 1971, 1976, mais sans suivre un ordre chronologique; il semble qu'à mesure que les perspectives géographiques s'élargissent, la temporalité aussi se distend. Et l'on arrive au huitième et dernier chapitre: "Enfin un moment pour t'écrire", où l'interlocutrice nous ramène à la période de la rencontre avec Marie-Jo, mais où Butor en lançant, dans une tirade digne de Figaro, son curriculum d'"enseignant errant", nous donne une sorte de récapitulatif par ordre chronologique, du moins pour les années 1950, et bondit à ses années d'enseignement à Genève, c'est à dire presque jusqu'au présent.

On voit donc que dans ces bondissements d'un point à un autre de la planète, d'une époque à une autre aussi s'affirme une unité; grâce à des réseaux thématiques qui apparaissent presque dans tous les entretiens: l'animal, le voyage, le livre étant probablement les trois plus importants, les plus récurrents, une identité apparaît qui précisément assure cette unité. Ces sondages, ou plutôt ces coups de sonde ne demeurent pas isolés, ils recréent un tout. La difficulté indiquée au départ (par où commencer) a donc été surmontée grâce à un itinéraire qui n'est pas linéaire et qui, malgré la taille réduite du livre, fait songer à d'autres autobiographies plus amples. On en revient encore à la *Vie d'Henry Brulard*, à ces flashes que constitue l'apparition des images dans la mémoire lesquelles, dans leur discontinuité, sont finalement assez semblables à la discontinuité du dialogue. Il ne peut y avoir de saisie d'une totalité trop riche, trop complexe que dans la discontinuité. On songe aussi au *Neveu de Rameau* qui n'est pas une autobiographie, mais qui recourt aussi au dialogue pour exprimer une totalité impossible à saisir de façon linéaire, logique, mais où la récurrence des thèmes crée cette chaîne que Goethe avait bien su sentir derrière l'apparente fantaisie des propos. Le rapprochement avec le *Neveu* n'est peut-être pas aussi saugrenu qu'il paraît. La complexité de la totalité qu'il s'agit de saisir provient, dans les deux cas, non seulement de la richesse de la personnalité de Diderot et de Butor, mais aussi d'une situation historique. Hegel a bien montré comment le dialogue permet à Diderot d'exprimer les contradictions, les complexités d'une société d'Ancien régime à la veille de la Révolution. Le dialogue chez Butor permettra d'exprimer les dimensions de notre époque chez un européen qui a une conscience individuelle du moi, héritage d'une vieille tradition occidentale, qui est attaché à la structure de cette micro-société qu'est la famille (d'où les pages si charmantes sur les filles de Butor), qui a une culture où l'Antiquité, l'âge classique, Buffon, etc.. forment une structure de base, mais qui, par ses voyages, par l'étendue de sa vision, possède cette conscience planétaire dont nous avons parlé, qui, grâce à l'avion (à ces aéroports dont il est beaucoup question) peut se trouver en quelques heures à l'autre bout du monde, à la rencontre de civilisations totalement différentes (car Butor n'est pas de ces voyageurs indifférents qui traversent les continents sans voir autre chose que les grands hôtels pour Européens). La démarche de la conversation et celle du voyage s'affirment ainsi comme fondamentalement apparentées: c'est finalement par le voyage que chez Butor l'homme de la tradition et l'homme du futur trouvent leur unité, comme c'est par les errances de la conversation qu'apparaît l'unité du moi.

Le dialogue permet aussi de réaliser une autre synthèse difficile dans l'autobiographie: celle du passé et du présent. Toute autobiographie n'est pas tant une histoire au passé que la représentation d'une conscience, d'une écriture au présent en train de revoir le passé. Ce va et vient qui fait sa richesse ne manque pas de susciter des difficultés dans l'organisation du texte. Les autobiographes qui recherchent un ordonnancement logique et chronologique, comme Chateaubriand, font figurer ce présent, en général, au début des parties et des chapitres. C'est l'Ambassadeur à Londres qui évoque ses souvenirs de jeune et pauvre émigré en Angleterre, etc... Stendhal lui, dans sa grande liberté, insère ce présent de l'autobiographie tantôt dans le texte même, tantôt dans les marginalia qui constituent un véritable journal de l'autobiographie. Par le dialogue ce passage du passé au présent se fait très facilement: ainsi à propos de Genève, et autres lieux.

Il est enfin une autre tension que ce texte résoud et que l'on pourrait situer à la fois dans le rapport entre l'oral et l'écrit, et dans celui (qui ne le recoupe pas exactement) de la vie et du livre. Cette autobiographie est bourrée de références aux oeuvres des autres, mais elle se structure elle même par référence aux livres de Butor; nous en avons cité plusieurs au passage, l'essentiel étant le *Boomerang*. J'attirerai encore l'attention sur ce simple fait: en dernière page, juste avant la table des matières et quand le dialogue proprement dit est terminé (sur le mot bien caractéristique de "franchir" la frontière), est placée une page en petits caractères qui n'est pas comme on en trouve souvent une chronologie de l'auteur, mais qui s'intitule: "Récapitulation chronologique des strates biographiques dans les trois premiers volumes du *Génie du Lieu* (p.173). La référence s'établit donc non vers la vie elle-même, mais vers cette vie déjà repensée par l'écrit, où la chronologie est déjà quelque peu bondissante et discontinue. De même sous l'apparente liberté de la conversation est en train de se constituer un nouveau livre: le *Retour du Boomerang*, "un livre où je me livre", pour rappeler le mot initial. Entre un mot-clé (livre) et l'autre (franchir) un livre s'édifie.

Et c'est ce livre que le lecteur a entre les mains. C'est bien évidemment à lui qu'il était destiné et le personnage de l'intervieweuse-éditrice, première destinataire apparente du livre, ne faisait finalement que figurer ce destinataire fondamental. Le lecteur d'un dialogue (on songe encore à Diderot) se trouve dans une situation privilégiée, il est incité lui aussi à participer à la conversation, à poser des questions directement. Cette parole feinte recréée par l'écrit l'incite à prendre la parole. Il est libéré de cette barrière (encore une frontière de franchie) entre le texte et lui, entre l'écriture et la lecture. Et ici dans cette oeuvre où l'on ressent une telle libération de l'espace et du temps, justement par la liberté de la conversation, le lecteur est vraiment en droit de se sentir un homme libéré par le livre: un homme libre.

LONG-COURRIER: LA CORRESPONDANCE DE MICHEL BUTOR

Frédéric-Yves Jeannet

pour Lois Oppenheim
et Mireille Calle-Gruber

J'ai le vertige, et la seule manière pour moi de l'exorciser serait de parvenir à vous le transmettre en le rendant contagieux. Mon vertige provient de cette question que je me pose depuis l'ouverture de ce colloque: que pourrais-je ajouter, est-il possible d'ajouter encore une goutte d'eau, ou une cuillerée de texte volatil, au moulin à aubes critique qui entoure cette oeuvre-océan? Que dire, en particulier, après Antoine Compagnon, Jennifer Waelti-Walters, Mireille Calle-Gruber, Jacques Lamothe, Lucien Dällenbach, Léon S. Roudiez, et tant d'autres interventions admirables?

Je vous propose de nous pencher sur la correspondance comme instrument et comme pratique dans l'oeuvre de Michel Butor, et d'articuler cette intervention par rapport au thème de la création dialogique d'une part (puisque la correspondance est une collaboration lente), et d'autre part en posant le problème de sa définition générique, question que soulèvent certains des genres pratiqués, réactivés et renouvelés par Michel Butor.

Signalons tout d'abord qu'il existe une réticence à transgresser la frontière qui sépare l'oeuvre «publique» de l'oeuvre dite «privée». On invoque cette frontière, et des critères de type moral, telle la bienséance, pour justifier le caractère réservé de la correspondance, et conclure que les lettres écrites par un individu au cours de sa vie ne deviendraient lisibles qu'après sa mort, lorsqu'il aurait réalisé une oeuvre publique, de nature politique (Cicéron), artistique (Van Gogh) /ou autre, paramètre qui éliminerait d'emblée la Marquise de Sévigné. Par ailleurs la notion de «bienséance» invoquée par la Doxa conduirait à estimer qu'une oeuvre publique ne pourrait pas enfreindre certains interdits moraux, alors que dans la correspondance tous les écarts et confidences seraient permis. Cela ne saurait être vrai que dans certains cas marginaux.

La correspondance se situe précisément *entre* le domaine public et la propriété privée, puisqu'il s'agit d'un texte livré, offert, partagé, dès lors qu'il est adressé à un ou plusieurs destinataires. En général, on n'en conserve pas la trace, on l'oublie à mesure qu'on l'envoie; le texte peut donc se répéter, se recouper, et ne possède pas l'achèvement d'un texte destiné directement à la publication, car il n'est pas écrit de la même façon ni dans le même but: il constitue par conséquent un *genre* particulier, il forme une *région* ou branche de l'oeuvre qui ne deviendra «publique» qu'avec un certain décalage. S'il est vrai aussi qu'une lettre permet, dans quelques cas, de laisser en réserve des commentaires que l'on ne veut confier qu'à un seul interlocuteur-destinataire, ne léguer éventuellement qu'à titre pré-posthume, c'est un cas de figure relativement rare, et il est regrettable que cela entraîne à tenir la *totalité* du texte et de l'activité épistolaire pour fondamentalement posthumes, voués à l'occultation jusqu'à la mort de l'un au moins des deux correspondants. Il existe heureusement quelques notables exceptions, telle la Correspondance Antonin Artaud-Jacques Rivière, qui constitue la première oeuvre publiée d'Artaud.

Nous nous proposons de montrer que la correspondance de Michel Butor, comme le reste de son oeuvre, remet en cause et secoue le poids des traditions et classifications qui prétendent régir nos tentatives. Dans la plupart des cas, le courrier qu'il envoie n'est pas plus «privé» que son oeuvre publique, et l'on trouve même dans cette dernière des éléments autobiographiques qui vont plus loin dans le sens de la «confidence». Il n'y a pas de révélations à chercher du côté de la correspondance; on y trouvera en revanche un *travail* d'amitié et d'enseignement, si l'on entend sous ce terme une sorte de maïeutique telle qu'elle est pratiquée par Keating, le personnage du professeur dans le film *Dead Poets Society*, lorsqu'il affirme à ses élèves: «No matter what anybody tells you, words and language *can* change the world». Cette affirmation, qui sous-tend aussi la totalité de l'oeuvre de Michel Butor, est en quelque sorte mise à l'épreuve parallèle de l'emploi du temps quotidien dans la correspondance, et celle-ci devient l'agenda de ce mot d'ordre rimbaldien que Michel Butor a adopté: «*Changer la vie*».

Lorsque nous sommes confrontés à la correspondance d'un écrivain, la distinction entre son oeuvre publique et privée ne fonctionne pas aussi bien que l'on voudrait nous le faire croire, puisqu'une partie importante de la vie intérieure d'un écrivain transite par l'écriture sous toutes ses formes: brouillons, ébauches, lettres, etc. Et les lettres dans ce processus de fermentation de la pensée servent bien souvent à «mettre en marche» l'écriture. Or tout texte écrit s'adresse à quelqu'un, comme cela est spécifié dans *Répertoire*, et il est donc légitime d'étudier la correspondance du vivant de l'auteur, avec son accord, comme un *texte* daté et situé, possédant ses lois particulières de fabrication, ses paramètres sémantiques et stylistiques, au même titre que n'importe quel texte. Nous essayerons d'ébaucher ici les contours de ces lois, et de voir à quel point elles transgressent chez Michel Butor les données classiques de la forme épistolaire considérée comme épanchement intime, pour inventer de nouvelles vertus, produire un texte actif et réactif, informatif, formateur et transformateur.

I. Avant d'étudier ces lois, signalons dans un premier temps que la correspondance en tant que *genre littéraire* a toujours intéressé Michel Butor, puisqu'elle avait déjà transfusé à titre d'exemple ou d'instrument dans d'autres genres pratiqués de longue date par l'auteur: dans les poèmes, les essais et, au passage, dans les romans. Elle devait en particulier être au centre du cinquième roman, *Les Jumeaux*, roman par lettres qui s'est dissous avant d'être rédigé. On lit dans l'essai sur les pronoms personnels de *Répertoire II* que «Les grands romans par lettres nous fournissent un matériel d'exemple considérable». Cette interrogation sur les pronoms personnels, dans les romans et les essais qui leur sont contemporains, n'est pas sans rapport avec le vocatif épistolaire, quoiqu'il existe bien sûr des différences notoires entre le vocatif de *La Modification* et de certaines parties de *Degrés*, d'une part, et celui qui désigne un interlocuteur réel, d'autre part. Dans ce dernier cas, dans la correspondance, la deuxième personne n'est plus seulement une ressource didactique de reconstruction d'une trame narrative comme elle peut l'être dans le roman (on relira à cet égard le célèbre essai de *Répertoire II*). Mais la lettre conserve, même atténuée, une fonction didactique, comme nous le verrons.

La correspondance apparaît de même dans des poèmes comme *Blues des projets*, dans *Travaux d'approche*, sous un jour parodique, en référence à cette «littérature grise» des administrations:

> *Monsieur le second attaché, j'ai trouvé à mon retour votre aimable lettre, je suis ému... (...)*
> *Madame la conseillère adjointe, je m'excuse de n'avoir pas répondu plus tôt à votre aimable lettre, je suis charmé...*

Nous avons là des lettres à matrices, comme dans la correspondance réelle, mais fort curieuses! Le genre épistolaire apparaît de nouveau très précisément dans *Illustrations III* avec les «Missives mi-vives», les «Quatre lettres du Nouveau Mexique», et tout un «Courrier d'images» adressé à différents plasticiens, destinataires qui traversent le livre, premiers lecteurs qui forment le lien avec tous les autres, car nous sommes tous les destinataires au second degré de ces lettres ouvertes. Le prière d'insérer de ce livre signale d'ailleurs explicitement:

> *Lui répondre* (au peintre) *comme s'il m'avait envoyé une épître par son image. Puis mettre en relation ces correspondances. Faire de la vie de la peinture une sorte de roman par lettres.*

Ce recueil réalise donc d'une autre façon le projet inaccompli du roman par lettres *Les Jumeaux*. Dans le volume suivant de cette série, *Illustrations IV*, le texte central, «Epître à Georges Perros» fonctionne selon le même principe et réaffirme ce projet, à la fois lettre ouverte et dédicace. La correspondance revient en force dans *Boomerang* avec l'ensemble *Courrier des Antipodes*, à la fois lettres à Marie-Jo et journal de bord du voyage en Australie en 1976. Nous avons ici un premier transit du texte en principe le plus privé (lettres à l'épouse) vers le texte très public de l'oeuvre. La lettre est encore utilisée comme support dans le texte «Entre les gouttes» du recueil *Chantier* (1985), texte qui prend la forme d'une lettre à Vincent Bioulès pour la présentation d'une exposition; et à nouveau dans une préface-frontispice au livre de Georges Godin: *MB Pédagogie, littérature* (1987), la lettre devenant remémoration et explication de texte par le truchement de l'autobiographie. La correspondance sert aussi de toile de fond dans le texte «Hallucinations simples» (1985) du recueil *Avant-goût II*, où la lettre de Laurent de Gavoty à Rimbaud en date du 17.VII.1890 forme implicitement la charnière et la plaque-tournante du texte:

> *On attend toujours une autre lettre à laquelle on ne répondra jamais, car il est trop tard, ou trop tôt, on garde celle-ci comme un talisman contre cette attente;*

texte dans lequel on trouvera aussi cette belle interprétation de la sécheresse épistolaire de Rimbaud:

> *En dire le moins possible, surtout dans les lettres à la famille, ne laisser passer que l'indispensable, se garder des confidences aux collègues, la moindre indiscrétion compromettrait tout, ne pas leur donner des idées; se fondre dans le paysage, ne pas éveiller de jalousies, ils n'ont que trop tendance à poser des questions, à s'imaginer, pas de notes, aucun tiroir, aucun coffre n'est vraiment sûr, tout tenir en tête jusqu'à la clef d'or.*

La correspondance comme instrument, comme réflexion, traverse ainsi la totalité ou presque de l'oeuvre «publique» de Michel Butor.

II. Outre cette utilisation de la correspondance dans des textes appartenant à d'autres genres, en un phénomène de transfusion, il existe une intense pratique du genre et de l'activité épistolaire proprement dits. Cette pratique sous-tend aussi le corpus des livres car elle forme le lien entre *écrire* au sens intransitif, verbe cher à Maurice Blanchot ou Roger Laporte, le «beau souci» d'écrire, travail de mineur dans sa solitude, et cette autre écriture transitive, interactive, indirecte et polymorphe que Michel Butor pratique de plus en plus et de plus en plus volontiers: écrire *sur*, écrire *avec*, écrire *à*, dialoguer avec des artistes, peintres, sculpteurs, musiciens ou écrivains, objets indirects et intermédiaires vers le lecteur total. Michel Butor citera la correspondance et l'entretien comme deux formes de collaboration qu'il pratique volontiers, dans un entretien à la revue TEM (été 84). Comme son interlocuteur objectera qu'il l'interrogeait sur la fiction, et qu'il existe une distinction «entre ce qui n'est pas de la fiction et ce qui en est, parce que, à un moment donné, il y a une référence au réel qui est différente», cela donnera à Michel Butor l'occasion de répondre par une remarquable profession de foi:

> *Ces distinctions fonctionnent dans certains cas, mais doivent être assouplies, dialectisées. Dans la correspondance, des fictions naissent. D'abord les écrivains parlent des choses qu'ils sont en train de faire. Il y a de merveilleux exemples d'inventions qui se forment à l'intérieur de correspondances. La correspondance est un genre extrêmement important. Evidemment, très souvent on n'étudie la correspondance que d'un côté. Mais dans certains cas, heureusement, nous avons de vraies correspondances: alors on peut voir à quel point ce sont des oeuvres qui se constituent avec une personne, une personnalité nouvelle qui naît.*

Les correspondances avec Dotremont et Perros sont capitales à cet égard. Tout comme l'entretien, la correspondance constitue en effet un texte dialogique, une collaboration plus lente (puisque questions et réponses sont soumis aux aléas de l'acheminement postal), à l'intérieur de laquelle peuvent être maniés bien des domaines du savoir et de l'activité artistique, mais aussi des petits faits quotidiens qui, pour paraître parfois familiers ou communs, n'en sont pas dérisoires ou insignifiants pour autant: ils constituent la biographie de l'auteur, parallèle prosaïque de celle qui s'écrit dans les livres, et portent la trace des conditions matérielles de production de l'oeuvre dite «publique». Il suffit de se pencher sur la correspondance éthiopienne de Rimbaud pour prendre conscience que l'aridité quotidienne, loin d'apparaître comme un défaut de facture, reflète et condense au contraire son état quotidien et sa situation de suspension ou de repli par rapport à l'écriture. En l'occurrence, comme dans toute correspondance d'écrivain, ce n'est pas la subtilité ou la beauté de l'expression qui nous intéresse en premier lieu, mais bien son fonctionnement comme texte parallèle à celui des livres. Dans l'oeuvre-océan de Michel Butor ceci est particulièrement net, car tous les domaines se réfléchissent et renvoient l'un à l'autre.

La correspondance est sans doute le genre le plus développé, celui qui occupe le plus grand volume, et dont la pratique a été la plus constante dans toute la production butorienne. S'il a certes cessé depuis trente ans d'écrire des romans pour explorer de nouveaux domaines, il n'a jamais cessé d'écrire des lettres, et ses lettres sont même devenues de plus en plus nombreuses et différentes des lettres classiques depuis qu'il n'écrit plus de romans. Il a précisé dans l'entretien déjà cité accordé à la revue *Texte en main*:

> *La correspondance, pour moi, c'est très important. (...) Du fait que je découpe des cartes postales, j'écris beaucoup plus de lettres, de correspondance que je ne ferais autrement. (...) Certainement, si je n'avais pas trouvé ce truc des cartes postales, je n'arriverais à écrire qu'une ou deux lettres par semaine. Je réussis à en écrire près d'une vingtaine. Evidemment, ce besoin que j'ai d'écrire des lettres est lié au fait que j'écris par ailleurs, mes lettres étant avant tout pour moi un moyen de garder un contact avec des lecteurs.*

Tout est dit: la constellation amicale, le donjuanisme épistolaire, et l'inclusion de la correspondance dans l'écriture au sens large. Une vingtaine de lettres par semaine, cela représente environ mille cartes, *mille et un plis* expédiés chaque année, plus de 40.000 depuis le début de sa carrière, soit une bonne centaine de volumes! L'activité épistolaire occupe donc un rôle de tout premier plan dans la production de Michel Butor. Mais c'est aussi, logiquement, le texte le plus caché, le plus souterrain: une sorte d'Atlantide, de continent englouti, ou une ville souterraine comme celle de Montreal. La correspondance forme ainsi une région enfouie, disséminée entre les cinq continents, à laquelle il est difficile d'accéder pour l'étudier, sauf partiellement. Puisque nous ne disposons pas de la totalité d'un corpus, nous sommes réduits à imaginer le fonctionnement de cet ensemble proliférant d'après le mince aperçu public dont nous disposons: en l'occurrence, la seule correspondance caractérisée et complète dont nous disposions à ce jour est celle avec Christian Dotremont, éditée par Michel Sicard chez Galilée en 1986. Par ailleurs, les lettres de Georges Perros avaient été publiées dès 1982-83 par Ubacs (Gallimard y ayant renoncé) mais les réponses de Michel Butor sont toujours en réserve, en attente de publication. Il reste à briser l'équation macabre propagée par la Doxa: *Correspondance = texte posthume* qui assimilerait la pratique épistolaire à une forme privée du discours, comme un journal intime. C'est cette équation malsaine qui rend la correspondance difficile à étudier comme *texte*. Nous pouvons seulement, à partir du corpus très fragmentaire dont nous disposons à ce jour, étudier certains mécanismes et paramètres en supposant que le reste du corpus fonctionne selon des lois similaires. J'ai divisé pour mon usage immédiat ces paramètres en douze sections:

1) La correspondance de Michel Butor dessine des réseaux qui recouvrent la terre entière, car ses correspondants, dont le nombre est très élevé, répondent à une répartition géographique extrêmement diversifiée.
2) Comme on peut s'y attendre, il ne pratique pas ce *genre* selon un schéma classique, il met tout au contraire ce schéma à l'épreuve, et l'on pourra se poser à son endroit la question de sa définition générique telle que me la suggérait Mireille Calle-Gruber: est-ce un genre "nouveau? revisité? hors genre?..." Je soumets cet aspect à la réflexion commune, car je ne possède pas les clefs qui permettraient d'y répondre.
3) Michel Butor pratique le genre épistolaire en le subvertissant et en le transformant jusque dans son support, la carte découpée. Michel Sicard a étudié systématiquement les paramètres qui interviennent dans la fabrication de ce support, ainsi que l'aspect phénoménologique de cette écriture, dans son essai "A la carte" (in *TEM*, 2) et il n'est pas nécessaire par conséquent de revenir sur la matérialité de cet objet, auquel Jean-François Lyotard a consacré par ailleurs un merveilleux petit essai

d'ethnologie postale intitulé "Sites et récits de sites" (in *Traitement de textes*, chez D. Bedou, 1985). Je signalerai seulement quelques aspects qui, sur le versant manuscrit de ces cartes découpées, me semblent essentiels pour marquer la spécificité de cette pratique d'un genre.
4) La correspondance de M.B. est un texte à matrices, qui se recoupe et se reproduit, se répète éventuellement dans une même série. Exemples:

> *T'ai-je dit que je suis grand-père? (Nice, 21.X.81)*

> *Je te l'ai peut-être déjà écrit: je redoute cette dernière année universitaire qui s'annonce très lourde. Il s'agit de tenir le coup. (Lucinges, 15.IX.90)*

Chaque correspondant reçoit une variante du texte général, écrit à la première personne, que nous nommerons *Texte A*, pour simplifier. Ce texte matriciel se combine à un texte au vocatif, qui s'adresse à un seul destinataire (parfois à un sous-ensemble): nous le désignerons comme *Texte B*.
5) Le texte A est autobiographique: on y lira la constitution progressive de la biographie à travers l'emploi du temps, les activités enchaînées dans un calendrier rigoureux et l'arpentage d'un réseau géographique. Ce texte A est un tissu spacio-temporel comparable dans sa complexité à celui des romans *L'emploi du temps* et *Degrés*. Il y a dans cet aspect de la correspondance comme une volonté de saisir le temps qui passe dans son miroitement instantané, dans une sorte de *polaroïd*. C'est le sens de la formule latine *Carpe diem* abondamment citée dans le film *Dead Poets Society*.
6) Le texte A est informatif: on y trouvera des références à la préparation des livres, à leur sort éditorial, et parfois une brève description de certains lieux explorés. Cet aspect est directement lié à l'oeuvre publique, et constitue en quelque sorte son commentaire marginal.
7) Quant au texte B, il est généralement plus court que l'autre, comme cela est normal dans toute correspondance, et se situe le plus souvent au commencement et à la fin de la missive, de telle sorte que le texte A s'y trouve enchâssé. Comme l'écrit Michel Sicard, ce texte vocatif

> *sélectionne à outrance dans le flot des questions que vous vous laissez aller à poser à l'écrivain. La* carte découpée *vous signale d'abord, par son corps même, que nous nous déplaçons dans le fragmentaire: la bribe, la phrase lancée, cordage, vers votre appel à l'aide, le conseil bref sont les modules langagiers les plus fréquents. Il s'en suivrait une stylistique propre maniant des segments pressés et compressés.*

8) Ajoutons que le texte B est souvent réactif, par rapport aux nouvelles fournies par le correspondant, et aussi parce qu'il cherche à provoquer chez le destinataire une transformation: relecture, vérification, désir d'exploration, etc.

> *Ainsi quand je parle d'un peintre je cherche à donner un avant-goût pour qu'on aille y voir, d'un écrivain pour qu'on aille y lire (ou relire), d'un pays pour qu'on aille y voyager,*

nous signale la quatrième de couverture d'*Avant-goût II.* Comme il l'a confié à Frédéric Gaussen dans un entretien:

> *Tout travail littéraire, pour moi, est pédagogie et contient un enseignement.*

La correspondance n'échappe pas à cette règle. Voyons par exemple:

> *Je relis le* Mardi de *Melville dont je veux utiliser l'archipel. Connaissez-vous ce livre*? (Nice, 2.IX.76)

ou encore:

> *Ta carte viennoise du 3 août a réussi à m'atteindre. Je ne suis allé à Vienne qu'une fois, il y a déjà des années, passer quelques jours à l'occasion de répétitions du* Pli selon pli *de P. Boulez. C'est l'origine du petit texte sur Mallarmé dans* Répertoire II. (Victoria, 13.IX.81)

Partant du texte B, on glisse grâce à l'évocation vers le texte A, on transite du présent du destinataire vers le passé de l'expéditeur, et de celui-ci le destinataire ne reviendra au présent (A ou B) qu'après un détour par ce texte qu'il lui faut relire, "Mallarmé selon Boulez". *Pli selon pli* renvoie par ailleurs à *Mille et un plis*, aux mille et une cartes expédiées chaque année, aux mille et un rêves de *Matière de rêves*.
9) Le texte B est par conséquent un discours qui recrute, qui appelle, crée des liens, met éventuellement en rapport les correspondants et les amis entre eux, selon le principe vieux comme le monde: "Les amis de mes amis sont mes amis" ou, comme cela est dit dans *Résistances*, le dialogue avec Michel Launay:

Si l'on a tant besoin d'amis, c'est parce qu'on a des ennemis. De nombreux exemples traversent les lettres, introduits par la formule: "Vous pourriez peut-être écrire à A, Y..." ou "J'ai de bonnes nouvelles de Z", ou encore: "Jennifer W.W. nous a donné de vos nouvelles". Comme cela est dit encore dans *Résistances*:

> *J'ai des amis, je ne survivrais pas sans eux. Certains sont morts, d'autres viennent à ma rencontre. J'ai la joie par exemple de pouvoir vous compter parmi mes amis. Certes, rien n'est plus important pour moi que ce qu'ils pensent, que ce qu'ils font, ce qu'ils pensent de ce que je fais. Amis vivants ou morts. Dans les auteurs anciens ce sont des amis que je cherche...*

Ainsi, une dialectique de l'amitié sous-tend une partie importante du travail de cette oeuvre.

> *Je distille une teinture ou un alcool de certaines de mes rencontres, opération qui peut me prendre des années*

nous indique le prière d'insérer d'*Avant-goût III*.
10) A ces différents points, ajoutons que la correspondance a un rôle thérapeutique pour l'écrivain. La présence même d'un destinataire accentue son désir d'ubiquité:

> *Regardez pour moi, lisez pour moi, écoutez, sentez pour moi (St.*

> *Régis du Coin, 17.VIII.77).*

Les lettres qu'il reçoit sont un baume face à la "méchanceté du monde". Relisons à cet égard le texte "Hallucinations simples" déjà cité:

> *Alors la jeter, cette lettre; mais non, car c'est un tel miracle quand même; la déchirer, la brûler, mais on se remettrait à attendre comme avant. (...)*
> *La déchirer avec jurons, cette lettre, la brûler solennellement et en recueillir les cendres dans une fiole de verre bleu? Mais on se remettrait à attendre comme avant, pire qu'avant.*

Cette phénoménologie de l'attente est essentielle dans l'aventure de la correspondance. Rimbaud encore nous montre le chemin, Rimbaud tel que Michel Butor nous a permis de le redécouvrir:

> *Il l'avait tant attendue cette lettre d'un jeune poète qui aurait lu quelques-uns de ses textes malgré tous les obstacles mis là-contre pour conjurer, tenter le sort. Certes on avait tout quitté, largué, soldé. On avait brouillé les pistes, mais si jamais... Et en effet, un jour, contre toute attente, la perpétuellement attendue était arrivée jusqu'à lui. Que faire? Qu'en faire? On n'a rien à répondre pour l'instant, rien à envoyer. Un jour, peut-être. Plus tard. Lorsqu'on aura réussi cette parenthèse, lorsqu'on sera revenu en France, non, revenu de France en Afrique, on verra.*

11) Si nous comparons les lettres de l'année 1960 à Georges Perros publiées dans le livre de Skimao et Teulon-Nouailles à La Manufacture en 1988, et celles des années plus récentes (à Dotremont, notamment) nous remarquerons qu'une cristallisation s'est effectuée: réitératives, descriptives (l'arrivée à New York par bateau, ou "l'appartement qui se tortille comme un serpent" à Bryn Mawr dans la lettre du 29.I.60 par exemple), d'un souffle encore long, divisées en paragraphes, parfois même un peu confidentielles en 1960, elles sont devenues essentiellement fonctionnelles dans les années 1970 avec la carte découpée et un phénomène de concaténation des éléments informatifs et réactifs, des

textes A et B dans un seul paragraphe. Ce phénomène provient d'une part du support inventé qui permet d'éviter le recours à la description, d'autre part de la multiplication des correspondants, de l'emploi du temps de plus en plus encombré; et finalement, il me semble, d'une réflexion sur la pratique même de l'activité épistolaire, texte pluriel et disséminé comme les pièces d'un puzzle, à charge pour chaque destinataire d'en reconstituer l'ordonnance.

12) La correspondance comme texte dialogique provoque certains échos, reprises, recoupement ("l'appartement qui se tortille comme un serpent" est repris, par exemple, dans une lettre de Perros) mais la distance provoque aussi certains échos redoublés, certaines démultiplications du récit biographique, figures fréquentes lorsque les missives se croisent sans toujours parvenir à se répondre. L'espace me manque pour citer ici deux prélèvements auxquels j'avais songé, dans ma correspondance avec Michel Butor: l'un concerne une tentative de pratiquer la cuisine française à Mexico et l'envoi d'une série de recettes photocopiées, recettes dont l'écho traversera plusieurs fois l'Atlantique dans les deux sens; l'autre prélèvement constituerait l'archéologie d'une cabane construite à Gaillard par les deux petits-fils de Michel Butor et l'aîné de mes fils en avril 1987. Cette cabane, comme une idée derrière la tête, aura quelques prolongements et formera finalement un micro-récit. Deux ans et demi après sa construction et le déménagement de Gaillard à l'*Ecart*, Michel Butor m'écrira - et ce rôle de remémoration-réactivation de la correspondance est fondamental:

[145] Lucinges, le 15 septembre 1989*

(...) Je ne sais si tu t'en souviens, un jour tu étais venu à la frontière à Gaillard avec Mathieu et tu avais apporté des morceaux de bois pour construire une cabane autour d'un arbre en compagnie des petits. Lors du déménagement Sorlin a beaucoup insisté pour que nous montions tous ces matériaux, et il a esquissé une cabane toute différente en compagnie de Solomon, qui était plutôt une projection sur le sol d'une maison imaginée. Tout est rangé maintenant. (...)

On peut ainsi prendre en filature à travers la correspondance certains micro-récits qui s'y constituent. Rien n'y est transcendantal: on coupe les cheveux de Solomon, ils repoussent, on construit une cabane, on achète du beurre suédois à moitié-prix dans la zone franche, etc.- mais tout est à sa place, tout se répond, les éléments dans leur jeu finissent par s'emboîter en dépit de la distance, et peu à peu, au fil des aléas de l'acheminement et de la distribution du courrier, s'assemble l'image complète de ce puzzle mental que constitue la vie elle-même dans son effervescence. Dans ce bouquet complexe d'entrelacs on peut cueillir certaines brindilles, suivre leurs ramifications, les rebondissements de certains récits. Le texte mexicain qui manque à *Transit* est mentionné par exemple dans un grand nombre de lettres entre 1980 et 1990. C'est ce qui lui permet d'exister au moins sur le plan fantasmatique, même sans être écrit. Il en va de même, d'une autre façon, pour le roman *les Jumeaux* dont les lettres de Georges Perros portent la trace. Si nous occultions toute la correspondance de ces années-là, si elle disparaissait, *Les Jumeaux* ou le texte mexicain s'estomperaient complètement, perdraient leur présence fantasmatique, et par voie de conséquence leur rapport-même à une certaine réalité; ils seraient renvoyés aux oubliettes de l'inconscient, de l'intimité. C'est l'un des aspects les plus riches de cette correspondance: elle montre et révèle photographiquement, en quelque sorte, le *travail* de l'imaginaire à travers les réseaux du quotidien. C'est un négatif photographique qui est derrière toute l'oeuvre publique. Et, comme l'a dit Michel Vachey au colloque de Cerisy il y a dix-sept ans, "On ne met pas sous séquestre le négatif. Chez Butor, le négatif joue de la trompette".

L'ANESTHÉTIQUE DE MICHEL BUTOR

Lois Oppenheim

Les études critiques récentes et les orientations métacritiques auxquelles elles adhèrent sont, aujourd'hui, de plus en plus divisées en deux camps philosophiques: l'un fondationaliste, l'autre contextualiste. "Chacun peut prendre une diversité de formes," prétend Gary Shapiro dans son essai "Gadamer, Habermas and the Death of Art":

> *Il est typique du fondationaliste qu'il cherche une base fixe pour ce que nous savons, pour ce que nous pensons devoir faire, et pour ce que prétend l'expérience artistique et esthétique, tandis que le contextualiste nie l'existence de toute base fixe et suggère à sa place que nos connaissances (...) et notre expérience esthétique peuvent se satisfaire d'une référence aux normes et aux pratiques des sociétés existantes, tenant compte de l'expérience historique de ces sociétés telle qu'elle se trouve dans leurs cultures.*[1]

Dans ses oeuvres aussi bien critiques que littéraires, Michel Butor vise -- par corrélations, filiations, interconnections textuelles--la révélation de paradigmes qui, en concédant des indications sur l'histoire et sur l'actualité d'une culture quelconque, s'ordonnent en une totalité qui rend intelligibles l'incohérence et les ambiguïtés de la vie. Ses efforts dérivent

[1] G. Shapiro, "Gadamer, Habermas and the Death of Art" in: *British Journal of Aesthetics*, Vol. 26, No. 1, Winter 1986, p.39.

d'une vision qui est fondamentalement perspectiviste et relationnelle -- non pas analogique ou contrastive. Comme telle, c'est une vision qui contextualise ce qu'on a tendance à comprendre comme purement formaliste: loin d'être strictement constructiviste, la façon dont Butor joue avec les nombres et avec les citations (tirées de ses propres textes aussi bien que de ceux des autres) et sa manière assez remarquable de manipuler (classifier, répéter, etc.) toute sorte de matière extralittéraire caractérisent au contraire une démarche relativiste.

Le contextualisme de Butor, cependant, dépasse la dissociation de l'art et de la littérature de tout *sine qua non* de l'expérience esthétique qui définit la position anti-fondationaliste. Bien qu'il n'adhère ni en théorie ni en pratique à l'idée qu'une oeuvre (la sienne ou celle d'autrui) puisse posséder des qualités intrinsèques qui institutionnellement la qualifieraient comme oeuvre d'art, le travail de Butor témoigne d'un fonctionnement de l'art non-relationnel qui -- en se manifestant dans l'expérimentation, dans le détournement des impératifs du conformisme esthétique, et dans une valorisation du commun (proche d'un Duchamp ou d'un Warhol) -- fait *tabula rasa* de l'esthétisme. Ce qui suit tentera donc de montrer que l'oeuvre de Butor exemplifie non seulement la "situation" culturelle de toute entreprise artistique, mais encore réalise un dépassement du contextualisme d'intentionalité et d'historicité, deux composantes primaires de l'oeuvre d'art, pour revenir à une fixité de l'expérience esthétique qui rappelle le fondationalisme, voire se confond avec lui.

En explorant le registre principal dans lequel opère le contextualisme butorien, nous verrons que ce que l'on pourrait appeler l'anesthétique de Butor est à la fois (1) le refus d'une fondation absolue de l'expérience esthétique (Butor se montre allergique à toute notion de pureté de l'art *en tant qu'"art") et* (2) la réappropriation d'une immutabilité ontologique. Or la perspective contextualiste de Butor devrait nous inviter à réétudier les diverses sortes d'analyses interprétatives qui sont faites de son oeuvre, car le matériau culturel de ses textes semble exiger une approche moins positiviste et plus sensible à l'ontologie du langage qui les anime.

Le registre principal dans lequel opère le contextualisme de Butor est le perceptualisme. Dans ses premières oeuvres et dans les plus récentes qui privilégient la collaboration entre artistes (autrement dit un mode implicitement dialogique et interlocutoire), toute présupposition quant à l'identité du 'sujet lisant' et son rapport au monde est remise en question par une focalisation sur les limites de la subjectivité. En posant le problème de la participation du lecteur à la 'réalisation' ou 'activation' du texte -- de façon thématique aussi bien que structurelle -- l'oeuvre butorienne illustre une sorte de dépossession du moi du lecteur et la substitution à celle-ci d'une conscience qui s'érige sur l'horizon perceptuel de l'écrivain. *La Modification* offre un exemple frappant de cette mise "en situation" ou contextualisation intersubjective car dans cette oeuvre Butor non seulement thématise la dépendance du "sujet parlant" vis-à-vis du "sujet lisant" (le roman, nous le savons tous, a comme "sujet" le lecteur), mais affirme la qualité transfigurative de l'échange intersubjectif qui informe la connaissance du lecteur quant à lui-même et permet la découverte de dimensions du moi et du monde jusqu'alors insoupçonnées.

Ce processus de 'modification' et les moyens par lesquels la conscience du lecteur est stimulée pour établir les rapports nécessaires à son accomplissement, constituent, bien entendu, l'intérêt principal de critiques tels que Wolfgang Iser, Hans Robert Jauss et autres tenants de la Rezeptionsaesthetik qui ont recontextualisé le texte au plan *théorique* en tenant compte des opérations réciproques (ou intersubjectives) -- les implications mutuelles du personnage/auteur/lecteur -- dont procède le sens. Dans *La Modification*, Butor a réussi à raconter l'histoire de la relativité textuelle de façon *inventive* en exposant -- métaphoriquement -- le rapport qu'entretient tout fonctionnement textuel avec la projection de l'image pré-cognitive et cognitive du moi (le voyage en question étant, après tout, une objectivation du mouvement de la conscience non-thétique vers la conscience thétique)[2] et avec la conscience du moi dans son rapport à l'Autre. Dans la mesure où le voyage spatial du personnage se définit comme celui du lecteur (par la substitution du pronom personnel de la

[2] Voir mon livre *Intentionality and Intersubjectivity: A Phenomenological Study of Butor's "La Modification"* (Lexington: French Forum, 1980, pp.121-132.)

deuxième personne à une narration à la première personne), le trajet relie un moi fictif à un moi réel de façon à empêcher toute possibilité d'une expérience 'purement esthétique' au-delà du cadre contextualisant de l'intersubjectivité. Ainsi le perceptualisme fonctionne dans *La Modification* comme une pseudo mise en abyme: l'autonomie textuelle de ce roman cède à une préfiguration continuelle (par la reconnaissance du 'sujet lisant' dans le 'sujet parlant') qui valide non pas un ensemble fictif -- dans lequel un redoublement focaliserait quelque chose d'interne au texte -- mais une ouverture provisoire aux et une appropriation des champs perceptuels de l'auteur et du personnage.

Dans *L'Embarquement de la Reine de Saba*, oeuvre toute récente de Butor, l'intersubjectivité fonctionne de façon similaire: la production du sens *textuel* est partagée par l'auteur et par le lecteur qui constituent, avec leur co-interprétation, la signification *visuelle* du tableau de Claude Lorrain. Dans *L'Embarquement de la Reine de Saba*, comme dans *La Modification*, Butor dépeint métaphoriquement la contemporaneité de l'être du texte avec l'acte perceptuel du lire et définit les rapports entre lecteur et texte en des termes qui renvoient aux rapports spectateur (Butor/le lecteur) tableau (du Lorrain). C'est-à-dire qu'il (1) trace l'itinéraire temporel permettant le dévoilement du champ sémantique et celui de l'image -- trajectoire à la fois protentive (i.e., de projection vers l'horizon irréel de la création) et rétentive (dans son maintien des structures primaires du réel) -- et (2) met en pratique une façon de penser l'art qui est problématisée de façon non seulement cognitive (la thémati- sation), mais pré-cognitive (l'interprétation).

Si l'itinéraire de la constitution du sens s'établit selon un mouvement temporel à la fois protentif et rétentif, c'est qu'il reflète, et donc se contextualise par, le jeu dialectique qui 'active' ou 'réalise' temporellement le texte dans l'acte de la lecture. Les nombreux appels au lecteur sommé de promouvoir la signification textuelle par "l'extension" imaginative de son esprit[3] -- A quoi ressemblera ce palais du roi Salomon?[4]

> *"Il ne parviendra sans doute pas à deviner les titres (...) qui décrivent un état de choses dans un avenir fort lointain"*[5]

-- comme les diverses inventions imaginaires des "personnages" eux-mêmes (habitants du texte et du tableau) --

> Jacinthe:
> *"J'imagine une mer de bronze ornée de deux rangées de coloquintes et reposant sur douze boeufs"*
>
> Narcisse:
> *"J'imagine que le chemin, pavé de cailloux bleus, craque sous les pas, et que des roses épanouies pendent en berceau sur toute la longeur de l'allée"*
>
> Jonquille:
> *"J'imagine que les cent portes donnent entrée dans des jardins ou des magasins remplis de richesses, ou enfin dans des lieux qui renferment des choses surprenantes"*[6]

et la première phrase rétentive de chaque section du livre--

> *La Reine lève le pied gauche sans le découvrir.*[7]
>
> *La Reine pose le pied gauche sur la marche suivante sans le découvrir.*[8]

[3] Cf. J. Garelli, "L'Ecart du maintenant et l'extension de l'esprit," in *Les Temps Modernes*, Paris, décembre 1969. Garelli développe dans cet article la notion de la "distentio animi" ou "l'extension de l'esprit." Voir également Garelli, *Le Recel et la Dispersion*, Paris, Gallimard, 1978, p.100.

[4] Michel Butor, *L'Embarquement de la Reine de Saba* (Paris: La Différence, 1989, p.18.

[5] *Ibid.*, p.96.

[6] *Ibid.*, pp.27-28.

[7] *Ibid.*, p.18.

[8] *Ibid.*, p.20.

La Reine lève le pied droit au-dessus de l'eau[9]

-- qui fait contraste dans son recel de "réalité" de la scène dépeinte avec la suspension créatrice (et protentive) de cette réalité -- reflètent l'engagement du lecteur dans l'oeuvre de Butor en ce que la constitution intersubjective du tableau se fait par une négation dialectique (et donc temporelle) et une reconstitution du réel. Ce 'recel et dispersion' (terme emprunté au philosophe Jacques Garelli) de la représentation picturale du Lorrain, c'est-à-dire l'Aufhebung esthétique qui confirme la constitution temporelle de son oeuvre, est précisément ce qui contextualise, ou met "en situation", dans sa spécularisation de l'acte de lire, l'art de Butor.

La contextualisation, effectuée dans *L'Embarquement de la Reine de Saba* par le redoublement *ad infinitum* du pictural dans l'image verbale, par l'encadrement du visuel à l'aide des mots, est exemplifiée plus largement dans cette oeuvre grâce aux énigmes qui seront proposées au roi par le Cavalier de cuivre. Ces textes énigmatiques (textes à l'intérieur d'un texte lui-même à l'intérieur d'un texte) reflètent adéquatement la constitution intentionnelle de tout sens textuel et donc celui du texte (de Butor) dans lequel ils se trouvent. Ce sont aussi de superbes reflets de la relativité culturelle, l'identification d'une oeuvre avec son matériau culturel:

> *Pouvez-vous déjà deviner, secrétaires?*
> *"Ce langage m'est encore à peu près inintelligible: que des mots là-dedans que j'ignore! Les siècles sans doute vont les découvrir. J'essaie d'apercevoir au moins l'un des pieds de la Reine, en me remémorant le livre de Judée..."*[10]

L'Embarquement de la Reine de Saba révèle non seulement le contextualisme de l'intentionalité et de l'historicité (comprise comme dévoilement temporel du sens dans l'interprétation, d'un côté, et l'enracinement de l'oeuvre d'art dans la culture, de l'autre), mais encore

[9] *Ibid.*, p.22.
[10] *Ibid.*, p.28.

le non-relativisme de l'auto-référentialité. Dans la mesure où l'oeuvre dans l'oeuvre dans l'oeuvre ([1] les énigmes à l'intérieur de [2] la constitution interprétative du tableau de Lorrain [3] à l'intérieur de l'oeuvre de Butor en tant qu'oeuvre en soi) est un retour sur elle-même, elle démontre une incompatibilité fondamentale de l'art (littéraire ou autre) avec la représentation de la réalité. Et elle signale, semble-t-il, une négation de la fonction subjective. En d'autres mots, éliminez l'auto-représentation ou le redoublement auto-réflexif et l'intentionalité réapparaît. Comme l'a dit Jacques Derrida: "on supprime le double ou on le dialectise et on retrouve la perception de la chose même"[11]. Un extrait de la quatrième énigme de *L'Embarquement de la Reine de Saba* illustre bien le phénomène:

> *Préposé aux énigmes, lesquelles?*
> *"Voici le quatrième texte: à chacun des titres de cette section vous associez le suivant: l'auteur artificiel, la capture des codes, puis vous liez deux couples par un verbe approprié: l'auteur artificiel pratique la capture des codes, aux confins du corps on assiste à la dématérialisation du désir."*[12]

Le caractère absolu ou non-relationnel de cette auto-réflexivité, cependant, n'est que provisoire car nulle part dans l'oeuvre de Butor la création d'images auto-réflexives se perpétue en dehors de la dialectique fondamentale de l'anonymat et de l'individuation qui donne à cette oeuvre sa force. C'est dire que la focalisation intentionnelle est constamment réinscrite à l'intérieur d'un jeu dialectique dont la manifestation la plus évidente est l'insertion, dans la fiction, de l'auteur même:

> *Cavalier de cuivre, devin préposé aux énigmes, lesquelles vas-tu proposer à ce souverain qui a la réputation d'être lui-même si ingénieux?*
> *"Il ne parviendra sans doute pas à deviner les titres des courts textes que je lui ai rassemblés, et qui décrivent un état de choses*

[11] J. Derrida, *La Dissémination* (Paris: Ed. du Seuil, 1972), p.235, cité in: Lucien Dällenbach, *Le Récit Spéculaire* (Paris: Ed. du Seuil, 1977), p.211.

[12] *L'Embarquement de la Reine de Saba*, *op.cit*, pp.30-31.

dans un avenir encore fort lointain. Et pourtant je lui aurai donné tous les éléments de la solution. Voici le dernier (...)
- Mais il faudrait encore la preuve ... Pourquoi voulez-vous cette preuve? - J'ai perdu mes papiers d'identité. Pour m'en faire d'autres on veut que je prouve que je suis bien Michel Butor.[13]

Dans la mesure où la fiction de Butor exemplifie l'origine phénoménologique du langage en tant qu'il est l'articulation de sa propre fonction auto-expressive intrinsèque et, à la fois, l'expression de la référence à quelque chose d'autre que cette fiction -- précisément l'intentionalité (et praxis) de celui qui parle ou écrit -- elle fixe dans une sphère esthétique de *poiesis* pure les projections anonymes et individuantes de la créativité textuelle. Ainsi nous pouvons dire que son fondationalisme se situe au niveau d'une re-présentation métaphorique de la référence linguistique.

En un sens, la préoccupation butorienne du lieu, omniprésente dans son oeuvre, et le discours topologique qu'il crée, bien qu'évidente dans sa référentialité culturelle, témoigne, de plus, du fondationalisme en jeu dans cette oeuvre. Jacques Leenhardt a parlé de la "tentative radicale de mise en ordre" chez Butor, de sa "transformation du monde en un gigantesque système de signes,"[14] en tant que "cosmo-logie" inscrivant dans sa façon d'écrire une problématique profondément existentielle qui pourrait se définir comme une absence fondamentale du sens du monde. Pour Leenhardt, les "pleins, trop-pleins, exubérances, excès, débordements de signes, de symboles, de clés, de clins d'oeil, de labyrinthes fléchés,"[15] qui caractérisent les textes de Butor cherchent à remplir un vide angoissant dont la seule solution possible est à la fois culturelle -- ce qui, dans le cadre de la stylistique butorienne signifie *topologique* -- et *scripturale*. *La Modification* et *L'Emploi du Temps*, dans leur valorisation thématique de l'acte d'écrire et de l'écriture de Butor, en sont des

[13] *Ibid.*, p.96.

[14] J. Leenhardt, "L'Enjeu Politique de l'Ecriture Chez Butor" in *Butor: Colloque de Cerisy* (Paris: U.G.E., 10/18, 1974), p.171.

[15] *Ibid.*, p.171.

exemples précis. Dans son effort pour fixer en une circonscription géophysique du monde un sens métaphysique, la cosmologie de Butor surpasse les demandes du relativisme et se trouve purgée du contextualisme de ses associations historiques et culturelles. Certes, la vision utopique butorienne, si évidente dans *Le Génie du Lieu* et même dans le titre du deuxième volume de cette série *Où*, avec son accent barré qui implique une alternative à la fixité du lieu, est-elle tout à fait non-contextuelle.

La littérature, et les arts en général, tentent un rétablissement après avoir reçu bien des coups pendant ces dernières trente années, coups portés par la théorisation d'abord structuraliste puis déconstructioniste. Après cette mise à plat, la littérature cherche à présent à se débarrasser de l'ironie et de l'ambiguïté du post-modernisme, et à redéfinir, soit en termes de continuité et de pureté de la forme soit dans une perspective sociale et politique, sa raison d'être principale. Il résulte de cet effort une remise en question du genre, une expérimentation de la communication textuelle et visuelle ainsi que l'inaugurent les entreprises les plus novatrices de Butor.

Que l'oeuvre de Butor, cependant, soit à la fois profondément contextuelle -- dans la mesure où elle met "en situation" l'expérience artistique à travers une référence (non-mimétique) aux réalités culturelles et historiques de la société -- et également fondationnelle -- dans la mesure où elle révèle une stabilité, à la fois métaphysique et métaphorique dans sa re-présentation de la fonction linguistique, laquelle n'a aucun rapport avec une quelconque réalité en-dehors de la sienne -- situe cet auteur bien au-delà des post-modernistes pour lesquels l'art continue à figurer une conscience de sa propre nécessité historique. La façon ludique dont Butor traite le genre -- de la thématique auto-consciente de *La Modification* à l'écriture métafictive de *L'Embarquement de la Reine de Saba* sans oublier ses collaborations avec d'autres artistes -- confirme son refus de ce que Rosalind Krauss appelle "l'établissement du sens [artistique] en tant que fonction de comparaison [linguistique]", "la compréhension de l'art à travers le modèle du langage: oppositif, négatif, relatif"[16] -- bref, l'institutionalisation de l'esthétique -- et qu'il vise plutôt, comme Duchamp et Warhol l'ont fait de leur côté, à dessaisir la tradition -- par une valorisation du commun -- de son emprise sur l'art. En effet, le 'réalisme' caractéristique de l'oeuvre de Butor sert non seulement à poétiser le prosaïque ou à délivrer le lecteur du commun en le développant au maximum,[17] mais aussi à accentuer l'incompétence de toute tentative de définition de l'art qui puisse rendre réels les processus de création.[18]

L'anesthétique de Butor soutient la thèse hégelienne du philosophe/critique Arthur Danto selon quoi l'auto-conscience dont témoigne la créatrice "transfiguration du banal" signale la mort de l'art:

> *Quand l'art intériorise sa propre histoire, quand il devient auto-conscient de son histoire comme c'est le cas à notre époque, pour que la conscience de son histoire forme une partie de sa nature, il est peut-être inévitable qu'il devienne en fin de compte une philosophie. Et quand cela arrive, eh bien, en un sens, important, l'art meurt.*[19]

Pourtant, cette anesthétique indique précisément ce qui assure la constance de l'art: le dépassement par la conscience -- "puisque la conscience de la conscience est conscience"[20] -- du dualisme sujet/objet[21] qui empêche (par la notion d'art en tant qu'objet) notre saisie de sa fonction la plus fondamentale car ontologique. C'est la contextualisation de l'art dans l'intentionalité de la conscience perceptualisante et

[16] R. Krauss, "The Future of an Illusion," *The Future of Literary Theory*, Ed. Ralphy Cohen (N.Y.: Routledge, 1989), p.287. (Je traduis.)

[17] A cet égard nous trouvons la discussion du "réalisme" butorien de Mary Lydon dans *Perpetuum Mobile* (Alberta: Univ. of Alberta Pr., 1980) limitée. Voir pp. 48 et 55.

[18] Cela nous rappelle la réserve de Butor face à Georges Charbonnier: "...ce qui me gêne, dans le mot 'création', c'est qu'il est lié à une illusion soigneusement entretenue, l'illusion de la gratuité de l'oeuvre d'art." *Entretiens avec Michel Butor* (Paris: Gallimard, 1967), p.35.

[19] A. Danto, *The Philosophical Disenfranchisement of Art* (N.Y.: Columbia Univ. Pr., 1986), p.16.

[20] *Ibid*, p.15.

[21] Cf. Danto. *ibid.*, p.16.

l'identification de l'art à l'interprétation intersubjective qui dévoilent, en fin de compte, l'ordre ontologique de l'expérience esthétique où semble résider la réflexion anesthétique et fondationaliste de Butor.

Traduit par Robert Glick

LE RETOUR DU BIOGRAPHIQUE

Johanne Bénard

L'oeuvre de Michel Butor pose avec beaucoup d'acuité la question des rapports entre autobiographie et intertextualité. Non seulement cette articulation précaire, voire paradoxale, fonde la série des *Génie du lieu* ou le *Portrait de l'artiste en jeune singe*, mais encore elle se trouve mise à l'épreuve dans *Histoire extraordinaire* et dans l'*Essai sur les Essais*. Voilà pourquoi j'ai choisi quant à moi de travailler sur un corpus de trois textes, qui, échelonnés sur près de trente ans, représenteraient les trois modalités de l'autobiographie dans le corpus butorien. Ainsi, dans l'*Essai* sur Baudelaire (1961) -- mais on pourrait aussi le démontrer dans l'*Essai* sur Montaigne -- le sujet se dit par le biais du texte et/ou de la vie de l'autre; l'autobiographie s'écrit par le détour de la biographie. Dans *Boomerang* (1978) comme dans les autres *Génie du lieu* ou comme dans le *Portrait de l'artiste en jeune singe*, l'autobiographie peut être vue, sinon, à proprement parler comme un genre ou comme une écriture, du moins comme un fil ou un motif du texte. Et finalement, on pourrait considérer que le *Retour du boomerang* (1988) est à ce jour le dernier de la série des très nombreux entretiens du corpus de Butor[1]. L'entretien, dont on peut

[1] Références: *Histoire extraordinaire. Essai sur un rêve de Baudelaire*, Paris, Gallimard, 1961 (édition utilisée: "Folio/Essais"); *Boomerang*, Paris, Gallimard, 1978; *le Retour du boomerang*, Paris, PUF, "Ecrits", 1988.

se demander s'il est texte ou paratexte, participe de plein droit de ce biographique qui apparaît comme un nouveau champ de la critique, repensant la figure de l'auteur et tentant de ménager son retour, après le long purgatoire que lui a imposé la belle époque du structuralisme.

*

Butor et le genre de l'autobiographie? De prime abord, on voit mal comment la théorie de Philippe Lejeune, définissant l'autobiographie comme un genre (avec un contrat de lecture qui lui est propre), pourrait inaugurer une lecture des *Génie du lieu*. Pourtant, alors que je me demande en quoi *Boomerang* est un texte autobiographique, je me trouve ramenée tout bêtement au pacte autobiographique. Qu'est-ce qui m'invite à penser qu'il s'agit, même bien subvertie, d'une autobiographie? Rien ne me le signale sur la couverture où le genre du texte n'est tout simplement pas mentionné. Mais je trouve dans le texte le nom de l'auteur: son prénom, son nom ou ses initiales identifient le narrateur à différents endroits. Et il y a bien un important paratexte, quoique les entretiens de Michel Butor qui me donnent des informations biographiques n'entourent pas vraiment la publication de *Boomerang*.

Car maintenant il m'est bien possible de lire *Boomerang* comme une autobiographie. *Le Retour du boomerang*, après un délai de dix années, a scellé en quelque sorte le pacte autobiographique. On me propose finalement de parcourir *Boomerang* pour repérer les traces biographiques du livre -- l'auteur "s'engageant" même à développer telles amorces du récit autobiographique. Cet entretien m'apprendra à identifier les strates biographiques qui sont disséminées dans la plupart des sept séquences -- mais sont en plus grand nombre dans "La fête en mon absence" et dans le "Courrier des antipodes". Le parcours est tortueux; aucune de ces séquences (elles-mêmes divisées dans le texte en différentes tranches) n'est strictement autobiographique. L'autobiographie est fragmentée, disséminée et à tout moment suspendue. De même que je perds le fil autobiographique au détour d'un récit mythologique, d'un récit de rêve -- qui, certes, a lui-même des résonances autobiographiques -- ou de la description minutieuse d'une oeuvre d'art (dans "Bicentenaire Kit" tout particulièrement), je peux bien perdre le texte autobiographique dans l'intertexte: dans d'autres textes, répondant à d'autres signatures. C'est dire que les aléas de la lecture de *Boomerang* ont pour effet en dernière instance de brouiller le pacte autobiographique[2].

Mais qu'en est-il du "retour du biographique"? Si j'ai intitulé ainsi ma communication, c'est en pensant y mettre en arrière-plan ce nouveau courant de la critique qui s'intéresse au "fantasme de l'écrivain" et dont témoigne au premier plan le numéro de *Poétique* consacré au "biographique" (no 63, septembre 1985)[3]. Je prends le risque du paradoxe, pour autant qu'il paraîtra contradictoire de parler d'un côté de nouvelle autobiographie, où le sujet est en procès, et de l'autre de la figure de l'auteur. *Le Retour du boomerang* joue sur les deux plans à la fois: se présentant comme un document sur l'auteur -- et construisant par là l'auteur comme "fétiche institutionnel" -- le texte fait aussi sans conteste partie de l'oeuvre. Butor note dès le début qu'il est "le seul auteur de ce dialogue"; l'entretien imaginaire est, à l'instar de toute l'oeuvre (voire de toute oeuvre), de l'ordre de la représentation et de la fiction.

L'autobiographie-autonyme

Parlant de *Où*, le second *Génie du lieu*, Mireille Calle-Gruber a bien montré comment on trouvait là "une écriture de fiction soucieuse de

[2] Rappelons ici que, dans "Le pacte autobiographique (bis)" (*Poétique*, no 56, 1983), Philippe Lejeune a voulu "réintroduire le «jeu» qui est fatalement lié à l'identité" et qu'il en est venu ainsi à considérer certaines autobiographies au pacte ambigu.

[3] Cf. *le Désir biographique* (sous la direction de Philippe Lejeune), *Cahiers de Sémiotique textuelle*, no 16, Université Paris X, 1989.

faire valoir la matérialité de la langue"[4]. L'effet référentiel, soutient-elle, rivalise alors avec l'effet-fiction; le texte butorien, dans un mouvement auto-réflexif, exhibe les dispositifs qui l'ont créé -- la biffure du titre en témoignant au premier plan. On pourrait bien entendu en dire de même du troisième *Génie du lieu*. Le travail du texte s'y manifeste tout autant. Mentionnons les jeux avec la syntaxe: l'absence de ponctuation ou le remplacement des signes de ponctuation par des mots articulaires (adjectifs de couleur ou substantifs évoquant la transparence), les phrases suspendues, c'est-à-dire sans point, ou les séquences commençant sans la majuscule. Puis les jeux de l'espace, qui se signalent d'abord par différentes mises en page, mais aussi par différentes paginations (différentes positions des chiffres sur la page), par les emplois non conventionnels des caractères typographiques (variation autour des oppositions majuscule/minuscule et romain/italique), par les encres différentes et par la variété ou l'originalité des titres courants. Certes, à un premier niveau, ces variations servent à identifier les différentes séquences et à les faire communiquer entre elles. Mais aussi, tous ces changements révèlent le texte dans sa matérialité.

Dans *Boomerang*, ainsi, je dirais que le texte autobiographique -- soit plus exactement les tranches autobiographiques qui constituent ce texte -- se trouve dans un contexte référentiellement opaque. Pour énoncer cette problématique, j'emprunterai, en les déplaçant un peu, les termes de la pragmatique:

> *Selon la façon dont on les utilise, selon le contexte où ils s'insèrent, les mots sont soit transparents dans la représentation qu'ils donnent des choses, soit opaques -- et s'ils sont opaques, c'est qu'eux-mêmes sont traités, à un titre ou à un autre, comme des choses. Ainsi l'exemple typique de contexte opaque est fourni*

[4] "La métamorphose à l'oeuvre", *Corps écrit*, no 26, p. 100.

> *par les guillemets: un nom, à l'intérieur d'un contexte de guillemets, cesse de désigner son objet, il perd sa transparence référentielle, et l'on ne peut plus, dans un tel contexte, remplacer ce nom par un autre de même référence. Les guillemets entourant le signe l'opacifient: le signe entre guillemets est considéré comme chose et non plus comme signe.*[5]

Les fragments autobiographiques, insérés dans le contexte de *Boomerang*, c'est-à-dire dans un texte qui met constamment l'accent sur son caractère de "chose", s'opacifient et dénoncent l'illusion de leur référentialité. Le texte autobiographique de Butor serait donc une "autobiographie-autonyme"[6], où la dissémination des fragments dans le contexte d'une énonciation essentiellement opaque a pour fonction en dernière instance de faire échec à la représentation, en réfléchissant avec insistance le procès même de cette représentation[7].

Le texte résiste, il s'écrit en mettant au jour une essentielle tension. Et le travail du texte est d'autant plus sensible que l'illusion référentielle tente de s'imposer. Or, il est difficile de contester le poids du référent biographique. Tout le paratexte de l'autobiographie qui joue à plein le jeu de l'illusion référentielle (de sorte qu'il se présente plus ou moins comme un hors-texte) dialogue avec le texte de l'autobiographie et renforce l'illusion du réel. De même, il faut prendre en compte

[5] F. Récanati, *la Transparence et l'énonciation*, Paris, Seuil, coll. "L'ordre philosophique", 1979, p.43.

[6] L'expression peut paraître ambiguë. Précisons qu'il ne s'agit pas d'une autobiographie se désignant comme autobiographie.

[7] Pour Mireille Calle-Gruber, la nouvelle autobiographie (l'autobiographie des écrivains du nouveau roman) est post-moderne en ce qu'elle révèle plutôt l'impossibilité de la représentation: "le je-autobiographique du Nouveau Roman *n'est pas présentable* et ce qu'il exhibe c'est donc l'im-présent-able dans ce qu'il présente de lui" ("Quand le nouveau roman prend les risques du romanesque", *Autobiographie et biographie. Colloque de Heidelberg*, Paris, A.-G. Nizet, 1989, p. 199).

l'importante force référentielle du nom propre[8]. J'ai beau lire *Boomerang* et repérer dans le texte ses procédés auto-réflexifs, j'ai beau être consciente du rôle privilégié qu'y joue (pour le dire avec Jakobson) la fonction poétique, je m'accroche (malgré moi?) aux traces biographiques; je suis à tout moment près de tomber dans les pièges du biographique. En fait, je perçois à la fois les résistances du texte et les mirages du référent.

*

Par ailleurs, le fragment autobiographique que constitue, dans *Boomerang*, le "Courrier des antipodes" met aussi à l'épreuve la représentation. Certes, cela tient d'abord au statut même de la correspondance. Dans un article sur la correspondance d'écrivains, Vincent Kaufmann (à l'instar de Derrida) a bien montré comment la lettre charrie avec elle tout un imaginaire de la langue et de la communication. La lettre pervertit la force de médiation du langage; elle constitue un défi lancé au symbolique, elle entraîne nécessairement la mise en échec de l'Autre. La correspondance, ne prendrait pas seulement acte d'une distance; elle produit cette distance dans la mesure où elle l'affirme et la maintient.

> *Que ce soit dans l'espace ou dans le temps, la lettre affirme, pose et produit une distance dont l'enjeu est intersubjectif. Elle éloigne l'autre en l'obligeant à prendre acte de la distance*[9].

Or, il faut aussi considérer que le "Courrier des antipodes" consiste en la *transposition* d'une correspondance: les lettres envoyées d'Australie à Marie-Jo. Tout se passe comme si l'intégration même des lettres dans

[8] J'emprunte le terme à Lejeune, qui discute cette question dans "Autobiographie, roman et nom propre" (*Moi aussi*, Paris, Seuil, 1986).

[9] V. Kaufmann, "Relations épistolaires. De Flaubert à Artaud", *Poétique* no 68, novembre 1986, p. 392.

Boomerang augmentait cette distance. Non seulement alors le texte butorien fait entrave ou retarde l'illusion référentielle, mais encore (cela pouvant être une même question) il subvertit la destination. Le destinataire de la lettre constitue comme un relais pour le lecteur; d'une certaine façon, il fait écran. L'adresse au destinataire ("Marie-Jo chérie"), qui survient à tout moment dans le texte, tient à distance le lecteur. Dédoublement, glissement, décalage. Ces adresses mettent au jour le déplacement qu'institue l'intégration de la correspondance dans le texte: le décalage qui s'institue entre la lettre et le texte. Comme l'on dit d'une pièce qu'elle a du jeu, le texte a du jeu; il génère un espace, en laissant voir le défaut d'ajustement. Entre la lettre ("originale") à Marie-Jo et la lettre du "Courrier" de *Boomerang*, c'est l'épaisseur du texte qui s'est insinué; on en trouve des traces dans l'énonciation, dont les déictiques ne correspondent plus avec le temps ni le lieu de l'écriture du livre.

Autobiographie et intertextualité

Boomerang se présente à proprement parler comme "une mosaïque de textes"; non seulement il colle bien à la définition de Kristeva de l'intertextualité, mais encore il la met à l'épreuve. Il donne à lire son intertextualité, il expose le travail de la citation. Toutes les séquences sont composées de différents textes, qui, ayant renoncé aux guillemets, n'en exhibent pas moins leurs signatures: en capitales, dans le corps du texte. Ce serait là un autre procédé auto-réflexif, une autre façon pour le texte d'opacifier ses signes.

Le texte de *Boomerang* se présente comme un collage mobile dont les différents énoncés s'organisent selon plus d'une combinatoire. Aucun sujet n'assurant les transitions, c'est le lecteur qui, en inventant des parcours, inscrit dans le texte ses propres passages. Les facettes autobiographiques se situent ainsi à la croisée non seulement d'autres récits (récit de rêve, récit ethnographique, récit historique), mais aussi de textes autres. Les résonances multiplient les lectures et diffèrent la représentation. Et parce que les limites et les frontières entre les textes, comme entre les récits, sont estompés et que les textes donnent moins l'impression d'avoir des bords que de déborder, l'énonciation de l'autobiographie est essentiellement contaminée.

Certes, on pourrait d'abord penser que, parce qu'il est constitué fondamentalement de citations, le texte butorien remet en question le statut même de la citation. Pourtant, bien qu'il ne se présente pas comme un texte central, le texte citant se différencie des textes cités. Comment? Par la non-récurrence de la signature à l'intérieur du livre voire, paradoxalement, par l'absence de signature. Est-ce à dire alors que l'intertextualité (s'affichant), en plus de miner l'illusion référentielle, tend à briser le pacte autobiographique? Les fragments de l'autobiographie -- qui ne constituent pas, je le rappelle, tout le texte citant de *Boomerang* -- renvoient en fait à l'ultime signature du livre; le texte, en quelque sorte à son insu, dans deux mouvements contraires et contradictoires, brouille et renforce son pacte autobiographique. Le poids de sa textualité est à la mesure de la force de gravité référentielle.

*

La critique s'accorde pour voir en *Degrés* (1960) la première oeuvre de Butor à accuser ouvertement son intertextualité. Mais qu'en est-il d'*Histoire extraordinaire*, qui est contemporain de ce roman (1961)? Et, pour autant que cet *Essai* sur Baudelaire, comme *Boomerang*, fait aussi intervenir le motif (auto)biographique, qu'advient-il de cette intertextualité?

Dans *Histoire extraordinaire*, ainsi, Michel Butor étudie un texte de Baudelaire qui se présente à la fois comme un récit de rêve et comme une lettre: au réveil, Baudelaire note le rêve dont il vient d'être "assiégé" pour "amuser" son ami et futur exécuteur testamentaire, Charles

Asselineau. Sans privilégier la grille psychanalytique, Butor lit la lettre en montrant comment elle nous renvoie tant à la vie et à l'oeuvre de Baudelaire qu'à la vie et l'oeuvre d'Edgar Poe, et plus particulièrement aux *Histoires extraordinaires*, dont Baudelaire vient (la veille) de publier la traduction à Paris. L'enquête biographique se fait par le biais de la juxtaposition et de la mise en correspondance des textes; le fondement même de l'*Essai* s'avère être l'intertextualité.

Déjà d'ailleurs, sur la couverture, le livre révèle cet intertexte. Empruntant à Poe et à son traducteur (à la seule différence du pluriel) le titre d'"Histoire extraordinaire", la signature de Michel Butor voisine avec le nom de Baudelaire (dans le sous-titre: "essai sur un rêve de Baudelaire"). Une courte notice biographique sur Butor précède ensuite une dédicace qui aurait pu être de Baudelaire: "A la beauté insultée de Jeanne". Tout ceci nous introduisant à la lettre elle-même, qui ouvre le texte de Butor.

Mais c'est dans la deuxième partie du onzième chapitre qu'on trouve le plus intéressant entrecroisement de textes. Voulant montrer l'identification plus ou moins consciente de Baudelaire à Poe, Butor cite un passage du conte "William Wilson" tiré d'une étude de Baudelaire sur Poe. On trouve alors de multiples variations autour de trois signatures. Le texte se module autour des citations au second ou au troisième degré. Or ici, à la différence de *Boomerang*, le texte citant se distingue facilement, de manière conventionnelle. Plus encore, il a le dernier mot: en dernière instance, il s'agit de montrer les sous-entendus et les motifs du texte de Baudelaire. De lui faire dire ce qu'il ne dit pas, c'est-à-dire de révéler les traces de l'autobiographie. De montrer comment le discours de/sur soi perce au travers du discours sur l'autre:

> *Le héros de cette nouvelle a un camarade qui lui ressemble comme un frère, ou plus exactement comme une image dans un miroir. Baudelaire y reconnaît le reflet du jeune Poe, se reconnaît*

> *lui-même dans ce reflet. Il peut dès lors montrer comment Poe a été malheureux au collège, et de plus comme il a été courageux, parce qu'il ne s'en est pas plaint; c'est seulement Baudelaire qui se plaint pour lui*[10].

Dans *Histoire extraordinaire*, l'intertextualité est en quelque sorte un réseau paradigmatique: sur une ligne verticale, on traverse les textes pour en arriver à quelque vérité (auto)biographique. On va alors du texte autobiographique de Poe à celui de Baudelaire, comme à celui de Butor.

> *Certains estimeront peut-être que, désirant parler de Baudelaire, je n'ai réussi à parler que de moi-même. Il vaudrait certainement mieux dire que c'est Baudelaire qui parlait de moi. Il parle de vous*[11].

Dans *Boomerang*, l'intertexte se déroule syntagmatiquement et l'autobiographie ne constitue plus qu'une histoire parmi d'autres: un texte et une signature parmi d'autres. On passe par le discours de l'autre pour parler de soi; les textes circulent, bougent et projettent en quelque sorte sur l'axe syntagmatique les multiples paradigmes, sans en fixer un sens (autobiographique).

La lecture (auto)biographique

Quand le sujet (autobiographique) s'absente dans *Boomerang*, c'est pour faire place à d'autres textes, à d'autres signatures. Le lecteur dans ce contexte perçoit la voix de l'auteur par intermittence. Or, en dépit de la prégnance du texte, de l'opacité de l'énonciation, le suivra-t-il à la trace? En fait, il me semble que le *Retour du boomerang* programme une

[10] *Histoire extraordinaire*, *op. cit.*, p. 194.
[11] *Ibid.*, p. 247.

telle lecture. Tout se passe en fait comme si c'était le fil biographique qui conduisait le lecteur (tel le fil d'Ariane) dans le dédale de *Boomerang*: dans sa jungle textuelle et intertextuelle. "Nos entretiens fournissent au lecteur un sextant (p. 85)" fera dire à Béatrice Didier Michel Butor dans *le Retour du boomerang*. Le *Retour* est le supplément qui permet l'interprétation autobiographique de *Boomerang*; il paraît expliciter ce qui était déjà dans le texte de *Boomerang*. Les tables, où l'on trouve l'identification des facettes autobiographiques (et qui ont plus généralement pour fonction de révéler l'organisation du livre), sont présentées comme si elles avaient été produites par un lecteur. Le dialogisme de cet entretien fictif, où Béatrice Didier est la figure du lecteur-guide, met en scène, représente le processus de la lecture: le procès d'une lecture autobiographique.

Faire parler Michel Butor sur sa vie passe nécessairement par ses livres; le jeu de mots de la première réplique du dialogue contient tout le projet autobiographique de Butor: "Un livre où je me livre; c'est bien ça que vous vous voudriez?" Ensuite, dès le début, l'on voit bien comment la forme de l'entretien permet de prêter à l'interviewer ou au lecteur le désir biographique. Comme si c'était d'abord la lecture qui procédait d'un désir ou d'une tentation (auto)biographique: "c'est bien ça que vous vous voudriez?" Et l'on pourrait faire valoir toute l'ambiguïté du conditionnel: indique-t-il le temps du désir (d'un futur probable et/ou conditionnel) ou le locuteur veut-il par là suggérer que ses livres n'ont pas encore répondu à l'attente du public? Le conditionnel, renforcé par le tour interrogatif, pourrait d'ailleurs signaler la place de l'interlocuteur, dont on ne peut que supposer le désir.

> *BD Lorsqu'on essaie de vous faire parler de vous-même, on n'arrive en général qu'à vous faire parler de vos livres.*
> *MB De ce dont essaient de parler mes livres.*
> *BD Peut-être qu'en essayant de vous faire parler de vos livres, on vous amènera à parler de vous-même, en vous faisant*

démonter le pourquoi, le comment, de tel passage, de telle figure[12].

La lecture de *Boomerang* se présente en quelque sorte comme une échappée; cherchant l'Auteur par-delà ses livres, le lecteur veut emprunter la voie référentielle[13]. Mais l'entretien (fictif) se verra condamné -- bienheureuse contrainte dira-t-on -- à inscrire de nouveaux récits autobiographiques: à ajouter à *Boomerang* (comme au *Portrait de l'artiste en jeune singe* et aux autres *Génie du lieu*) de nouveaux fragments autobiographiques sur l'enfance, sur l'adolescence, sur la période des études et sur les voyages. Ainsi, *le Retour du boomerang*, bien qu'il se présente comme un paratexte -- où se lit, en creux, le désir d'entendre la voix de l'auteur à l'extérieur de son livre -- , produirait un autre texte qui ne pourrait que se prendre à l'intertexte de la production butorienne. Les citations de *Boomerang* finiraient d'ailleurs de le consacrer comme texte butorien, sous la caution de la réécriture. Et il est vrai que la figure du boomerang convient bien à cette lecture qui revient à l'auteur; le texte destiné au lecteur, est lu/réécrit par l'auteur (se dédoublant). *Le Retour du boomerang* n'interromprait pas la chaîne; le texte butorien continuerait de faire reculer le référent.

Or, il me semble que l'auto-citation joue à titre de double dénégation et que l'on finit, sinon par dire le vrai, du moins par faire comme si on le disait; le texte, en s'exhibant une deuxième fois comme texte, renverse le processus et fait jouer l'illusion référentielle. D'ailleurs, la citation se présente ici avec les guillemets, de sorte que le texte de l'entretien semble refuser la contagion et le brouillage des discours. Aura-

[12] *Le Retour du boomerang*, *op. cit.*, p. 6.

[13] Simulant le temps (biographique) de l'entretien, le livre laisse croire ainsi que la vie s'insinue entre les dialogues: "BD Bien du temps s'est passé depuis notre dernière rencontre./ MB C'est ma vie: déménagement, mille soucis. Je suis bien heureux qu'on puisse s'y remettre enfin (*ibid.*, p. 45)."

t-il fallu le détour de l'entretien sur *Boomerang* pour que Michel Butor, finalement, se livre? L'auteur aurait-il là réussi? Entendons-nous bien, je ne veux pas ici démontrer que ce dernier texte de Michel Butor marque un recul dans sa production. Cette lecture autobiographique qui se présente comme un déchiffrement est bien sûr tout à l'opposé d'une lecture référentielle. Nous sommes par exemple à des lieux de la lecture de l'autobiographie rousseauiste où, en quelque sorte, le lecteur fait acte d'un dévoilement, sous le signe de la transparence. *Le Retour du boomerang* invite plutôt le lecteur à faire état de la prégnance de *Boomerang*, de l'opacité de son énonciation. Seulement par là, opérant un retournement, il marque des points pour l'illusion référentielle.

*

Regarder *Boomerang* en aval d'*Histoire extraordinaire* et en amont du *Retour du boomerang* nous a donc permis de prouver l'hypothèse d'une tension dans l'oeuvre de Butor -- et plus particulièrement dans la facette autobiographique de cet oeuvre kaléidoscope -- entre l'illusion référentielle et l'illusion romanesque: entre une énonciation transparente et un contexte référentiellement opaque.

D'*Histoire extraordinaire* à *Boomerang*, c'est la question de l'intertextualité qui est posée différemment; dans la première oeuvre, elle participe d'un désir (auto)biographique et elle est en quelque sorte pensée comme une remontée vers le biographique; dans l'autre, elle sert à bloquer ou à brouiller toute lecture référentielle. Puis, entre *Histoire extraordinaire* et *le Retour du boomerang*, on découvre une parenté intéressante. Les deux textes révèlent une compulsion autobiographique; dans l'interstice de l'essai comme dans l'entretien fictif, la biographie se faufile. Or, il faut insister sur ce point, le détour par *Boomerang* est important; c'est parce que l'on passe par *Boomerang* qu'il peut y avoir *le Retour du boomerang*. On rejoint par là, certes, le fantasme de l'écrivain et le désir biographique. Mais, c'est le détour qui en vaut la peine et mérite d'être étudié: le détour du boomerang qui avant de revenir passe par l'écriture et par la lecture.

A la fin de la nouvelle de Poe, le narrateur introduit ainsi les dernières paroles de son double (qu'il vient de tuer):

> *C'était Wilson, mais Wilson ne chuchotant plus ses paroles maintenant! si bien que j'aurais pu croire que c'était moi-même qui parlais quand il me dit*[14] [...]

Dans la production butorienne, à l'instar du *Retour du boomerang*, l'auteur donne la parole au lecteur pour qu'il lui raconte sa biographie; "j'aurais pu croire que c'était moi-même qui parlais". La biographie s'écrit en se lisant. Et peut-être faudrait-il alors parler d'"illusion autobiographique" pour parler de cette illusion qu'entretient un auteur d'être dit par le lecteur, alors que c'est sa parole qui revient, tel un boomerang.

Butor avait bien rétorqué à la fin d'*Histoire extraordinaire* à ceux qui estimaient qu'en voulant parler de Baudelaire, il n'avait réussi à parler que de lui-même qu'en fait c'était Baudelaire qui parlait de lui. Et plus encore, qu'il parlait de nous: "Il parle de vous". Le boomerang n'est pas seulement ce qui retourne à soi, mais ce qui détourne de soi. C'est dans un détour par la deuxième personne que se dit la première personne. Cela était déjà programmé dans l'oeuvre de Michel Butor, cela était déjà écrit dans... *la Modification*.

[14] E. Poe, "William Wilson", *Nouvelles Histoires Extraordinaires* (*Oeuvres complètes* de Charles Baudelaire), Paris, Louis-Conard, 1917, p. 53.

L'ÉCRITURE D'UNE HISTOIRE ET L'HISTOIRE D'UNE ÉCRITURE: L'UNIVERS ROMANESQUE DE *DEGRÉS*

Barbara Havercroft

Roman qui fascine par sa structure triadique ainsi que par sa quête de l'écriture, *Degrés* a été, dans une certaine mesure, négligé par les critiques de l'oeuvre romanesque de Butor, qui se sont penchés plutôt sur ses trois romans antérieurs, en particulier, sur *La Modification*.[1] La longueur et la complexité de *Degrés*, parsemé comme il l'est d'une multitude de citations provenant de sources aussi diverses que Rabelais, Marco Polo, Keats, et Homère (pour ne nommer que quelques-unes) rendent problématique la recherche d'un point de départ convenable à l'explication du roman dans son entier.[2] Ainsi avons-nous choisi un port d'embarquement spécifique pour notre voyage à travers l'univers romanesque de *Degrés*: celui de la découverte et de la conquête de l'Amérique, telles qu'elles sont décrites et réécrites dans le roman, et mises en lumière par le phare du texte de Todorov, *La Conquête de l'Amérique: La Question de l'Autre*.[3] Le voyage littéraire et historique qu'entreprend Pierre Vernier dans *Degrés* implique non seulement l'écriture de l'histoire des leçons du lycée Taine, ainsi que l'histoire du déroulement de cette écriture, qui devient de plus en plus angoissante et épuisante pour son auteur, mais aussi la retextualisation et la

[1] Voir, à cet égard, les commentaires de Dean McWilliams, *The Narratives of Michel Butor: The Writer as Janus* (Ohio: Ohio University Press, 1978): 45; et ceux d'Alan Waite, "Butor's Degrés: Making the Reader Work," *Australian Journal of French Studies* 21.2 (May-August, 1984):180.

[2] Pour une étude des citations de *Degrés* et leur rapport avec les personnages du roman, voir J. Waelti-Walters, "Butor's Use of Literary Texts in *Degrés*", *PMLA* 88 (1973): 311-320.

[3] T. Todorov, *La Conquête de l'Amérique: la Question de l'Autre* (Paris: Editions du Seuil, 1982). Toute citation est indiquée par la page entre parenthèses.

recontextualisation des textes de et sur l'Histoire; en particulier, ceux qui traitent du sujet de la leçon centrale du professeur Vernier: la découverte et la conquête de l'Amérique. Ce dialogue que nous entreprenons entre Todorov et Butor, cette interface des deux textes, dont chacun est composé déjà de nombreux autres textes, entraînera l'ancrage temporaire à quelques ports spécifiques, tels que les rapports entre le "je" et les autres, ceux qui existent entre l'écriture et les processus de la découverte et de la conquête, la problématique de l'égocentrisme et de l'eurocentrisme, de même que les notions de sacrifice, d'altérité, et d'homogénéité. C'est ainsi que la double visée de notre titre, c'est-à-dire le reflet réciproque de l'écriture d'une histoire et de l'histoire d'une écriture, s'ouvrira à d'autres horizons, en passant par d'autres textes et par les voix/voies de l'Histoire.

Pierre Vernier organise sa description de la vie intellectuelle des élèves autour d'une leçon sur "la découverte et la conquête de l'Amérique" (un refrain qui se répète à plusieurs reprises dans le roman)[4] le mardi 12 octobre 1954. Date significative, qui marque non seulement le quinzième anniversaire de Pierre Eller, et donc, en quelque sorte, son passage à l'âge d'adulte, mais aussi l'anniversaire de la découverte de l'Amérique par Christophe Colomb. Cette découverte, Vernier la signale à ses élèves, représente une "multiplication par deux soudainement des dimensions de l'univers" (p.66), un "changement du visage du monde" (p.34) qui constitue également un défi à la position centrale occupée par l'Europe dans le monde. Pour Todorov, "la découverte de l'Amérique, ou plutôt celle des Américains, est bien la rencontre la plus étonnante" (p.12) de l'histoire européenne, puisque cette découverte de l'autre mène au "plus grand génocide de l'histoire de l'humanité" (*ib., ibid.*), et la conquête de l'Amérique sert à fonder l'identité européenne actuelle. Tout comme le roman de Butor, le livre de Todorov se caractérise par l'emploi de nombreuses citations, tirées du récit de voyage de Colomb, des discours des dominicains et franciscains venus convertir les "sauvages", ainsi que d'autres documents portant principalement sur la conquête du

[4] M. Butor, *Degrés* (Paris: Gallimard, 1960):66, 117, 253, et 318.

royaume aztèque par Cortés et les Espagnols. Ce qui importe pour Todorov, ce sont les divers modes de comportement des Européens envers cet autre inconnu, de même que les conséquences désastreuses du côté des autochtones à cause de cette conquête, à cause de ce que le "je" ethno/ego/eurocentrique fait de l'autre.

En ce qui concerne la découverte, de nombreux parallèles entre le livre de Vernier et celui de Todorov sont à établir. En premier lieu, Vernier et Christophe Colomb sont tous les deux des explorateurs, des navigateurs au sein de leur propre univers. Mais en quoi consistent les mobiles de ces voyages, de leurs découvertes? Colomb, lui, est parti à cause de sa lecture du texte de Marco Polo décrivant sa découverte de l'Orient, du royaume du Grand Khan (Todorov, p.21).[5] Sa volonté de découvrir une autre route au même royaume, provoquée par la lecture d'un texte antérieur, pousse Colomb à partir, mais ce voyage de découverte aboutit à l'engendrement d'autres textes, y compris son propre récit de voyage: "on dirait que Colon [sic] a tout entrepris pour pouvoir faire des récits inouïs, comme Ulysse; mais le récit de voyage lui-même n'est-il pas le point de départ, et non le point d'arrivée seulement, d'un nouveau voyage?" (Todorov, p.21). Quant à Vernier, dont le nom propre désigne déjà le métier de navigateur,[6] il se sert, lui aussi, de *La Description du Monde* de Marco Polo, pour présenter l'histoire de la découverte à ses élèves.[7] C'est donc en lisant l'histoire de la découverte que les élèves, à leur tour, font la découverte des textes de base de leur civilisation. En outre, l'entreprise scripturale de Vernier dans son entier pourrait être considérée comme la quête de la découverte de toutes les activités des élèves, en particulier, celle des textes qu'ils lisent, en vue de

[5] Le lien entre le récit de Marco Polo et l'expédition de Colomb est explicité dans *Degrés*, grâce à un autre texte cité: *l'Essai sur les moeurs* de Voltaire (*Degrés*, 383 et 388) qui confirme Colomb "dans son espérance de trouver un monde nouveau qui pourrait rejoindre l'Orient et l'Occident" 9388).

[6] Jongeneel note l'existence d'un "vrai" Pierre Vernier historique, un mathématicien (1580-1637) qui a inventé une "échelle graduée" et un "rapporteur dont on se sert dans la navigation". Jongeneel, *Michel Butor et le pacte romanesque* (Paris: Librairie José Corti, 1988):146.

[7] *La Description du Monde* est un texte cité. C'est Rustichello da Pisa qui raconte les aventures de Marco Polo telles que celui-ci les lui avait déjà racontées (Jongeneel, 128).

la production d'un nouveau texte.[8] Dans les deux cas, il est toujours question d'un texte antérieur - qu'il soit cité ou lu, ou les deux à la fois - qui provoque la découverte et l'engendrement d'un nouveau texte.

Qu'en est-il du second mobile principal de la découverte de l'Amérique, c'est-à-dire, de la recherche de l'or (et plus tard, de l'argent)? C'est la volonté de s'enrichir, la découverte de l'or qui relie la découverte de l'Amérique à sa conquête et aux conséquences de cette conquête. Quoique Colomb s'intéresse plus à la propagation de la religion chrétienne qu'à l'or en soi,[9] il se sert de l'or comme indice textuel pour persuader les rois d'Espagne de financer ses expéditions: "il faut (...) que les indices de la présence de l'or se multiplient à chaque page [de son journal] (à défaut de l'or lui-même)...l'or était la carotte qu'il tendait aux rois pour qu'ils acceptent de le financer" (Todorov, p.16-17). Cette absence initiale d'or (et donc, cette présence textuelle de l'or) cèdera bientôt à une vraie découverte de l'or et d'autres métaux précieux, ce qui entraînera, à son tour, la soumission et l'esclavage de l'autre.[10] A cet égard, Todorov nous fournit un résumé succinct du comportement des Espagnols envers les Mexicains: "ils s'efforcent de récolter le plus possible d'or dans les délais les plus brefs, sans chercher à savoir quoi que ce soit des Indiens" (p.104). Les fruits de la conquête de l'Amérique, aux plans financier et humain, trouveront leurs échos textuels dans la leçon du professeur Vernier, qui catalogue les effets de cette conquête en produisant une liste qui fait surface à plusieurs reprises dans le livre: "l'organisation du travail forcé dans les mines, le début de la traite des noirs, l'afflux de l'or en

[8] Le lien entre le voyage de découverte de Colomb et l'entreprise scripturale de Vernier devient plus évident dès que Vernier tente d'établir des relations de parenté entre Jan-Claude et Henri Fage à partir de deux ancêtres imaginaires, séparés lors du départ des navires de Colomb de Cadix (*Degrés*, p.66-67).

[9] Selon Todorov, Colomb voulait se servir de l'or pour financer des croisades: il souhaitait partir libérer Jérusalem (p.18).

[10] D'après Todorov, Colomb envisage une sorte d'échange entre les Espagnols et les Indiens, mais ce sont les Espagnols qui constituent les agents actifs de cet échange: ils donnent leur religion aux Indiens et prennent l'or de ceux-ci (p.50). Si ces Indiens "passifs" ne veulent pas céder leurs richesses, s'ils agissent en tant que sujets actifs et opposent la volonté des Espagnols, "il faudrait les soumettre, militairement et politiquement...autrement dit, les placer...dans une position d'inégalité (d'infériorité)"(p.50).

Espagne, le développement des banques dans toute l'Europe" (*Degrés*, p.16). L'esclavage et le travail dans les mines mènent, à leur tour, au développement de nombreux autres maux: "l'essor du capitalisme, le développement des chemins de fer et des villes noires" (p.53); ensuite, aux divisions internes de la société européenne: ici, Vernier parle de la "transformation des sociétés européennes après la découverte de l'Amérique, l'élévation du coût de la vie...l'essor prodigieux des banquiers...l'abaissement du niveau de vie dans les classes pauvres" (p.181), ce qui aboutit finalement au "mercantilisme européen" où "l'Europe exploite le monde" (p.231).

Si cet enchaînement de conséquences négatives, liste dont la gravité de chacun de ses composants est accentuée par l'emploi de l'asyndète, renvoie au texte de Todorov en même temps qu'il se termine par la soumission et l'exploitation de l'autre, il en va de même pour Vernier et son entreprise scripturale. Son livre-cadeau, une fois terminé, devrait être la conquête de la masse d'informations à partir de laquelle est construite notre culture. Pour cette fin textuelle, Vernier, lui aussi, recourt à l'exploitation et à la soumission de l'autre, ce qui se reflète dans la structure pronominale du livre. Vernier engage son neveu, Pierre Eller, le destinataire du livre-cadeau ainsi que le destinataire linguistique, le "tu" des première et troisième parties du roman, comme espion dans la quête des détails portant sur la vie des élèves. Gêné et contraint par la possible découverte de ce rôle auprès de ses camarades, Eller commence à se distancer peu à peu de son oncle. La tentative pour "conquérir" des "faits" requis pour le livre sert donc à briser la symétrie de la relation "je"/"tu", problématique à laquelle nous reviendrons, et provoque également l'inachèvement du projet de Vernier. Au lieu de réaliser son but de tout savoir, de tout découvrir et, par la suite, d'organiser et de "conquérir" tous les détails "vérifiables", Vernier constate l'existence de détails hors de sa portée et d'autres qui resteront incertains: "Au milieu de ces quelques points bien solides, s'introduit immédiatement un élément d'irrémédiable incertitude qu'il n'est possible d'atténuer qu'en multipliant les références...qu'en éclairant les uns après les autres les champs de probabilités" (p.55). Loin de conquérir son texte et les nombreux détails nécessaires pour écrire ce texte, Vernier est plutôt conquis par eux, ce qui constitue un renversement, un sacrifice, où le "je" écrivant se voit obligé de céder la parole.

Les textes de Butor et de Todorov sont tous les deux les lieux de l'inscription et de la critique de l'euro/ego/ethnocentrisme. L'attitude de Colomb envers les Indiens passe d'un premier jugement sur les autochtones en tant que bons sauvages, où le manque de vêtements signifie un manque de culture (les indigènes n'étant que les "pages blanches" qui attendaient "l'inscription espagnole et chrétienne") (Todorov, p.41) à un deuxième mythe, celui de l'autre en tant que sauvage violent, le "sale chien", "l'esclave en puissance" (p.54). D'après Todorov, l'eurocentrisme des Espagnols se manifeste à travers leurs deux figures de l'altérité. La première possibilité consiste à considérer les Indiens comme des êtres humains, les égaux des Européens. Cette attitude entraîne l'assimilation des indigènes aux coutumes espagnoles. La deuxième conception de l'altérité postule la différence entre les deux cultures, ce qui se transforme en opposition binaire absolue entre la supériorité des Espagnols et l'infériorité des Indiens. Comme le signale Todorov à juste titre, ces deux "figures élémentaires de l'expérience de l'altérité reposent toutes deux sur l'égocentrisme, sur l'identification de ses valeurs propres avec les valeurs en général, de son "je" avec l'univers, sur la conviction que le monde est un" (p.48). Les Indiens, en termes linguistiques, n'accèdent jamais au statut du "je", n'ayant pas le droit à leur propre volonté; étant des non-sujets, ils sont réduits au statut d'objets. Même la symétrie du couple "je"/"tu" leur est refusée, car cette relation de subjectivité impliquerait, selon Benveniste, la réversibilité de ces deux positions, et donc le droit et la possibilité de la part des Indiens de devenir des sujets d'énonciation.[11] Or, si les auteurs espagnols disent du bien au sujet des Indiens, c'est à partir de la catégorie de la non-personne (le "ils") qu'ils les désignent: "dans le meilleur des cas, les auteurs espagnols disent du bien *des* Indiens; mais, sauf exception, ils ne parlent jamais *aux* Indiens" (p.138). Ce n'est qu'en instaurant le dialogue avec l'autre qu'on lui confère le statut de sujet; par contre, pour les Espagnols, les indigènes ne sont que des sujets

[11] E. Benveniste, *Problèmes de linguistique générale*, Tome I (Paris: Gallimard): 260.

"réduits au rôle de producteurs d'objets, d'artisans, ou de jongleurs" (Todorov, p.137). Différents, donc des "non-je" inférieurs.[12]

L'autoritarisme et la condescendance eurocentriques sont transmis par l'attitude des Espagnols envers les langues indiennes. Non seulement Colomb refuse l'existence des noms indiens appartenant déjà aux îles qu'il découvre, renommant chacune de ces îles de sorte qu'elles possèdent "des noms justes" (Todorov, p.34), c'est-à-dire des noms espagnols, mais il refuse d'abord d'admettre que les Indiens possèdent leur propre langue. Tandis que Todorov voit une équivalence entre "nommer" et "posséder", de la part de Colomb (p.34), nous irions encore plus loin: "nommer" équivaut ici plutôt à "voler". Ignorant du caractère arbitraire des signes et des mots, Colomb part de la croyance que la langue espagnole constitue "l'état naturel des choses" (Todorov, p.35), et que la langue indienne doit contenir les mêmes distinctions que l'espagnol. D'où les fréquents malentendus linguistiques, tel le nom de la province Yucatan. Lors du débarquement des premeirs Espagnols sur cette péninsule, les Indiens mayas ont répondu "ma c'ubah than" (ce qui veut dire "nous ne comprenons pas") aux cris des nouveaux arrivés. Les Espagnols ont entendu "Yucatan" et ont décidé que c'était bien le nom de la province (Todorov, p.104-5). Ainsi la phrase "nous ne comprenons pas" est-elle devenue le nom de cette péninsule colonisée, signe frappant des malentendus.

Degrés comporte à la fois une présentation et une critique de cet ethno/eurocentrisme. Les textes étudiés par les élèves, même les textes qui témoignent de l'existence de l'autre (par exemple, ceux de Marco Polo et de Montaigne), s'inscrivent bel et bien dans le canon européen par excellence: on y trouve, entre autres, des écrits de Racine, Shakespeare, Boileau, Rabelais, Kipling, Coleridge, et Montesquieu. La vision eurocentrique dépasse le cadre littéraire-historique en envahissant même le cours de physique, où M. Hubert déclare que l'unité de force, "le

[12] Cela rappelle les remarques de Genette sur la "réduction" de l'autre lors de l'application du cratylisme subjectif à une langue étrangère: "[l]e bègue ou le muet, c'est toujours l'autre...toujours forclos à l'extérieur du cercle égocentrique...". Voir Genette, *Mimologiques* (Paris: Seuil, 1976): 255.

kilogramme-force ou poids", est déterminée à partir d'un "cylindre de platine iridié, déposé au bureau international des poids et mesures à Sèvres" (*Degrés*, p.37). La détermination du méridien se fait d'après l'heure de Greenwich, en Angleterre (p.39), un "centre" bien occidental, et les langues enseignées au lycée Taine (le grec, le latin, l'italien, l'anglais, et l'allemand) ne font que perpétuer l'ethnocentrisme européen qui caractérise le curriculum du lycée. Même la cartographie n'offre qu'une représentation fausse de la vraie superficie des pays; les pays comme la France et l'Angleterre prennent trop de place sur la carte vis-à-vis de l'Inde ou de la Chine (p.56). En outre, comme le constate Jouret en citant Montaigne, c'est le Pape, "représentant Dieu en terre", qui a donné aux Espagnols "la principauté de toutes les Indes" (*Degrés*, p.321). Dans *Le Génie du lieu*, Butor critique l'idée que le schéma de l'histoire européenne représente celui de l'histoire mondiale, en notant que ce schéma-là "se donne comme suffisant, comme devant permettre toutes les explications sans qu'il soit besoin de faire intervenir ces autres peuples, ces autres civilisations bizarres, curieuses, exotiques, amusantes...".[13] La simple présence de toutes ces instances de l'eurocentrisme dans *Degrés* fait que cette agglomération d'instances fonctionne comme une critique de ce qu'elle énonce; en outre, la qualification de la civilisation européenne en termes d'exclusivité (*Degrés*, p.91) rend bien l'écho des mots du *Génie du lieu*.

Devant cette ubiquité écrasante du "je" eurocentrique, l'autre parvient-t-il à se faire entendre? Examinons d'abord la voix de l'autre telle que Todorov nous la présente. La conquête par les Espagnols, ce qui entraîne, nous l'avons vu, la perte du statut de sujet de la part des indigènes, fait que ce sont les Indiens qui doivent apprendre la langue de l'autre. Les premiers interprètes sont donc des Indiens, dont Cortés se sert dans sa quête d'informations sur l'autre (i.e., sur les dimensions internes entre les Indiens, des renseignements qui facilitaient considérablement la conquête par Cortés). L'apprentissage de la lange de l'autre (l'espagnol) donne ainsi lieu à une sorte de métissage des cultures (Todorov, p.107),

[13] M. Butor, *Le Génie du lieu* (Paris: Grasset, 1958):192.

voire même "la trahison des valeurs des autochtones (...) la soumission servile à la culture et au pouvoir européens" (p.107). Quant aux textes indigènes, l'absence d'écriture indigène au moment de la conquête contribue énormément à empêcher l'autre de devenir un "je". Non seulement le sujet est autre, mais cet autre ne parvient pas à être un "je". Les livres indigènes écrits après la conquête étaient influencés par les conquérants, ou transcrits par les missionnaires espagnols; dans ce cas, ce sont les Espagnols qui parlent à la place de l'autre, qui se substituent à l'autre.[14]

La problématique de la voix de l'autre dans *Degrés* se manifeste, d'une part, indirectement, par les intertextes (en particulier, ceux de Montaigne) et par la dissonance cachée dans le transfert de la parole dans la deuxième partie du roman. La dénonciation de la cruauté, de l'hypocrisie et de l'avidité des conquérants espagnols est transmise par les citations tirées de l'essai intitulé "Des coches" de Montaigne, qui prennent peu à peu la place qu'occupaient les citations de *La Découverte du Monde* (de Marco Polo) dans la première moitié du livre. Dans cet essai, Montaigne décrit la manipulation des Indiens par les Espagnols: "nous nous sommes servis de leur ignorance et inexpérience à les plier plus facilement vers la trahison, luxure, avarice et vers toute sorte d'inhumanité et cruauté, à l'exemple et patron de nos moeurs" (*Degrés*, p.287).[15] Ainsi Vernier se sert-il de la citation pour renvoyer à une "autorité", pour persuader ses élèves et les lecteurs du roman de l'authenticité de ce côté négatif de la conquête, puisque, comme l'explique Compagnon, "le recours à la citation déplace une épreuve de vérité en une épreuve d'authenticité, une vérification."[16] Dans la citation ci-dessus de Montaigne, l'emploi du pronom "nous", la pluralité des "je", implique la responsabilité collective. Faute d'un "je" indigène qui fonctionnerait

[14] Ce processus de substitution s'avère très efficace lors de la conquête religieuse, qui consiste à "enlever d'un lieu saint certaines images et d'en mettre d'autres à la place, tout en préservant, et cela est essentiel, les lieux de culte" (Todorov, p.66).

[15] Voir aussi les meutres des indigènes (p.291), la prise de possession de cette "contrée fertile et plaisante" (p.299), et l'autorité terrestre du Pape (p.321).

[16] A. Compagnon, *La seconde main ou le travail de la citation* (Paris: Seuil, 1979):88.

comme sujet de l'énonciation, pour parler en son propre nom et plaider sa propre cause, Vernier insère ce "nous" emprunté à Montaigne, qui parle indirectement à la place des Indiens absents du roman de Butor.

Bien qu'il soit un cas d'usage de la parole au sein d'une seule et même culture (européenne), le prétendu passage de la parole de l'oncle au neveu, au début de la deuxième partie du roman, constitue un autre exemple de la nature indirecte de la voix de l'autre. Le repérage énonciatif dans cette deuxième partie du roman semble être le suivant: le "je" réfère à Pierre Eller, le "tu à Pierre Vernier, et le "ils" à Henri Jouret. En dépit de cette apparence d'intersubjectivité benvenistienne, où le "tu" de la première partie devient un "je" dans la deuxième, ce transfert de la parole n'est qu'une "duperie".[17] Derrière le "je" faux-semblant de Pierre Eller se trouve son oncle qui parle pour lui. Le lecteur, ayant déjà été témoin d'une sorte d'assimilation du neveu par son oncle (Eller sacrifie sa vie privée pour devenir l'informateur de son oncle), semble donc assister à un deuxième processus d'assimilation. La question du vrai sujet de l'énonciation de cette deuxième partie du roman se pose d'une manière explicite, dès que le "je" remarque: "Le soir, tu as commencé à rédiger ce texte que je continue, ou plus exactement, que tu continues en te servant de moi, car en réalité, ce n'est pas moi qui écris mais toi, tu me donnes la parole, tu t'efforces de voir les choses de mon point de vue, d'imaginer ce que je pourrais connaître et que tu ne connais pas, me fournissant les renseignements que tu possèdes et qui seraient hors de ma portée" (*Degrés*, p.150). Le brouillage référentiel ne se disperse point un peu plus loin dans le texte, où, toujours dans la deuxième partie du roman, le "je" (dont le référent est censé être Eller) proteste contre cette duperie: "si tu veux que je te lise, si tu veux que je ne sois pas repoussé dès les premières pages, il est indispensable que tu mettes les phrases dans une autre bouche que la mienne, pour qu'elles m'atteignent et me convainquent" (p.277). Le comportement linguistique de Pierre Vernier, ainsi que son autoritarisme, envers son neveu rappellent donc, d'une certaine manière, la façon dont les conquérants espagnols privaient les

[17] C'est le terme qu'utilise Jongeneel dans sa discussion du changement des pronoms (1988, 149).

indigènes de leur statut en tant que sujets.

Les deux seules manifestations d'une autre culture parmi l'homogénéité française qui règne au lycée Taine et ses environs, à savoir Maurice Tangala, (étudiant noir des Caraïbes) et le mystérieux Nord-Africain, font irruption dans l'isotopie de l'eurocentrisme. Aucun de ces deux "autres" ne devient sujet d'énonciation: ils restent toujours des "ils", ceux dont on parle, les sujets d'énoncé. Maurice Tangala est mis à part, étant "plus touché" que les autres étudiants lors de la leçon sur la découverte et la conquête de l'Amérique (*Degrés*, p.90-91), et provoquant la création de "liens négatifs" dans une des triades de parenté que Vernier essaie d'établir (p.115). Dépourvu d'un nom et de la prise de parole, le Nord-Africain "au masque de sparadrap" suit Pierre Eller "de son regard de loup" (p.376), décrit ailleurs comme "ce regard de loup affamé" (p.78), ce qui rappelle la caractérisation des indigènes en tant qu'"hommes bestiaux" par Colomb (Todorov, p.29). Vers la fin du roman, presque "conquis" par son écriture et réduit, lui aussi, au statut d'un "il", un sujet d'énoncé, Pierre Vernier emprunte ce "regard de loup" (p.322), ce signe extérieur de l'autre.[18]

La manifestation de la découverte et de la conquête de l'Amérique dans *Degrés* constitue donc une réponse critique au refus de l'altérité énoncé par les conquérants décrits par Todorov. Dans un mouvement vers le pluriel, le texte de Butor révèle la relativité des notions de centre et de périphérie, la reconnaissance du droit de tout autre à devenir un "je", et un retour au passé qui n'est pas un retour nostalgique à un centre fixe, mais plutôt un effort dialogique de redresser les erreurs du passé pour construire un meilleur présent et un avenir. Par son univers peuplé de citations, son manque de chronologie spécifiquement linéaire, son accent sur les voix et les destins collectifs de plusieurs autres, plutôt que sur l'individu en tant que source et centre unique, le roman de Butor se

[18] Dans cette optique, l'intertexte de Shakespeare (en l'occurence, *Jules César*) et le "lean and hungry look" de Cassius accentuent le "danger" potentiel posé au "je" par l'autre (*Degrés*, p.182).

rapproche en fait du *Codex Florentin* des Indiens (Todorov, p.126-127),[19] livre caractérisé par l'absence d'un point de vue individuel, ainsi que par l'hétérogénité des récits recueillis. L'altérité refusée par les Espagnols se transforme, dans *Degrés*, en un élément constitutif de l'acte d'écrire et de lire. Ainsi l'univers romanesque de *Degrés* dépasse-t-il l'unique histoire de ses seuls personnages pour devenir celle de sa propre écriture, de même qu'une réponse à l'Histoire qui nourrit cette entreprise scripturale.

[19] Quoique le *Codex Florentin* soit un recueil de récits indigènes transcrit par la plume d'un autre (en l'occurrence, le linguiste et grammarien franciscain Bernardino de Sahagun), il se distingue nettement d'un autre texte historique de la même époque, la chronique de Bernal Diaz, écrit dans une perspective linéaire européenne (dont Todorov situe les origines au moment de la découverte et de la conquête de l'Amérique), qui privilégie chaque "je" d'énonciation individuel (Todorov, p.125-127).

ROMAN MODE D'EMPLOI: *LA MODIFICATION*

Brian T. Fitch

La présente communication se situe dans le cadre des études sur la réception. Il ne s'agira pourtant pas de la réception au niveau de la collectivité, d'un public quelconque, mais de celle effectuée par le lecteur individuel. Plus particulièrement, elle traitera du rapport qui s'établit entre le lecteur et le texte au tout début de sa lecture du roman ainsi que des différentes variantes possibles de ce rapport. Le roman dont il sera question est le plus célèbre des romans de Butor, *La Modification*. Qui plus est, l'aspect du texte qui fera l'objet de mon propos est celui dont l'originalité saute aux yeux, celui qui avait déjà, dès sa parution, fait couler beaucoup d'encre: la narration à la deuxième personne. N'empêche que mon point de départ est sans doute à mille lieux de tout ce qu'on a pu écrire jusqu'ici sur ce roman.

Il y eut un moment de l'Antiquité grecque où les pierres tombales se mirent à parler. C'était au 7e siècle avant J.-C. Au lieu d'y lire "Ci-gît Kritès" comme on en a l'habitude, on lisait: "Je suis le tombeau de Kritès" [1]; "Eumarès m'a érigé en monument..."[2] Comme le fait remarquer Jesper Svenbro dans son remarquable ouvrage *Phrasikleia: anthropologie de la lecture en Grèce ancienne*, "ces premières inscriptions grecques [...] utilisent [..] la première personne pour désigner l'objet auquel elles appartiennent. [...] Elles assument l'ego de

[1] Cité par Jesper Svenbro in Paris (Editions de la découverte, coll. "Textes à l'appui", 1988), p.39.

[2] Cité in *Ibid.*, p.37.

l'énonciation. Ce sont les inscriptions des objets dits 'parlants' [...]"[3]. Le renversement de la situation d'énonciation qui s'effectua ainsi n'est ni plus ni moins grand que celui qui s'opère quand on passe de la narration romanesque à la première ou à la troisième personne à la narration à la deuxième personne. Dans les deux cas il y a écart par rapport à la norme et dès qu'on tient compte de la différence entre les deux sortes de supports de l'écriture dont il s'agit, la pierre tombale et le livre-roman, la première personne de l'un peut être vue comme analogue à la deuxième personne de l'autre; car les deux s'adressent directement à leur destinataire. A cet égard, je ne partage pas le point de vue de Svenbro pour qui c'est la formulation que nous connaissons à la troisième personne qui impliquerait que la pierre s'adresse directement à son destinataire. Ainsi, il commente cette inscription datant de 440 avant J.-C.: "Ici repose Aristylla, fille d'Ariston et de Rhodilla [...]"[4] en ces termes: "D'abord, la troisième personne: 'elle repose' comme si la pierre s'adressait aux passants."[5] A mon sens, dans le contexte des tombeaux funéraires, la troisième personne ne fait que formuler des renseignements et c'est la première personne qui s'adresse à autrui comme en témoigne l'exemple suivant du début du 5e siècle avant J.-C.: "Je suis le séma de la fille de Nadys, fils de Karès. Toi qui passes, arrête-toi et pleure-moi [...]"[6]

Il n'est pas sans intérêt de remarquer que la suite de l'avant-dernière inscription citée: "Ici repose Aristylla, fille d'Ariston et de Rhodilla: *tu étais gentille, ô fille*."[7]nous rapproche encore plus du roman de Butor par l'intermédiaire d'un genre littéraire particulier qu'elle nous rappelle: *la prosopopée*[8]caractérisée elle aussi par l'utilisation de la deuxième personne. Bernard Dupriez nous dit dans son ouvrage *Gradus*: "La prosopopée est une figure étrange. Bien que par sa situation, elle appartienne au récit, elle en récuse la double actualisation en s'efforçant

[3] *Ibid.*, p.37.
[4] *Ibid.*, p.43
[5] *Ibid.*, *loc. cit.*
[6] *Ibid.*, p.46. Je souligne.
[7] Je souligne.
[8] Je dois le rapprochement avec le genre littéraire de la prosopopée à mon ami Franc Scheuerewegen de l'Université d'Anvers.

de présenter comme une énonciation directe ce qui est raconté. Le personnage devient interlocuteur réel, d'où l'apostrophe et le dialogisme. L'absent est installé dans le présent[9] -- "l'absent" en question étant évidemment le mort. La parenté entre ce genre littéraire et le roman de Butor est frappante: l'apostrophe et le dialogisme caractérisent également *La Modification*... Quant à "l'absent", ne serait-il pas dans le cas de ce roman, comme nous le verrons tout à l'heure, le lecteur, toujours absent au moment de la rédaction du manuscrit? C'est la raison pour laquelle le phénomène littéraire constitue toujours un rendez-vous manqué. Bref, à l'apostrophe des trépassés se substitue l'apostrophe du lecteur à venir.

Passons maintenant au deuxième développement de cet exposé. Dès la fin de la phrase, la deuxième personne confère au verbe qui l'accompagne une force *impérative*:

> *Vous avez mis le pied gauche sur la rainure de cuivre, et de votre épaule droite vous essayez en vain de pousser un peu plus le panneau coulissant.*[10]

Il est tout naturel, on le sait, que la deuxième personne du verbe puisse revêtir la fonction d'un impératif lorsque le verbe est au présent. D'où l'impact sur le lecteur de ce début de roman. Il est vrai que par la suite, la répétition insistante du pronom "vous" s'accompagne de précisions sur l'identité, les caractéristiques du "vous" en question: "votre valise assez petite d'homme habitué aux longs voyages", lisons-nous dès le premier paragraphe. Le lecteur se rend donc vite compte qu'il ne s'agit pas de lui-même: très tôt commence à prendre forme, bien que d'une manière implicite, un personnage doté de traits particularisants. Il s'agit d'un homme d'un certain âge sensible au fait de ne plus être le jeune homme qu'il fut: "Non, ce n'est pas seulement l'heure, à peine matinale, qui est responsable de cette faiblesse inhabituelle, c'est déjà l'âge qui cherche à vous convaincre de sa domination sur votre corps, et pourtant, vous venez seulement d'atteindre les quarante-cinq ans." Et il va sans dire

[9] Bernard Dupriez, *Gradus: les procédés littéraires* (Paris, U.G.E. 1984), p.365.

[10] Mes références renvoient à l'édition de Poche de 1987, Editions de Minuit. Je souligne.

qu'il n'y a que très peu de personnes parmi les lecteurs éventuels du roman qui seraient susceptibles de se reconnaître sous les traits du personnage en train de se préciser. C'est ici qu'intervient dans le processus de la lecture la fonction impérative de la narration à la deuxième personne. Le deuxième paragraphe débute ainsi:

> *Vous vous introduisez par l'étroite ouverture [de la porte du compartiment de train] en vous frottant contre ses bords, puis votre valise couverte de granuleux cuir sombre couleur d'épaisse bouteille [...], vous l'arrachez par sa poignée collante, avec vos doigts qui se sont échauffés, si peu lourde qu'elle soit, de l'avoir portée jusqu'ici, vous la soulevez et vous sentez vos muscles et vos tendons se dessiner non seulement dans vos phalanges, dans votre paume, votre poignet et votre bras, mais dans votre épaule aussi, dans toute la moitié du dos et dans vos vertèbres depuis votre cou jusqu'aux reins.* (p.7)

Tous les verbes ici peuvent se lire précédés par les mots "Imaginez que": "Imaginez que vous vous introduisez... [que] vous l'arrachez... [que] vous la soulevez et [que] vous sentez vos muscles etc." En d'autres mots, le texte émet, pour son lecteur, les directives qui conviennent afin que la concrétisation de l'univers romanesque -- processus par lequel il prend forme et substance en tant que suite d'images mentales -- se réalise dans l'imagination du lecteur: il se lit comme une *incitation à sa propre lecture*. Et 278 pages plus loin, nous lisons:

> *Le couloir est vide. Vous regardez la foule sur le quai. Vous quittez le compartiment.* (p.286)

Un tel procédé narratif confère à ce texte un sous-titre tel *Roman mode d'emploi*, variante de celui du roman de Pérec *La Vie mode d'emploi*. Car contrairement au roman tel qu'on le connaissait à l'époque de sa sortie avant l'installation massive sur la scène littéraire du Nouveau Roman, *La Modification* ne se contente pas de laisser à son lecteur, si bon lui semble, la possibilité de s'identifier à son protagoniste -- car comment considérer Léon Delmont comme narrateur au plein sens du terme? On ne raconte jamais d'histoire sauf à l'intention d'un autre. Au contraire, ce n'est pas le personnage fictionnel qui raconte une histoire à l'intention de celui qui va le lire mais le texte qui s'adresse directement à son lecteur, en lui précisant ce qu'il convient de faire afin de remplir son rôle de lecteur. Bref, *La Modification* consiste en un discours au mode impératif dont la performance en question n'est autre que celle de la lecture: elle dicte au lecteur sa propre concrétisation.

Cet aspect du roman n'en fait pas, pour autant, un texte autoréférentiel. Il s'agit plutôt d'un roman en tant que texte-oeuvre[11] qui s'autoréalise, c'est-à-dire que le passage du texte à l'oeuvre donne l'impression de se faire tout seul en ce sens qu'il comporte son propre mode d'emploi. Il informe son lecteur de la manière dont il doit être utilisé en tant qu'objet à lire.

Les "vous" et les verbes qui les accompagnent continuent à fonctionner au mode impératif tout au long de ce roman mais en sourdine, pour ainsi dire, en constituant une sorte de *métadiscours* des plus originaux. Car comme nous le verrons, le destinataire qu'est le lecteur cède très vite au destinataire fictionnel qui n'est autre que Léon Delmont en train de s'adresser la parole sous une forme inaudible à toute autre personne, ce dont témoignent les précisions caractérielles et physiques qu'on a vues plus haut "cristalliser", pour ainsi dire, sur le "vous." Enfin, le lecteur se rend vite compte qu'il a affaire à un personnage qui se parle à la deuxième, plutôt qu'à la première personne, qui s'adresse littéralement la parole. Par la suite, la narration paraîtra donc fonctionner comme une sorte de *narration à la première personne déguisée* -- phénomène bien moins déconcertant pour le lecteur de sorte que l'impact du début du roman sur ce dernier se trouve sans conteste atténué dès qu'a eu lieu une telle identification de la perspective narrative.

Avant de quitter ce méta-niveau du discours du texte, il convient d'examiner le statut déictique du pronom de la deuxième personne à la

[11] Car si l'objet de la lecture est un texte, son résultat est une oeuvre.

lumière des écrits de Benveniste.[12] On sait que les pronoms des première et deuxième personnes, de par leur caractère de déictiques lequel fait que leur contenu sémantique dépend directement et uniquement de la situation de leur énonciation, sont interdépendants. C'est la raison pour laquelle toute narration à la première personne implique la présence d'une deuxième personne. La preuve en est que la présence de ce destinataire se donne à lire dans le texte lui-même et que les indices textuels en question ont pu donner lieu au concept de "narrataire" qui, depuis sa formulation sous la plume de Gerald Prince, a fait le bonheur des narratologues. Or, si tout "je" s'accompagne inéluctablement de son "vous" (ou de son "tu") -- que ce "vous" (ou ce "tu") se manifeste en tant que tel ou qu'il reste implicite -- il s'ensuit que tout "vous" (ou "tu") comporte ou comprend également son "je". Or, jusqu'ici, nous nous sommes penchés uniquement sur le destinataire du texte de Butor et sur son identité et son statut éventuels. Pour en revenir au cas classique de la narration à la première personne, il n'est pas étonnant que la critique ait mis un certain temps -- des siècles, en fait -- avant d'en venir au problème du destinataire de tels textes romanesques: après tout, l'essentiel de toute forme de narration, c'est qu'il existe quelqu'un pour l'assumer et dès que le narrateur se trouve explicitement désigné par des pronoms à la première personne, le lecteur n'a plus l'occasion de se poser des questions à ce sujet. L'évident c'est qu'il faut identifier la provenance d'une narration quelconque, savoir d'où elle émane et qui en est responsable, avant de pouvoir se concentrer sur son contenu: lire et donc comprendre une narration -- car il n'existe pas de lecture sans compréhension, pas plus qu'il n'existe de compréhension sans interprétation -- c'est déjà en avoir identifié la source ou l'origine. Bref, la recherche du *"je" occulté* de *La Modification* -- car il s'agit bien de cela -- loin d'être une question oiseuse, s'impose dès la lecture de ses premières lignes; et la poursuite de notre lecture en dépend. S'il est possible de concevoir à la rigueur un texte sans destinataire -- ce qu'atteste l'entreprise littéraire d'un Beckett -- un texte dépourvu de destinateur est proprement inconcevable -- et cela en dépit de la fiction heuristique créée par les structuralistes de tous bords. Pour conclure la

[12] E. Benveniste, "La Nature des pronoms" et "De la subjectivité dans le langage" in *Problèmes de linguistique générale, 1* (Paris, Gallimard, "Tel", 1966), pp.251-66.

présente réflexion, si l'on sait, toute question d'identité mise à part, qu'il existe quelqu'un à qui on parle dans *La Modification*, il est bien moins évident qu'on sache qu'il y ait quelqu'un qui parle. Il est vrai que par cette dernière affirmation, je joue aussi sur l'ambiguïté du verbe parler. Plus précisément, puisque le fait qu'il y a discours ne saurait faire de doute, c'est que l'origine du discours n'est pas explicitée. C'est là le paradoxe de toute narration à la deuxième personne et sans doute la raison pour laquelle cette forme de narration est si rare car seule la présence physique du locuteur qui accompagne tout discours oral peut suppléer au fait que le locuteur n'y est pas identifié. N'empêche que si nous laissons de côté pour le moment la distinction entre oral et écrit, aussi bien qu'entre pensée articulée et vie psychique, il reste le fait que le locuteur/destinateur de *La Modification* se trouve délibérémment occulté et que, qui plus est, c'est précisément l'occultation du destinateur qui constitue l'originalité formelle première de ce texte.

Qu'est-ce à dire sinon qu'ici figure la contrepartie symétrique du *narrataire* lequel n'est autre qu'un allocutaire implicite: donc un *destinateur implicite*? Mais cette symétrie, par laquelle ce qui opère au niveau de la réception du discours se trouve transposé au niveau de sa production, ne doit pas servir à nous insensibiliser à tout ce qu'un tel concept comporte d'extraordinaire. La portée heuristique du concept de destinateur implicite est tout autre que celle du narrataire. Les travaux sur le narrataire ont permis de construire -- et je dis bien "construire" ou créer plutôt que *re*construire ou trouver -- le portrait d'un récepteur, visé par le texte et sa narration, d'en faire justement le portrait qui ne s'offre dans le texte lui-même qu'en filigrane. Ici, en revanche, l'intérêt du concept de destinateur implicite ne se trouve aucunement dans la tâche de rendre *explicite* ce qui n'était qu'*implicite*. Nous avons déjà vu que les traits servant à particulariser le caractère du protagoniste se précisent au fil des pages. C'est le fait même de l'occultation du destinateur qui en constitue toute l'originalité. Il en résulte une narration sans narrateur apparent ou, pour mieux le dire, une *matière narrative qui reste à assumer*. Et la manière dont elle sera assumée déterminera le processus herméneutique auquel donnera lieu ce texte, la forme de lisibilité qu'il revêtira.

Le paratexte qui figure sur la quatrième de couverture de l'édition de poche de 1987 débute ainsi: "Dès la première phrase, vous entrez dans le livre, ce livre que vous écrivez en le lisant et que vous finirez par ramasser sur la banquette du train qui vous a conduit de Paris à Rome [...]", ce qui est une autre manière de dire le caractère non seulement impératif mais proprement performatif de ce texte. Mais c'est aussi une manière de boucler les deux processus de la production et de la réception de l'oeuvre dans une circularité autoréférentielle qui gomme les lignes de démarcation entre ce roman et tant d'autres Nouveaux Romans. Car il va sans dire que l'autoréférentialité qui caractérise le Nouveau Roman et la littérature de la modernité en général, se prête à merveille à toute forme d'analyse formalisante que j'ai pratiquée naguère moi-même.[13] Ici, par contre, nous avons affaire à une oeuvre qui ne constitue rien de moins qu'une espèce de propédeutique de la lecture romanesque: la performativité du texte débouche ou plutôt s'articule sur la compétence lectorale du lecteur. Recourir ici à des concepts herméneutiques, par opposition à une terminologie formaliste ou poétique, n'est donc pas sans comporter des risques. Car à l'encontre d'un *Sarrasine* de Balzac lu par Barthes, *La Modification* n'exhibe pas, en premier lieu du moins, le code herméneutique: elle ne profère pas à son lecteur des mystères à percer, des énigmes à décoder. Il ne s'agit nullement d'un texte qui exige d'être déchiffré par un lecteur-interprète. Ou si l'on veut, sa lecture au premier degré en constitue déjà un déchiffrage et donc une interprétation. Lire *La Modification* c'est, en dernière analyse, apprendre à lire n'importe quel roman. C'est un apprentissage dans le travail d'appropriation du texte romanesque au tout premier niveau: celui de sa concrétisation à laquelle je reviendrai dans un moment.

Mais avant d'en venir à la manière dont se concrétise le texte chez le lecteur, qu'en est-il de son destinateur implicite? Où le "je", ce grand absent, se trouve-t-il? Il faut bien avouer que dans la mesure où ce texte est lu comme un discours performatif, nous assistons, qu'on le veuille ou pas, au retour en force de l'auteur: la fiction heuristique de texte-oeuvre

[13] Notamment dans *The Narcissistic Text: a Study of Camus' Fiction* (Toronto, University of Toronto Press, 1982).

sans auteur est ici nulle et non avenue. Le seul énonciateur possible du discours performatif c'est le romancier qui s'est donné pour tâche l'apprentissage lectoral de son lecteur. En revanche, dès que notre lecture bascule en faveur d'un destinateur fictionnel du nom de Léon Delmont qui ne fait que "se parler" ou, si l'on veut, articuler sa présence à lui-même en tant qu'être percevant le monde et les personnes qui l'entourent, se remémorant sa vie passée ou anticipant sur l'avenir qui l'attend -- dès lors se profile un "je" qui est tout autre, en deçà de toute présence auctoriale: le destinateur devient celui d'une voix intérieure, à l'intérieur d'une psyché fictionnelle. Qu'est-ce à dire sinon que ce phénomène de destinateur implicite possède deux dimensions: celle qui s'explicite au niveau de la fiction en tant que fiction, la première se situant en deçà de la seconde. En jeu ici est la distinction fondamentale entre le fait littéraire en tant que système textuel clos sur lui-même (tel qu'il est conçu par les poéticiens) d'une part et en tant qu'acte de parole (selon la conception des herméneutes) de l'autre.

Nous arrivons maintenant à la troisième et dernière étape de cet exposé. Quelles sont les suites et les conséquences des considérations précédentes pour la concrétisation de ce roman de Butor? Comment au juste le rapport entre le texte et son lecteur s'articule-t-il?

Nous avons vu que le lecteur s'entend dicter ce qu'il est censé imaginer: il est sommé de se créer le monde de la fiction à partir des référents fictifs évoqués par le langage du texte. Le texte est constitué non seulement par la matière latente d'un univers fictionnel mais aussi par l'incitation à la réalisation de ce dernier.

L'espace figuré [*der dargestellte Raum*] -- ici je me sers des catégories de Roman Ingarden[14] -- et que le lecteur est appelé à concrétiser sous forme d'espace représenté [*der vorgestellte Raum*] par l'intermédiaire de son imagination est un espace psychique: tout d'abord, celui que viennent habiter les images sensorielles captées par les cinq sens

[14] R. Ingarden, *L'Oeuvre littéraire* (Lausanne, L'Age d'homme, 1983)

ainsi que les sensations corporelles de toutes sortes; ensuite, ce premier espace cèdera à une autre catégorie d'espace psychique: l'espace *imaginationnel* peuplé par les souvenirs du passé, empreintes sensorielles et mentales d'époques révolues, et par les images associées à des expériences anticipées. Et cet espace psychique représenté s'impose à l'attention du lecteur par l'immédiateté des images, que celles-ci soient de caractère sensoriel ou mental.

L'un des facteurs primordiaux à cet égard est le rôle des déictiques et des adjectifs démonstratifs qui viennent ponctuer la narration. Bien que le "vous" narratif tende à tenir le lecteur à distance par rapport au "je" implicite, l'insistance sur l'instance et la situation d'énonciation provenant de la prédominance des déictiques ne peut que consolider l'appropriation de l'espace psychique représenté par l'intermédiaire du processus de la concrétisation. Ainsi s'opère un glissement quant au statut et à l'identité du "vous" destinataire. Après avoir d'abord été ressenti ou éprouvé par le lecteur comme s'adressant à lui-même, le "vous" destinataire se précise sous les traits du protagoniste avant d'être assumé de nouveau mais d'une manière qui est tout autre par le lecteur sous la forme de l'espace psychique représenté, c'est-à-dire *imaginé*.

Or, il y a fort à parier que lors de toute évocation de cette dernière étape dans l'activité du lecteur, le concept d'identification vienne immanquablement à l'esprit de vous qui m'écoutez. Il importe donc de préciser la nature du phénomène en question afin d'éviter tout malentendu éventuel à ce sujet.

Hans Robert Jauss est l'un des rares théoriciens à avoir examiné la manière dont le lecteur est susceptible de s'identifier au roman qu'il lit. Dans son essai "Levels of Identification of Hero and Audience," Jauss classifie les différentes formes que peut prendre l'identification en cinq catégories: associative, admirative, compatissante, cathartique et ironique.[15] Or ce dont il vient d'être question, notons-le bien, n'a rien à

[15] "Levels of identification of Hero and Audience," *New Literary History*, vol. V, no.2, Winter 1974, pp.283-317.

voir avec le genre d'identification dont parle Jauss. L'activité dont il s'agit se situe, en fait, bien en deçà de cette dernière qu'elle précède et dont elle est le précurseur nécessaire. Le concept qui sous-tend les deux processus -- celui dont je parle ici et celui dont parle Jauss -- est évidemment celui de *l'appropriation*. Or l'appropriation se réalise, à mon sens, en deux étapes.[16] L'appropriation qui s'effectue lors de la réalisation de la référence ultime du texte et qui concerne la réalité existentielle du lecteur est généralement reconnue et joue un rôle central dans la théorie de Paul Ricoeur. Mais je voudrais proposer ici qu'il existe une autre forme d'appropriation du texte, non reconnue comme telle, qui précède et rend possible son appropriation ultime. Il s'agit justement de la *concrétisation de l'oeuvre* qui opère au niveau de la référence fictionnelle. Du fait que le lecteur transforme par ses facultés imaginatrices l'espace figuré dans le texte en espace imaginé, on peut dire qu'il fait sien *ce qui n'existait auparavant, avant le début de sa lecture, que sous forme latente*. Par la même occasion, il réalise et au même titre, fait sien l'espace figuré par et dans le texte. Il me paraît faux, cependant, d'y voir un processus *d'identification* puisque s'identifier à quelque chose présuppose la préexistence de ce à quoi on s'identifie *par la suite*; en d'autres mots, ontologiquement parlant, cela présuppose l'altérité originelle de l'objet de l'identification. Dans le cas de toute concrétisation, ce qui est concrétisé vient à l'existence sous une forme qui témoigne de son appartenance au sujet concrétisant: enfin, il est *donné dès le début comme approprié par celui qui le concrétise*, le lecteur. S'identifier à quelque chose qui est déjà de sa propre création n'a guère de sens.

Pour en revenir au roman de Butor, il serait donc inexact de dire que le lecteur *s'identifie à* l'espace psychique du protagoniste. A l'incitation du texte, c'est lui-même qui produit cet espace en réalisant et en actualisant l'espace figuré. C'est la distinction fondamentale entre s'imaginer à la place du protagoniste, d'une part -- ce qui constituerait effectivement une forme d'identification -- et *s'imaginer l'espace*

[16] Voir mon livre *Reflections in the Mind's Eye: Reference and its Problematization in 20th Century French Fiction* (Toronto, University of Toronto Press, 1991).

psychique de ce dernier, c'est-à-dire non seulement *l'éprouver* mais le *créer* par les pouvoirs de sa propre imagination. Insistons sur le fait capital que cet espace ne saurait préexister à la lecture du texte, pas plus que le sens du roman n'aurait su préexister à sa rédaction. C'est l'acte de lecture qui amène à l'existence en faisant un objet de l'expérience imaginationnelle un phénomène -- l'espace psychique figuré dans le texte -- lequel jusque-là ne jouissait que d'une existence latente. Sous cette forme latente, la figuration de cet espace était sujette à la polysémie propre à tout texte. Ce n'est que par la formation d'une Gestalt dans l'esprit lisant lors de la concrétisation que se précisent les attributs de cet espace.

En conclusion, bien plus que la forme de narration qui utilise cet autre pronom déictique "je", la narration à la première personne, la narration à la deuxième personne se révèle, nous l'avons vu, d'une extraordinaire efficacité dans la tâche d'engager et d'impliquer le lecteur. On a trop peu étudié l'importance des déictiques dans le travail qui effectuent l'embrayage entre texte romanesque et lecteur où tout se joue par l'intermédiaire de la perspective narrative. Plus que la première personne, cet autre embrayeur "vous" est d'autant plus efficace du fait même qu'il occulte le "je" et, ce faisant, brouille les pistes quant à l'origine de la narration, le sujet de l'énonciation. Qui plus est, l'occultation du destinateur s'accompagne d'un glissement de sens et d'identité au niveau du destinataire que ne fait que faciliter le potentiel performateur que possède la deuxième personne grâce à sa fonction d'impératif. La performance à laquelle incite le texte de *La Modification* fait appel à une compétence qui n'est autre que celle de tout lecteur de roman. Sa réussite se trouve ainsi assurée d'avance.

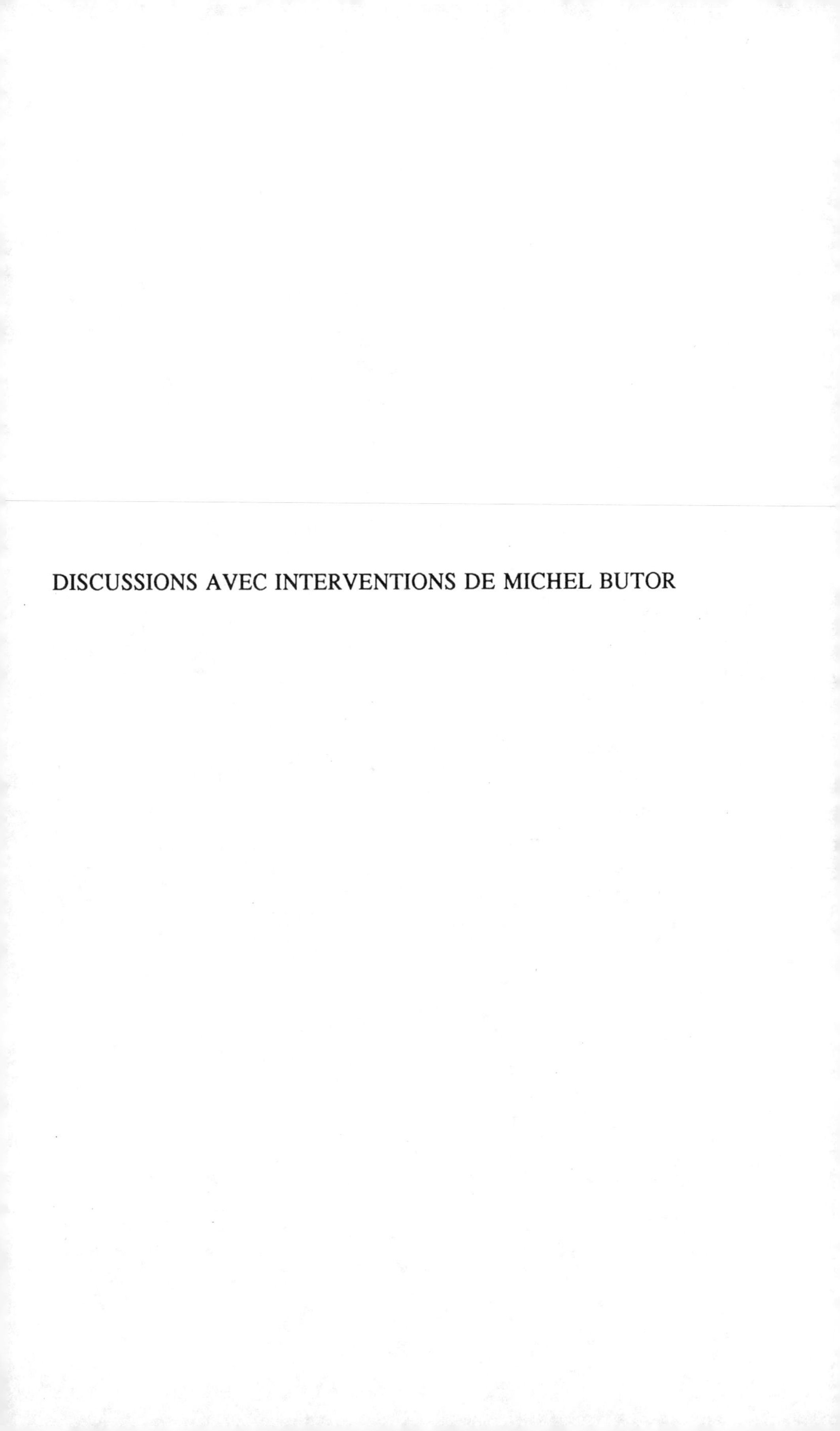

DISCUSSIONS AVEC INTERVENTIONS DE MICHEL BUTOR

DISCUSSION I

TEXTE, INTERTEXTE, CRÉATION DIALOGIQUE

Leon S. Roudiez - J'ai été très sensible à l'expression de "structuralisme dynamique" utilisée par Antoine Compagnon: c'est, à mon avis, le seul structuralisme possible. Le structuralisme littéraire a été une grosse erreur en ce qu'il a eu tendance à fossiliser les choses. Il n'y a qu'une exception, celle de Lucien Goldmann qui a tenté de remettre l'écriture en mouvement, songeant sans doute aux autres disciplines, linguistique et philosophique notamment. Il serait bon d'ajouter, chaque fois qu'on parle de structuralisme, ce terme font nécessaire de "dynamique".

Antoine Compagnon - Ce mot, je l'ai employé à partir d'une réflexion que j'ai faite sur la critique proustienne; il me semble que dans cette période-là, toute la critique de Proust cherche ce que Barthes a appelé "le départ définitif". Qu'est-ce qui a constitué "le départ définitif" de *La recherche*? La solution est prospectée du côté d'une structure mais en termes génétiques. Evidemment, le problème se pose tout particulièrement avec Proust. Mais le texte de Butor sur Montaigne montre bien qu'on peut procéder de la même façon pour Montaigne. Il y a, dans ces approches, une rencontre entre un souci structural et un souci d'histoire du texte: c'est de ce point de vue qu'elles sont effectivement intéressantes.

Mireille Calle-Gruber - Mais est-ce que l'approche critique de Michel Butor n'est pas une remise en question radicale du "départ" d'un texte? Par la mise en rapport inter- et intra-textuelle, il n'y a plus de "départ": le texte est sans cesse retravaillé par ses autres, son amont, ses états successifs, ses successions.

Antoine Compagnon - C'est vrai; mais par ailleurs, lorsqu'on pense à l'exemple de Proust (et en cela il est particulièrement éloquent), on est fasciné, surtout après la révélation du *Contre Sainte-Beuve* et de *Jean Santeuil*, par le contraste entre l'échec et la réussite. Et on cherche effectivement à épingler le moment où Proust est passé de l'échec à la réussite. On peut essayer de faire cela en termes historiques comme le fait la critique génétique en ce moment: dans tel cahier, tel folio, dater de telle soirée 1908 le moment où soudain les choses ont "pris". Ou bien, on peut, en termes de structures et de techniques, lier la réussite de *La Recherche* à l'invention du dispositif du dormeur éveillé dès la première page du livre - invention technique donc. Ou encore, à un dispositif structurel comme dans "Proust et les noms" où Barthes, dans cet article, dit en somme: Proust avait inventé le système des noms et le livre était fait, il ne restait plus qu'à l'écrire. C'est cela le "départ définitif": Proust ayant le système des noms, l'oeuvre est finie.

Jennifer Waelti-Walters - Est-ce que vous voulez donc lancer l'hypothèse que la même chose arrive à Michel Butor avec *Essais sur les Essais*? Que c'est, pour lui, le départ définitif de l'oeuvre qui suit?

Antoine Compagnon - Je crois, en effet, qu'il y a une assez grande coïncidence entre un certain moment dans l'évolution de l'oeuvre de Butor et cette réflexion sur Montaigne et sur Proust. C'est pourquoi j'ai privilégié ces auteurs-là - ce qui m'est évidemment facile puisque ce sont ceux que je connais le mieux. Je crois qu'il y a une sorte de coïncidence, en particulier dans l'affinité de ces deux textes en expansion infinie qui sont, par ce type de fonctionnement, assez singuliers dans le corpus de la littérature. Il est vrai que les paperoles de Proust et les marginalia de l'exemplaire de Bordeaux procèdent de façon frappante de la même réécriture, et constituent des épaisseurs du texte comme on n'en rencontre pas d'autres exemples. C'est cette écriture en épaisseur qui fait l'intérêt central pour Butor.

Jennifer Waelti-Walters - Il y a, comme vous le dites, *Essais sur les Essais* mais aussi *Votre Faust*, qui est extraordinaire, et *Mobile* peut-être:

ils représentent le moment où Butor se tient justement sur la frontière, avant de bien voir ce qu'il va faire pour créer un univers en expansion jusqu'à ce jour.

Lucien Dällenbach - On peut dire, certes, que "les classiques" de Butor sont les représentants d'une esthétique non classique, visant l'expansion, l'inachèvement, la réflexivité. Toutefois, ce qui m'intéresse, c'est la dimension utopique très sensible dans la réflexion de Michel, et le mouvement de dépassement par rapport aux auteurs qu'il étudie.

Jacques Lamothe - D'autant que, si l'on parle d'expansion infinie pour Montaigne et Proust, j'ai l'impression que dans l'oeuvre de Butor l'expansion est acceptée mais que l'infini est plutôt tempéré, sinon contrôlé, à partir d'une forme qui tiendrait de la spirale et qu'il hériterait de Baudelaire.

Antoine Compagnon - J'avais choisi d'écarter Baudelaire pour aujourd'hui! (rires) Effectivement, Montaigne et Proust sont écrivains d'un seul livre; alors que la tentative de Butor, si on peut dire qu'elle trouve certains modèles imaginaires chez ces deux auteurs, joue beaucoup plus sur les rapports entre vaporisation et concentration. Je serais donc d'accord avec vous pour renvoyer ici à ce Baudelaire dont Delacroix disait: c'est l'infini dans le fini. Cette recherche-là n'est pas du même ordre que celle de Montaigne ou de Proust. Quant à la remarque de Lucien Dällenbach, il me semble en effet que Butor situe l'ouverture du texte de Montaigne dans une dimension architecturale, insistant beaucoup sur le côté numérologique, alors que je crois l'ouverture du texte de Montaigne plus locale. Je dirais que c'est à tout moment que le texte de Montaigne se met en cause, se défait dans l'autocommentaire, est toujours "à l'essai". Autrement dit, si je devais, moi, insister sur le Montaigne non classique, non linéaire, j'aurais tendance à le situer plus localement, au niveau de chaque page, de chaque phrase ou chapitre, où il construit et démonte tout ensemble, pour ne s'arrêter jamais à rien. Même pas à un ordre baroque, à un désordre comme ordre baroque. Cela dit, il est bien clair qu'à un moment donné, et pas seulement chez Butor, ces deux textes sont lus comme un modèle de composition non classique. Butor souligne dans son article sur les oeuvres d'art imaginaires chez Proust, qu'au fond celui-ci a échoué - thèse qui me tient à coeur: le livre-robe, en somme, est là à défaut du livre-cathédrale. Mais du même coup le modèle du livre-cathédrale est celui qui s'impose pour le livre à venir. Proust a donc laissé ce modèle-là, cette utopie, peut-être.

Fréderic-Yves Jeannet - Le livre à venir est aussi affaire de lecture et de distance. Il est intéressant de voir combien sur le même texte de *Matière de rêves* les lectures peuvent varier. Celle de Jacques Lamothe, notamment, est assez différente de la lecture de Jennifer Waelti-Walters ou de Pierre Gobin. Vous avez à ce propos parlé de "distance parodique", et je voudrais vous demander, Jacques Lamothe, si vous voyez aussi des rapprochements, des analogies, en particulier pour ce qui est de la numérologie.

Jacques Lamothe - J'ai examiné plutôt la distance que Butor prend par rapport à Freud d'une part, aux surréalistes de l'autre, quant au rêve. Notamment, il considère l'oeuvre de Freud comme une oeuvre littéraire importante du XXème siècle mais certainement pas comme une doctrine psychanalytique. Cela m'a paru d'autant plus intéressant que j'ai eu l'impression que Butor avait utilisé les réflexions de Valéry, lequel justement se distancie des deux grandes écoles qui ont mobilisé le rêve au XXème siècle. Il faut ajouter que ces textes de Valéry n'ont été publiés que récemment, dans les années soixante. Je n'ai pas examiné le côté numérologique...parce qu'il y a peut-être plus de cinq psychanalystes importants!

Ghislain Bourque - Vous avez retenu, au début de votre commentaire, l'énoncé suivant: le rêve est un moyen de détourner les censures de la lecture, de déplacer les dépenses. J'aimerais vous demander de quelle nature sont ces censures, à quel niveau se situent-elles pour qu'elles soient déplacées? Jusqu'où ça se déplace?

Jacques Lamothe - Si le "rêve de Vénus" était présenté comme une nouvelle ou un roman, le lecteur aurait peut-être des difficultés à suivre à cause du glissement des personnages les uns sur les autres et du perpétuel changement des lieux. Il y aurait chez le lecteur une exigence plus grande de se raccrocher à des éléments extérieurs au texte. Alors qu'en choisissant le rêve comme machine et comme approche, Butor permet au lecteur d'avoir un autre point de vue qui est peut-être a-historique par rapport à l'histoire du roman dont nous sommes tributaires. Evidemment, c'est une réponse qu'il faudrait élaborer plus longuement, mais je crois que c'est à ce niveau que les résistances peuvent devenir poreuses.

Brian T. Fitch - D'autant que lorsque la fiction se place sous le signe du rêve, elle ménage au niveau de la réception une certaine facilité, une souplesse. En fait, les images que le lecteur est alors amené à concrétiser sont elles-mêmes des images d'activité mentale. Je crois donc que le choix d'une "matière à rêve" pour la fiction joue beaucoup quant à la manière dont la fiction est aussi travaillée. Et traversée par la lecture.

Jacques Lamothe - En fait, les personnages y sont plutôt des rôles; on va des divinités les plus ancestrales aux gens en chair et en os qui sont nos contemporains. Rien n'empêche donc le lecteur de s'insérer parmi ces personnages. C'est ce qui rend la lecture de ces textes extrêmement subjective et en quelque sorte infinie. A ce texte-ci, le vôtre pourra être ajouté, mis en relation; et le texte de départ, celui de Butor, qui en englobe déjà tant d'autres, est ainsi extrêmement vivant. Il tourne, disons.

Ghislain Bourque - Il faudrait peut-être en revenir, à cet égard, au concept que je crois fondamental, de mixité, que Mireille Calle-Gruber a fait surgir à propos des *Improvisations* de Butor. En repassant par quelques-une de vos énoncés, Mireille, selon quoi toute invention fictionnelle fonctionne comme une critique et, réciproquement toute critique fonctionne comme une aventure fictionnelle, j'aimerais savoir s'il est alors nécessaire de préciser ce qu'on doit entendre par "aventure fictionnelle" et par "critique". Est-ce le même type de discours? Est-ce que ce sont les mêmes opérations? A-t-on affaire à des types de discours différents? Par ailleurs, la mixité se trouve ici cadrée selon une cohabitation de la critique et de la fiction. Est-ce qu'on trouverait le même type de cohabitation entre théorie et fiction?

Mireille Calle-Gruber - Lorsqu'il m'est arrivé de prononcer le terme de "mixte", je l'ai associé à "immixtion" car je ne crois pas que Michel Butor écrive du "texte mixte" au sens où Ricardou, notamment, l'entend. On a là deux cas de figure totalement différents: Butor garde, dans des volumes distincts, des opérations génériques précises et, je l'ai dit, *marque* les frontières pour pouvoir les passer; point pour faire du mixte. L'exemple du traitement de texte de Rimbaud répond, je crois, à la question: qu'est-ce que ce texte de fiction, qu'est-ce que ce texte de critique? Lorsque Butor, dans *Répertoire*, dit que tout texte de fiction est aussi une critique, et tout texte de critique est aussi invention, il pose d'abord une question de *degrés*, non de mixité générique. Ensuite, parce que la pratique même de cette écriture-là est une pratique de l'interruption, de la citation, de l'inclusion, elle fait forcément critique en ce qu'elle va à l'encontre de l'unité. Or, la lecture de Rimbaud donne effectivement lieu à deux productions butoriennes distinctes: *Hallucinations simples* d'une part, texte poétique qui fait effet critique mais n'est pas un texte de critique; *Improvisations sur Rimbaud* d'autre part, qui se donne pour un texte de critique littéraire mais offre de nombreuses entorses, moyennant quoi c'est la voix de Michel Butor écrivain qui transparaît; et cette fois on a, au second degré, une interrogation sur ce que c'est que la création littéraire. Au fond, il me semble que ce qui intéresse Michel, c'est l'entorse: l'immixtion d'un hétérogène dans une tendance textuelle dominante. Ce qui dérange, déplace, joue. Et jamais le mixte ricardolien qui, je le rappelle, tresse fiction et théorie. Michel Butor n'utilise pas le filtre de la théorie.

Lucien Dällenbach - Ce qui m'a frappé dans ton bel exposé c'est le côté concertant, l'identification; et peut-être est-ce justement ce passage des frontières entre critique et création qui tend à nous donner l'image d'un rapport idyllique à l'autre, d'une totale absence d'agressivité. Or, il me semble qu'aussi bien pour la critique que pour la création, intervient à un moment le rejet et que les choses peut-être se passent moins harmonieusement. Est-ce que tu pourrais réintroduire cet élément dans la discussion, ou bien est-ce qu'il n'existe pas? Je me rappelle que Michel Butor, à propos du romancier, reprenait le mot "Rien n'est jamais perdu". Est-ce que tout serait récupéré au point où il n'y aurait plus de dissonance aucune au bout du chemin?

Mireille Calle-Gruber - Dans la mesure où Michel Butor choisit ses autres, il a je crois forcément quelque affinité avec eux. Il a "ses" auteurs; il les suit. Les trois écrivains des *Improvisations* sont déjà apparus dans d'autres textes. Il existe donc un certain accord. Je crois, par ailleurs, qu'il y a fondamentalement chez Michel une dynamique de l'embrassement général qui tient d'un certain optimisme. Je ne dirai pas que tout est récupérable mais que, sans doute, tout peut être utilisé et relancé en d'autres directions. Pour autant, je ne crois pas qu'il n'y a pas de dissonances car les auteurs qui fascinent Butor sont des auteurs "à problèmes", auteurs en eux-mêmes dissonants. Michaux, Rimbaud sont non seulement des marginaux mais des crucifiés, des déchirés. C'est donc à travers l'autre que Butor saisit la dissonance. L'autre comme dissonance. Et s'il tente de dépasser la déchirure, il en tient aussi parfaitement compte et donne à lire du *texte déchiré*. La lecture de Michel l'autre soir faisait entendre combien ses textes sont rythmés d'un grand souffle jusqu'à l'essoufflement: l'écriture n'est pas seulement travaillée, elle triture, torture le texte. Si bien que je ne pense pas qu'il y aurait quelque chose de rond qui serait une fermeture. Il y a, de façon intrinsèque, une déchirure, une dissonance qui est nécessaire pour permettre la dynamique de l'embrassement - sinon ce serait la stase. Toutefois, tu as raison de le souligner, j'ai plutôt cherché à cerner quelle était l'intersection commune aux trois écrivains des *Improvisations*: c'est Michel Butor, bien évidemment. Et cela accentuait une convergence qui a eu tendance à souder le tout.

Antoine Compagnon - Est-ce qu'avec la démarche que Butor semble privilégier dans les *Improvisations*, on ne risque pas d'en revenir au classique amalgame de l'homme et de l'oeuvre en critique littéraire?

Mireille Calle-Gruber - Je dirais plutôt qu'il fait juste le contraire! Ce qui intéresse Butor c'est le sujet de l'écriture, le sujet écrivant, la *signature* - au sens derridien du terme - signature-Flaubert, signature-Michaux. Avec *Improvisations sur*, tout n'est que mise en oeuvre, laquelle porte, à travers les écrivains convoqués, à l'oeuvre-Butor. Le cas de Rimbaud est particulièrement renversant, où Michel nous conduit à lire des textes, que l'on avait considérés jusque-là comme témoignages du vécu, en termes d'*écriture* véritablement. Comble du paradoxe: le rapport sur l'Ogaden, les lettres du commerçant Rimbaud, Butor nous montre plume en main que c'est les *Illuminations* et que Rimbaud n'a jamais cessé d'écrire!

Catherine Shahbaz - Il apparaît dans tout cela que le texte devient une sorte de métaphore d'un je(u) qui est joué par i'écrivain aussi bien que par le lecteur. Le passage présenté par Ghislain Bourque était à cet égard révélateur et constituait un je(u) interprété: où chacun peut jouer à sa manière.

Annick Desbizet - En tant que musicienne, je dois dire que j'ai eu l'impression de me heurter à quelque chose de très ludique dans le texte de Butor; ludisme dont je parlerais volontiers en termes de résistances et de subversion tout ensemble. Résistance parce que le texte manie temps et modes alors que je voulais moi, précisément, essayer de maîtriser le temps, le mettre en forme, en musique. Subversion toutefois que cette résistance car le texte qui multiplie infinitifs, imparfaits, futurs, présents, part dans tous les sens: si bien que j'avais l'impression que le temps me glissait entre les doigts.

Mireille Calle-Gruber - Pour en revenir au texte *Corneilles et Pruniers* que rappelait à l'instant Catherine Shahbaz, je me demande comment on peut encore parler de référent, et quel serait le statut de son effet référentiel. Car, en somme, le référent occasionnel c'est l'art japonais; lequel devient le symbole d'une écriture que l'on pourrait dire coulissante, comme les panneaux en question. Est-ce que la visée du texte, dès lors, ne serait pas de ne pas tomber "dans le panneau" référentiel? De porter à cette clef de liberté à la fin du texte qui est: le lecteur refaisant l'écrit?

Ghislain Bourque - Je crois qu'on assiste ici à un procès de référentiation qui est sa destruction plus ou moins. J'aurais tendance à dire que le travail sur la référence est un peu semblable au travail sur la différance chez Derrida. C'est un travail de déplacement, de déviation qui s'effectue à l'infini et de telle manière qu'on construise quelque chose d'autre que ce qui était là au point de départ. Les questions qui ont surgi quant à l'original, à l'origine, sont impensables dans ce contexte-ci. Ce qui se montre premier, se retrouve toujours plus ou moins second; ce qui est second prend le relais jusqu'à modifier constamment ce que pouvait recouvrir le premier c'est-à-dire l'origine.

Jacques Lamothe - Il y a une métaphore qui joue un rôle important non seulement dans ce texte mais dans beaucoup d'autres écrits de Butor: il s'agit du lichen et de cette quatrième couleur qui est ajoutée aux trois autres qui précèdent. Quel rôle voyez-vous pour cette métaphore dans l'ensemble du texte tel que vous l'avez présenté?

Ghislain Bourque - Il n'est peut-être pas sur le plan métaphorique. Je l'ai lu comme ce qui, subitement, prenait une place alors que ça n'avait pas été prévu comme tel. La référence à l'original ne parle pas de cette quatrième couleur: le fait de la détecter permet presque de battre en brèche les trois premières. Tel est le fonctionnement de la référence qui est découverte, ou construite. Cela permet de dire: si on peut rajouter quelque chose qui n'avait pas été prévu, cela nous autorise presque à construire à présent un nouvel objet. Ce n'est pas tant sur le plan métaphorique que c'est intéressant que sur le plan de la restructuration ainsi engendrée. Comme les prolongements des panneaux, comme l'inversion de certains dessins qui avaient été vus, au départ, d'une certaine manière, et qui à l'arrivée se présente d'une autre manière.

Lucien Dällenbach - Est-ce qu'il n'y a pas, sous-jacente à l'ensemble de votre communication, l'idée d'une valorisation du texte qu'on pourrait peut-être mesurer, justement, à la force de dérive par rapport à ce que vous appelez "original"? Est-ce que vous iriez dans ce sens?

Ghislain Bourque - L'incomplétude qui apparaît dans les oeuvres analysées (les oeuvres d'art) n'en est pas moins un dispositif qui, ici, est en action dans le texte de Butor. L'analyse comme telle aurait pu s'arrêter strictement sur ce qu'on peut appeler une dérive du continent, c'est-à-dire du continu. Et regarder quelles sont les pièces mises en place pour programmer cette dérive. Le risque pris c'est le coefficient de scriptibilité qui existe dans la dérive de l'incontinent - et qui mériterait peut-être une annonce, une bande-annonce comme on la trouve dans les programmes érotiques à la télévision. Mais je pense que par cette dérive de l'incontinent - c'est peut-être une métaphore structurelle - j'essaie de montrer qu'il existe une possibilité de construire à nouveau l'écriture qui nous est proposée parce qu'elle-même a mis en place des dispositifs qui aident à sa reconstruction; qui ne se fixent pas sur l'original concerné. Par ce biais, il est intéressant de constater que chaque oeuvre, ou chaque petit texte - aurait-il pour mandat d'être une introduction et donc une fonction définie - devient un texte indéfini, à compléter, à réorganiser.

Lucien Dällenbach - Est-ce que le problème de la valeur ne subsiste pas? Prenons l'écriture automatique: on pourrait dire que c'est de l'ordre de l'incontinence totale. Est-ce que le choix de textes plus ou moins intéressants aurait une incidence?

Ghislain Bourque - Sans aller comparer des catégories de textes, je crois qu'à partir du moment où des liens sont possibles, où un texte arrive à faire valoir un certain nombre de liens, un travail appréciable peut se faire. Lorsque, serait-il automatique, le texte n'arrive pas à faire fructifier un certain nombre de liens, ça tombe en déshérence comme on dit, ça n'a pas de succession. Sitôt reconnu un petit mécanisme, il meurt, dans ces conditions. On peut certes, par euphorie, repérer un certain nombre de mécanismes qui localement fonctionnent. Le problème est d'établir un lien entre plusieurs d'entre eux. Lorsqu'on arrive, par opérations paramétriques, à trouver des liens qui pourraient se construire entre tel fragment apparu au début et tel fragment au milieu ou à la fin, là on peut dire qu'il y a de la valeur qui est en train de s'ajouter au texte parce qu'il y a parcours. Parce qu'un autre parcours est possible.

Lucien Dällenbach - A la faveur des deux problématiques qui ont été à notre menu ces jours-ci, bien des questions ont été soulevées que Michel Butor va, maintenant, reprendre. Je voudrais, pour ma part, en préciser quelques-unes. Tout d'abord en ce qui concerne la distinction entre intertextualité et dialogisme: on peut grosso modo définir l'intertextualité par les types de rapports possibles d'un texte à un autre, qu'il s'agisse du texte littéraire ou du "texte" de la culture. Par contre, pour le dialogisme, c'est plutôt le rapport à l'autre, à l'altérité, qui se trouve concerné. Ces deux problèmes sont fondamentaux pour la littérature et entraînent bien des interrogations quant à l'oeuvre de Michel Butor. Ainsi: quel est le répertoire des citations de Michel Butor? Quelle est la typologie des prélèvements textuels? Où se joue le travail de la réécriture?... Toutes ces questions ont défilé parmi nous. En entendant lire *Où* hier soir, et citer ces longs passages du *Livre de Mormon*, je me suis demandé si le problème des prélèvements textuels n'avait pas partie liée avec une sorte de dépassement du roman. Autrement dit: est-ce que Michel Butor n'a pas abandonné certaine forme romanesque dans la mesure où cette forme ne permettait pas d'articuler une histoire, un ensemble d'histoires, sur des textes culturels? J'aimerais bien entendre Michel sur ce point.

Il y a également la problématique des classiques qui a été abordée. Son ami Jean-François Lyotard parle de la crise des grands récits fondateurs. On pourrait dès lors se demander, puisque Michel Butor aime citer les *auctoritates* pour les subvertir, si cette crise, aujourd'hui, des autorités culturelles et littéraires rejoint sa pratique.

Enfin, en ce qui concerne le dialogisme, sans doute faudrait-il considérer l'articulation d'un dialogisme culturel avec un dialogisme personnel - et je pense ici au beau texte que Butor a écrit à la mort de son ami Georges Perros; où, sans qu'il soit fait recours à l'Indien ou à l'aborigène, on ressent une altérité très forte, le lecteur étant lui-même altéré par cette écriture.

Eberhard Gruber - J'aimerais ajouter une question dans le prolongement de celles-ci. Quelle est la place de la critique face à une écriture ou à une logique d'écriture telle que vous la pratiquez, Michel Butor, et qui est une écriture de l'inclusion? Je crois que la critique a des difficultés à prendre ses distances par rapport à cette pratique qui l'aspire; et on risque de tomber facilement - et heureusement, car il y a une sorte d'euphorie à cela - dans la variation, la variante, la répétition. Il s'est dit également, ces-jours-ci, que par cette approche d'inclusion tout est transformé, que rien ne se perd. Or je pense qu'il y a, dans ce procès de transformation, un lieu de résistance qu'il faudrait questionner.

Michel Butor - Je vais reprendre ces questions dans l'ordre et sans doute en toucher d'autres au passage. Examinons d'abord le fait de ces citations qui sont des prélèvements. Dans un texte comme *Où*, la citation est évidemment un lien de signification entre un livre qui s'intitule *Où* et un autre livre, *Le Livre de Mormon*, qui est dans une autre langue. Le phénomène de traduction est par conséquent très important. la citation est toujours un geste actif, mais pour que cette pratique soit intéressante, il faut que l'action du citeur diffère de la citation traditionnelle, "doxique", pour employer un terme qui a été utilisé. Le seul fait de choisir dans un texte d'autres citations que celles que l'on a coutume de prélever, transforme le relief de ce texte. Si je considère d'autres parties, je vais faire apparaître dans une lumière nouvelle les citations déjà connues; et c'est alors que je vais inviter le lecteur à vérifier, à relire l'ouvrage d'une façon différente.

Quant à la façon dont la citation se comporte par rapport au texte d'où elle est extraite et par rapport au texte dans lequel elle est incluse, voilà un vaste champ de prospection! Déjà, par rapport au texte d'où elle provient, la citation peut offrir bien des types. On peu préférer des fragments qui forment déjà des unités bien closes, par exemple un des *Essais* les plus courts de Montaigne. C'est ainsi opter pour quelque chose qui a déjà une existence séparée à l'intérieur du texte originel. Je peux au contraire découper le texte de telle sorte que j'en montre l'organisation. Dans le premier cas, la coupure est naturelle et respecte l'articulation ménagée par l'écrivain. Dans le second, l'articulation, le passage, deviennent apparents: en tranchant à l'intérieur du membre, je dévoile toutes sortes d'autres aspects de l'organisation. De plus, par rapport au texte citeur, la citation peut se détacher plus ou moins. Elle peut apparaître comme un objet étranger, un objet que l'on met sous verre en quelque sorte et par rapport auquel on gardera une distance constante. Inversement, la citation peut intervenir de façon tout à fait mobile, changeante. Si c'est un personnage de roman qui fait une citation, celle-ci "habite" le texte citeur; mais je peux aussi procéder par citations à relais: Un tel dit que Bakhtin a dit que Rabelais a dit.... Ainsi la citation a-t-elle, chaque fois, une "habitation" que l'on peut étudier à l'intérieur du texte récepteur; et évidemment, des effets très divers vont advenir *autour* de la citation. On pourra obtenir dans le texte citeur des effets de glose, des

effets de commentaire; ou bien au contraire des effets d'adoption, d'identification, en particulier lorsqu'on disposera des variations. Car on peut citer un texte fidèlement et de façon conforme; on peut aussi le citer en le transformant. En ce cas, pour que la variation soit perçue comme telle et que ce travail d'appropriation ou d'intégration puisse être réalisé, il convient de choisir un fragment très connu.
Le Livre de Mormon est un texte qui, à l'origine, m'apparaissait comme tout à fait étranger. Le plus souvent, d'ailleurs, les écrivains auxquels je m'intéresse m'apparaissent d'abord étrangers: ils me fascinent mais je ne sais pas quoi en faire. Et puis un jour, il faut que je réussisse à... cohabiter avec eux de façon plus consciente, de façon plus claire. Ainsi pour Montaigne: j'avais une admiration très lointaine à son égard; Montaigne était pour moi "l'auteur" dont je ne réussirais jamais à parler; parce que c'était le Montaigne de la doxa, le Montaigne de l'accumulation, ce qui constituait pour moi une limite. Puis voilà qu'un jour un éditeur me demande de faire une Préface pour les *Essais*. C'était un honneur accablant; j'étais tout près de refuser. Mais il a ajouté: nous allons publier l'ouvrage de Montaigne en trois volumes; naturellement, si vous voulez, vous pouvez changer l'ordre des *Essais*... vous êtes libre (rires). J'ai aussitôt pensé que je ne pouvais pas laisser faire une chose pareille (rires); j'ai en somme écrit ce travail pour qu'il n'y ait pas quelqu'un d'autre qui fasse ce que je considérais comme une abomination. Et immédiatement, je me suis rendu compte que j'avais quelque chose à dire! Peu à peu, j'ai senti en Montaigne comme un grand frère dont je pourrais parler indéfiniment. Mais...c'est un grand frère retors dont je me méfie! Pour Rimbaud, c'est pareil. Au début, il y a eu la distance, l'altérité et pendant des années je me suis senti incapable de parler de Rimbaud car il était pour moi celui qui avait fait ce que je ne réussirais jamais à faire: il avait écrit ses textes à dix-huit ans. C'était le météore, le miracle. La fulgurance, l'inspiration... Et puis je me suis aperçu, peu à peu, que ce n'était pas vrai; que l'on pouvait retourner les choses. J'avais, en Rimbaud, tout de suite senti un frère - mais dont je ne pouvais pas parler. J'ai réussi, tout de même, à en parler un peu et à faire que les gens, au moins, se posent des questions. Auparavant, ils croyaient savoir et maintenant ils ne savent plus: alors, peut-être vont-ils se mettre à lire... Pour en revenir à Joseph Smith, son texte au début me faisait un peu

horreur, mais il me fascinait malgré tout car il était lié à un des problèmes fondamentaux du continent américain: disons, le scandale de l'inexistence de l'Amérique à l'intérieur de la culture classique et surtout de la Bible. De sorte que le continent américain est apparu en même temps, et d'une façon passionnante, comme un ciel et comme un enfer. Comme un Eldorado et comme le continent interdit. Et les sectes américaines sont à cet égard passionnantes à étudier car nombre d'entre elles naissent de cette déchirure géographique de la conscience chrétienne traditionnelle. Les Mormons notamment s'efforcent d'apporter une réponse. Dans ma citation des textes de Joseph Smith, il y a donc à la fois un éloignement - Joseph Smith est tenu à l'écart, il y a quelque chose que je repousse - et un système de communication, car je veux comprendre ce que je repousse. Les guillemets vont, par exemple, jouer des rôles différents selon les passages du texte. Ici, il faut revenir sur cette question essentielle de la traduction. Elle permet toutes sortes de degrés car il s'agit toujours de savoir qu'est-ce qu'on traduit dans un texte. Disons que la littérature explore l'écart entre la langue scientifique qui est un rêve de traductibilité absolue, et la langue quotidienne; et qu'elle s'installe par suite dans la difficulté de la traduction - dans la différence. Or, la traduction qui est forcément interprétation, va être un révélateur pour le lecteur et l'anamorphose qu'elle produit fait sortir toutes sortes d'éléments. On peut ainsi traduire non seulement la surface d'un texte mais aussi ses replis; on peut ouvrir le texte et là intervient la question de l'étymologie. Prendra-t-on le terme dans son acception courante? Ira-t-on chercher l'histoire du mot? Et dans ce cas, à quel moment s'arrêtera-t-on? Les traductions qui figurent dans mes ouvrages ne sont jamais innocentes. Elles montrent des qualités, des défauts, qui éclairent le texte avec des projecteurs différents. Cela ressemble à la microscopie où l'on est obligé de colorer une préparation pour faire ressortir un certain nombre d'éléments: selon la coloration employée, c'est autre chose que l'on voit.

Le texte de Joseph Smith à l'intérieur de *La Neige entre Bloomfield et Berna* dans *Où* est donc tantôt présenté comme un repoussoir, tantôt en communication avec les deux autres textes qui sont *La Femme assise* d'Apollinaire et *Le Livre de Monelle* de Marcel Schwob. Les passages de Joseph Smith viennent tout naturellement éclairer ceux-ci et, inversement, les passages d'Apollinaire et de Schwob viennent critiquer ou ridiculiser ceux de Joseph Smith. J'ai été servi par la symétrie des titres qui me permet des passages subreptices. La façon dont on nomme l'auteur est évidemment très importante dans ce genre d'opérations. On peut donner le texte, puis signaler à la fin: "dit Joseph Smith". On peut aussi contrôler les ambiguïtés d'auteur: sans rien changer, j'ai fait des citations traîtresses mais aussi fidèles que possible. Cela par des effets de contexte, par le travail du découpage et de la juxtaposition. Si bien qu'on peut avoir l'impression qu'on lit un texte de Schwob alors que c'est un texte de Smith, et réciproquement. Quelque chose de tout à fait nouveau apparaît ici.

Quant à la question de l'abandon du roman et du rôle que la citation joue dans cet abandon: dans *Degrés*, il se trouve un nombre déjà considérable de citations et c'est à cet égard un livre charnière. Ces citations sont tirées du matériel livresque de l'enseignement secondaire français, ce qui me permet plusieurs étages de références. Par exemple, je cite Marco Polo tel qu'il est cité par Voltaire, puis tel qu'il est cité à l'intérieur d'un manuel scolaire classique etc... Toute une architecture s'esquisse ici. Cette liaison entre les textes qui est très importante pour moi, se trouve déjà dans *Degrés*, mais je ne pouvais l'augmenter sans provoquer un déséquilibre où le texte encadrant, le texte incluant, se mettrait à éclater. C'est ce qui se passe avec *Mobile*. Dans les romans précédents, il y a parfois de longues phrases. Dans *Mobile*, la phrase est devenue tellement longue que, pratiquement, le livre est à l'intérieur d'une seule phrase. Certes, il y a tout un système de parenthèses et donc de sous-phrases mais la structure d'ensemble fonctionne comme s'il n'y avait qu'une seule phrase. A l'intérieur de cette immense phrase, les éléments jouent les uns avec les autres avec une proportion de citations considérable. Si j'avais voulu mettre là une intrigue, au sens habituel du terme, cette intrigue n'aurait pas vraiment eu de place. Ou alors, il aurait fallu faire un livre qui eût été au moins le double de celui-ci. Je me suis donc arrangé pour renverser la proportion et pour ménager un espace dans lequel pouvaient tenir à la fois des citations et des passages où je parlais en mon nom propre: des instants autobiographiques. Ces derniers toutefois sont organisés de telle sorte qu'ils sont commentés de la même façon par les citations que les citations sont commentées par eux et qu'elles se commentent les unes les autres. C'est certainement cela qui m'a conduit à l'abandon de la forme

romanesque puis à la constitution de livres dans lesquels autobiographie et citations se marient. De telle sorte qu'il y a une production d'effets romanesques constants: il y a une effervescence romanesque, il y a du roman qui fourmille, qui se met à jaillir de partout.
Et la critique dans tout cela? Qu'est-ce que je vais demander à la critique? Ou plutôt: Qu'est-ce que je vais laisser faire à la critique? Est-ce qu'il y a encore de la place pour la critique? Mais bien sûr! La preuve c'est que vous êtes là, que vous dites des choses passionnantes et que vous êtes inépuisables. J'apprends toutes sortes de choses sur mes livres qui m'intéressent infiniment car vous faites justement ce travail: vous me lisez de telle façon que, grâce à vous, je me lis autrement que je m'étais lu jusqu'à présent. Je vois des envers de mes textes que je n'aurais pu découvrir seul et qui avaient besoin de vous. Il y en a trop. Je ne peux citer d'exemples. Ce serait injuste. Ce serait là une citation d'une violence terrible. Je vous remercie tous également.

DISCUSSION II

LA NOTION DE "GENRE" EN QUESTION

Lois Oppenheim - Le genre littéraire de l'autobiographie, qui est une forme d'écriture assez nettement codifiée, apparaît bien fortement subverti par l'ouvrage de Michel Butor. Mais cette subversion semble être, ces dernières années, une visée commune à certains nouveaux romanciers. En particulier, est-ce qu'il n'y aurait pas malgré tout, Béatrice Didier, une certaine similitude du *Retour du boomerang* avec le texte autobiographique de Nathalie Sarraute qui s'intitule *Enfance*?

Béatrice Didier - Les deux textes me paraissent différents, surtout parce qu'il n'y a pas, chez Sarraute, cet aspect du dialogue qui change tout, qui donne une liberté, un sentiment de libération dans l'ouvrage de Michel Butor. Sarraute écrit davantage un texte du repliement, Butor un texte d'ouverture.

Lucien Dällenbach - Est-ce que ce dialogue va plutôt dans le sens du dialogue platonicien, ou plutôt dans le sens du dialogue diderotien comme *Le Neveu de Rameau*? Est-ce que Butor ménage des zones, des points de fiction? Dans quelle mesure s'inscrivent-ils dans le dialogue?

Béatrice Didier - Il n'y a pas les heurts du *Neveu de Rameau*; sans doute aussi parce que l'interlocutrice qu'il a créée n'est pas un personnage aussi pittoresque! Mais elle est tout de même davantage que l'interlocuteur du dialogue platonicien qui se contente de dire: "Oui, certes, assurément". Au fond, Butor la charge de la polysémie de son oeuvre. Il la charge de donner des interprétations par rapport auxquelles il pourra marquer un retrait ou suggérer d'autres voies. L'interlocutrice fait donc saillir la polysémie de l'oeuvre plutôt que les contradictions.

Mireille Calle-Gruber - Je crois que tout a lieu dans le tressage de deux types de protocoles de lecture, ceux de l'autobiographie et ceux de la critique, dont tu as montré avec humour qu'ils étaient noyautés par Michel Butor. Je me demande si tout ne se joue pas - et là réside à mon sens la différence avec Sarraute - sur une façon bien singulière de tordre le texte sur le paratexte. L'autobiographie, traditionnellement, ainsi que le signale Lejeune, fait sortir le personnage fictif, objet d'autobiographie, à la surface de la couverture, par la similitude du nom. Ce qui donne un effet de réalité attestée, un effet de vie. Au contraire, avec le personnage de "Béatrice Didier" qu'il te prête, le nom qui d'habitude a une existence de paratexte aux PUF - "collection dirigée par Béatrice Didier" - se trouve, par cette manipulation de Michel, aspiré à l'intérieur du livre où il prend un statut romanesque. Si bien que, dès le début, le lecteur assiste à cette migration des noms et des fonctions, se trouve pris dans la torsion entre, d'une part des protocoles autobiographiques assez traditionnels qui le ramènent à la familiarité d'un effet de réel, d'autre part, qui les contre-balancent, un effet de fictif qui s'affiche et dont tu as si bien montré le schéma. Ce serait là, je crois, la zone franche que tu signalais, zone franche dont Michel Butor aurait besoin pour avoir les coudées franches: pour parler. Se livrer.

Béatrice Didier - Tout à fait, je suis tout à fait d'accord avec ton interprétation. L'interlocutrice permet d'établir cette zone franche qui donne du jeu au dispositif autobiographique.

Jennifer Waelti-Walters - Mon commentaire touche à ce que Mireille vient de dire car d'après cela, on conviendra que Michel Butor est arrivé à transformer l'autobiographie afin de la faire ressembler à ses textes de critique où il parle de lui-même et de son oeuvre par personne interposée. Ici, les interprétations qu'il vous prête en tant qu'interlocutrice, lui permettent de réagir contre ses propres interprétations. Et de nous laisser dans l'ambiguïté.

Pierre Gobin - La ruse de Michel Butor est de former un chiasme entre Moi et Lui. Car le Moi de Diderot ressemble fort à Elle - Béatrice Didier; et le jeu du programme et de la dérive est alors présenté de façon quasi théâtrale. Ce n'est pas la personne mais *la persona* Béatrice Didier qui devient en quelque sorte le théâtre rationnel où s'analyse l'oeuvre. Sauf que la liberté requise n'est pas celle d'un excentrique, mais de Michel Butor.

Leon S. Roudiez - Cette aventure confirme que nous sommes tous des personnages de roman...pour les autres!

Béatrice Didier - Mais aussi pour nous-mêmes, à partir du moment où nous sommes écrits: "Michel Butor" devient tout autant un personnage que "Béatrice Didier".

Leon S. Roudiez - Nous avons, avec *Le retour du boomerang*, un entretien fictif, un faux entretien. Je me demande si on pourrait avoir une fausse correspondance où aucune lettre ne serait véritable?

Béatrice Didier - C'est le roman par lettres! Il faut en revenir à la page de titre. Si c'était une vraie correspondance, on aurait pour signataires Michel Butor et Béatrice Didier. Le fait qu'il n'y ait qu'un nom indique déjà que c'est lui qui a écrit et qu'il s'agit d'un dialogue ou d'une correspondance fictive.

Aline Baehler - J'ai été très impressionnée par la communication de Frédéric-Yves Jeannet dont j'ai découvert le livre *De la distance* voici quelques mois. Il me semble que ce livre apporte une réponse à la question que posait hier Eberhard Gruber, à savoir: une critique est-elle possible lorsqu'on a une écriture comme celle de Michel Butor, qui donne l'impression d'une oeuvre un peu impérialiste, qui va s'accaparer de tous les discours? Y a-t-il place pour le critique? Le livre de Jeannet est une réponse passionnante parce qu'il est une façon de dialogue entre ces deux voix, façon de reprendre à son compte et de renverser ce que Michel Butor à mon sens fait avec les oeuvres des autres pour retourner sur lui le processus. En lisant ce livre, j'ai l'impression effectivement qu'on peut s'inscrire dans une généalogie d'écriture comme Michel Butor le fait - et que l'oeuvre de Michel Butor est aussi là pour que la critique et les écrivains en fassent à leur tour quelque chose. Et je pense à ce que disait Duras à propos d'un jeune auteur qui avait repris, sans citer sa provenance, un de ses personnages: que le monde aille à sa perte, que tout circule, que tout fructifie. Ce que j'ai fait, ça m'est égal, tout le monde peut le reprendre et en faire ce qu'il veut. Il me semble que l'oeuvre de Butor, même si elle paraît imposante et serrée dans toutes ses mailles, est aussi soumise à ce principe de contamination, d'expansion, de dissémination.

Jennifer Waelti-Walters - Je voudrais adresser ma question à Brian Fitch dont la communication me place face à un *vous* et à un lecteur rigoureusement masculins. Et je me demande quel espace psychique va être produit par une lecture de femme. Est-ce que l'apprentissage de lecture dont vous avez parlé pour ce texte peut être le même pour une lectrice et pour un lecteur?

Brian T. Fitch - On m'a déjà posé la même question à propos de *La chute* de Camus! (rires). La langue a le bonheur ou le malheur de distinguer les genres, cette distinction est donc indiquée dans le texte. Pour Camus, la situation est plus précise par rapport à la réception puisque l'interlocuteur à la 2ème personne se trouve désigné par son identité sexuelle. Ce n'est pas le cas du texte de Butor. Dès que le *vous* est instance lectorale, l'impact du texte fait que ce *vous* peut être une femme comme un homme. C'est là un premier niveau: linguistique. Au second niveau, il s'agit de considérer la capacité, pour chacun de nous, de créer dans notre imagination un aspect psychique que l'on estime représenté dans le texte. Que cet aspect soit ou non caractérisé par un genre, cela me paraît relever de l'anthropologie plus que de la littérature.

Jennifer Waelti-Walters - Je ne lis pas avec l'idée que j'ai été exclue, mais je constate qu'il y a une perspective nécessairement différente et qu'il serait peut-être intéressant d'explorer et d'incorporer à votre interprétation - laquelle tient très bien pour un lecteur qui s'identifie au personnage homme, à son attitude envers les femmes, une femme-Nature, une femmelabyrinthe, une femme-ville et tout ce substrat de notre culture. Une lectrice aura forcément un rapport différent à ce substrat. Certes, on peut avoir deux attitudes: ou bien on lit le texte selon la gymnastique habituelle de l'étudiante à qui on a appris à s'identifier à l'homme et à se boucher les oreilles; ou bien on peut arriver d'un autre point de vue qui a, me semble-t-il, son droit à l'espace psychique. Cette seconde possibilité d'une lecture de femme serait une lecture qui n'exclut pas, qui ajoute, qui enrichit, peut-être de façon inattendue, le roman. Après tout, l'oeuvre de Butor est tissée de femmes. Un fil sur deux est un fil de femme.

Brian T. Fitch - Bon, je vous donne une lecture féministe qui me vient à l'esprit en vous écoutant. S'il s'agit d'une lectrice, le *vous* impératif va prédominer car, n'étant pas dans une position masculine, elle n'a aucune raison, en tant que femme, de demeurer dans la situation du lecteur recevant des consignes de Michel Butor pour lire ce texte. Cela donnera donc une interprétation toute différente.

Béatrice Didier - Mais il y a là un problème grammatical incontournable. Si on écrit: "Vous êtes monté dans le train", au masculin on met "é", au féminin "ée". Et dès la première phrase le choix se fait. Je ne vois pas comment la langue française pourrait permettre autre chose!

Gamila Morcos - Je vois une similitude entre *La chute* et *La modification* qui porte peut-être un autre éclairage sur la question. On peut en effet rapprocher ces deux oeuvres si l'on interprète *la Modification* comme un monologue intérieur entre un "vous" initial et un "il" qui lui répond, au chapitre VII notamment. L'identité de "vous" qui parle au "il" se retrouve après une longue descente aux enfers, et cela se concrétise par un "je" à la fin du volume. On pourrait donc procéder comme pour *la Chute*, mais avec un élément supplémentaire pour *la Modification*: le "vous" initial interpelle le lecteur quel que soit son sexe et le lecteur-femme profite tout autant de cette épreuve initiatique, de cette descente aux enfers, de cette invitation de Michel Butor qui lui dit: Faites comme moi, faites votre examen de conscience. Il n'y a là, à mon sens, aucune position pour ou contre le féminisme.

Lucien Dällenbach - Ingarden et Iser font une différence entre les consignes de lecture et ce qu'ils appellent *Leerstellen*: ces blancs sémantiques, ces trous dans le texte qui sont en quelque sorte une structure de l'activité du lecteur; lequel devient actif en remplissant ces trous et en constituant le texte. Où voyez-vous ces trous dans *la Modification*? N'avez-vous pas tendance à lier consignes et remplissage lectoral dans la mesure où le narrateur implicite dit "Imaginez!"?

Brian T. Fitch - J'ai soutenu en effet qu'il s'agit d'une appropriation et que celle-ci advient par la fusion des deux processus que vous signalez. Inévitablement, dans l'image mentale de l'univers du livre, ce remplissage a lieu; de même qu'advient la fusion des deux horizons du lecteur et de l'oeuvre, car Léon Delmont c'est moi. En fait, lisant les histoires des personnages, nous lisons notre propre histoire: pour la simple raison que c'est notre création.

Lucien Dällenbach - Si l'on compare *la Modification* et *la Jalousie* de Robbe-Grillet, ces oeuvres présentent le même schéma d'un ménage à trois. Pourtant, dans *la Modification*, il n'y a pratiquement pas de jalousie. Ce n'est pas parce que Michel Butor serait exempt de tout affect jaloux, mais c'est en raison, je pense, de la fin du roman qui fait dévier le récit dans une perspective culturelle. Il semble assez normal, dès lors, que la femme ait une position ambiguë: ce n'est pas un roman de la femme; on ne saurait prendre ce roman pour faire un bon ou mauvais procès à Butor.

Mireille Calle-Gruber - *La Modification* se situe dans la perspective générale du Nouveau Roman qui récuse l'identification psychologique. Dans cet ouvrage, la problématique culturelle est une façon de relayer la problématique psychologique et de susciter l'identification à un autre degré: là où le "genre" sexuel se fond dans le "genre" littéraire et artistique occidental. L'identification se fait alors par rapport à un mode de penser (le centre), à un goût, des canons esthétiques, une bibliothèque commune.

Jennifer Waelti-Walters - Mais le roman est tout de même bâti sur la dualité des genres entre Léon Delmont et les deux femmes! Il fonctionne à cause de la différence des genres!

Eberhard Gruber - Je me demande si on peut maintenir la distinction entre monologue et dialogue. L'oeuvre de Michel Butor est telle qu'il me semble qu'il y a impossibilité du monologue et que tout, d'une certaine manière, se situe du côté du dialogue. D'où un certain nombre de conséquences. D'abord, on ne peut plus *se* parler car *se* n'existe plus comme tel, il indique que quelque chose s'est déplacé; et ce déplacement a quelque chose de très libérateur. D'autre part, si on ne peut plus *se* parler, il y a nécessairement une sorte de mélancolie à l'égard de ce qui a disparu; une sorte de nostalgie d'un "je" pur, d'un monologue pur. Et cela conduit à se demander si on peut parler "d'appropriation" d'un texte littéraire. Je ne crois pas. Si quelqu'un contrétise le texte littéraire comme vous l'avez explicité, Brian Fitch, je crois qu'interviennent deux gestes: le lecteur ne peut concrétiser le sens latent du texte qu'au moment où il effacera sa propre lecture. En outre, pour ce qui est des "Leerstellen", n'est-ce pas là un terrain miné, car ce concept se fonde encore sur une dichotomie? Il me semble que ce trou est idéologique car le trou fait miroiter un plein... qui n'existe pas davantage. Ce qui règne c'est plutôt une certaine manière de ligne de partage où le monologique est déjà un dialogue qui dépasse la singularité sexuelle.

Brian T. Fitch - Je pense que l'on a deux registres différents. Le monologue et le dialogue sont des catégories de l'oralité. Dès qu'on a du texte et de l'intertextualité, on a des collages, des juxtapositions; ce sont des textes qui se parlent et cela part dans tous les sens et devient un multilogue.

Annette Hayward - En ce qui concerne le genre féminin, d'autres textes de Michel Butor, postérieurs à *la Modification*, peuvent nous donner une indication de lecture. Je pense en particulier au second *Génie du lieu*, *Où* et au Mont Sandia: par la description et l'extraordinaire sensualité qu'elle évoque, le Mont Sandia est plus femme qu'un personnage de femme!

Pierre Gobin - Comment faut-il lire, Michel Butor, le nom de Pierre

Eller? Est-ce l'anagramme de "réel"? Est-ce que c'est "elle" et plus qu'elle avec un comparatif? Est-ce que c'est "réelle" avec deux "l", ou bien l'Indien qui évidemment reprend le fardeau?

Michel Butor - Sur cette question précise il est difficile de répondre: comment retrouver ce à quoi on pensait alors qu'on a, depuis, fait d'autres choses et refoulé ce moment-là? J'ai oublié la façon dont je pensais quand j'ai écrit ce livre; et je suis presque comme les autres aujourd'hui, c'est-à-dire que pour savoir je n'ai qu'une solution: lire le texte. Je ne sais donc plus pourquoi je l'ai appelé Eller. Un critique avait noté que "eller" signifie "aune" et que ce personnage est donc lié à la notion de mesure, et par là à tout le thème de *Degrés*. J'ai trouvé cette interprétation très bien et je l'ai adoptée. Mais je suis prêt à accepter toutes celles qui seront enrichissantes pour le texte.
Quant au féminin... Oui il y a du féminin dans mes textes, et une passion du fémimin, c'est certain. La littérature a été pour moi un moyen d'aller à la recherche et à la conquête du féminin. Je voudrais ici soulever un point. Chez un certain nombre de grands romanciers traditionnels, le lecteur est considéré normalement comme une lectrice. C'est un élément qui peut beaucoup nous aider. Rousseau, par exemple, dans la préface de *la Nouvelle Héloïse*, montre cela admirablement. Au XVIIIème et au XIXème siècles, le lecteur de roman est une lectrice pour la simple raison que, dans un certain contexte social, c'est la femme qui a le temps de lire des romans. Rousseau s'adresse "d'abord" à la lectrice et peu à peu, à travers elle, il touche d'autres lecteurs.
Il est fort intéressant d'avoir aujourd'hui, pour thème du débat, *le genre*. Car en français *genre* a la particularité magnifique de désigner une catégorie biologique et une distinction à l'intérieur de la littérature. Le fait que ce soit le même mot cache quelque chose; et il faut examiner les relations entre le masculin, le féminin et le neutre, ou plus exactement *les* neutres, car selon les langues le neutre n'a pas du tout la même valeur - le neutre en anglais n'est pas du tout équivalent au neutre en allemand. Ainsi, en français, avons-nous une apparente universalité de la distinction masculin/féminin mais il n'y a pas, par exemple, de distinction masculin/féminin pour les pronoms personnels sauf à la troisième personne. La relation entre masculin et féminin, en outre, n'est pas la

même selon les différents genres littéraires. On entend, n'est-ce pas, par genre littéraire un ensemble de lois ou de règles régissant une certaine cérémonie littéraire où le texte joue un rôle extrêmement important à l'intérieur de la société. Les relations entre écrit et oral notamment, ne sont pas les mêmes dans ces cérémonies que nous percevons maintenant par la notion de genre. La différence est grande entre roman et théâtre, à cet égard. Et les nouveaux genres littéraires que nous fournissent les moyens techniques actuels vont produire d'autres relations entre l'écrit et l'oral. La radio, la télévision modifient à leur tour cette relation. Au XIXème siècle, la lecture de roman est une cérémonie solitaire; au Moyen Age, elle n'est pas solitaire. Et lorsqu'on nous lit un roman à la radio, nous avons une distribution de la réception tout à fait singulière.

C'est donc là un domaine qui reste à explorer: on commence seulement à découvrir comment, selon les genres littéraires, la relation entre masculin et féminin varie. Je mentionnais Rousseau. Il me suffit encore de rappeler Balzac, la première page du *Père Goriot* où on voit la lectrice dans son fauteuil qui, de sa blanche main, tourne les pages. Car le roman de Balzac s'adresse non seulement à une lectrice privilégiée qui s'appellera Madame Hanska à une époque, mais d'une façon générale, il se représente le premier destinataire de son texte comme une lectrice. Cela ne l'empêche pas d'écrire pour que Rastignac puisse prendre le pouvoir. Mais c'est parce que Delphine de Nucingen va lire Balzac qu'elle pourra transmettre la lecture de Balzac à Eugène de Rastignac. Il y a donc, pour le roman traditionnel, dans l'acte de lecture lui-même, une relation entre le masculin et le féminin. Certes, il est tout à fait vrai que la jeune lectrice de livres pour enfants s'identifiera aux personnages masculins: mais je me situe là *avant* l'identification aux personnages; au lieu d'un immense travail où le féminin, déjà, joue de façon très importante.

Bien sûr, cette représentation chez Rousseau et Balzac d'un lecteur qui est une lectrice, est liée à tout un système de domination. On considère alors que l'auteur est un homme et la lectrice une femme: s'installe ainsi une relation *d'autorité*. Et en ce sens - où l'auteur dit à la lectrice ce qu'elle doit faire - on peut considérer qu'il y a beaucoup de lectrices chez les lecteurs. Si bien qu'une transformation de la lecture par un certain nombre de procédés va permettre de transformer ces relations entre le masculin et le féminin dans la production romanesque. Et on pourrait développer toute

une problématique à partir de là.
En outre, du côté de l'écrivain, à l'intérieur de l'écriture, les représentations sexuelles et sentimentales jouent un rôle très important. On sait bien qu'il y a toute une imagination sexuelle de l'acte d'écriture, selon des métaphores toutes simples comme: le vierge papier que la blancheur défend.... A travers le papier, la plume, la marque de l'encre noire, l'imprégnation de cette marque originelle du manuscrit, à travers l'imprimerie ensuite, toute une vaste relation du masculin et du féminin s'organise. Se met en scène. C'est pourquoi on peut comprendre que pour quelqu'un comme Flaubert, un écrivain femme soit une monstruosité! Au début, il déteste George Sand. Puis voilà que la lectrice "George Sand" se met à répondre à l'écrivain Flaubert; et elle lui répond comme cet auteur qu'elle est, dont la monstruosité est impressionnante; et elle se manifeste comme étant de plus en plus généreuse. Flaubert est par suite obligé de reconnaître *l'autorité* de George Sand, et cela donne lieu à des adresses de lettres absolument extraordinaires de Flaubert à George Sand; adresses dans lesquelles les genres du féminin et du masculin se mettent à vaciller et à entrer dans une danse étonnante: "Cher grand Maître adoré*e*", écrit-il. Ainsi trouve-t-on dans cette correspondance toute une série d'hybrides grammaticaux qui montrent bien le problème devant lequel Flaubert se trouve: par rapport à ses habitudes, par rapport à sa culture et par rapport à la langue française. Et pour parvenir à dépasser ces obstacles, il faut entreprendre tout un travail sur les formes, sur les genres, et même sur la langue.

Jean-Jacques Hamm - Il est apparu, au cours de ces journées, à travers les paroles de Michel Butor et dans la lecture de ses textes, une dimension à laquelle je suis très sensible et que je nommerais *la capacité d'émerveillement*. Par exemple, Michel Butor nous a parlé de l'ordinateur. Or, l'ordinateur, lorsqu'on en parle aujourd'hui, c'est pour en dire souvent tout le mal possible. Lui, au contraire, en retient l'influence, les fabuleuses capacités, la transformation qu'il entraînera sur l'esprit - et cela devient un instrument proprement merveilleux! Mais c'est de la même façon qu'il a écrit et qu'il nous a parlé des oiseaux... et en l'écoutant, je songeais aux tapisseries, Les Bestiaires, du Moyen Age et de la Renaissance. Nous avons ici beaucoup analysé la modernité: j'aimerais tirer Michel Butor dans l'autre sens, du côté d'un Moyen Age et d'une Renaissance qui ont vécu quelque chose qui tient de l'émerveillement. Je voudrais en somme, Michel Butor, vous poser cette question: quels liens établiriez-vous entre votre imaginaire et celui du Moyen Age et de la Renaissance qui me paraissent justement avoir en commun cette faculté d'émerveillement?

Michel Butor - Il y a des choses qui m'ennuient dans le monde. Le monde souvent m'agace. Mais il y a aussi des choses qui m'émerveillent. C'est pourquoi je pense que rien n'est perdu. J'espère qu'au troisième millénaire l'Histoire va vraiment pouvoir commencer! (rires) Jusque-là, cela a été une suite de balbutiements, de dérapages, mais rien n'est perdu; d'ici quelques siècles ça ira mieux et... nous serons tous émerveillés! (rires)
En ce qui concerne le Moyen Age et la Renaissance, je crois que la Renaissance, oui, a été, sûrement, une époque d'émerveillement. Je dirais, pas tant devant le nouveau que devant l'ancien retrouvé. Ce qui émerveillait les gens du XVIème siècle, c'étaient... les Anciens. Il y a très peu d'écrivains de l'époque qui aient su s'émerveiller par rapport aux transformations profondes de la réalité d'alors. Ainsi, la découverte de l'Amérique, pour nous, c'est essentiel. Eh bien, très peu se sont aperçus que c'était cela l'essentiel! Dans la littérature française, j'en connais deux: Rabelais et Montaigne. Et prenons la littérature de notre XVIIème, que ce soit chez les baroques ou chez les neo-classiques, le Nouveau Monde est presque inexistant. C'est au XVIIIème qu'il apparaît.
En ce qui concerne le Moyen Age, je dirai que le Moyen Age *nous* émerveille, mais je ne sais pas si les gens du Moyen Age étaient tellement plus émerveillés que nous. Bien sûr, il y a des moments, des constructions, des réalisations qui ont dû émerveiller. L'érection de certaines cathédrales par exemple. Mais à part ça, est-ce que le Moyen Age n'a pas été vécu de façon assez douloureuse? Loin de moi de considérer le Moyen Age comme Voltaire pour qui c'est un âge de ténèbres. Pour moi, c'est plutôt dans la mesure où je peux considérer que notre âge est encore un âge de ténèbres, que je dis cela du Moyen Age! Et puis, lorsqu'on utilise ces termes "Moyen Age", "Renaissance", on a l'impression de périodes équivalentes; mais ce n'est pas le cas, bien sûr. Le Moyen Age... cela fait dix siècles! Que nous connaissons très mal; de

façon grossière. Pourtant, j'essaie d'y trouver mon bien, et je le trouve parfois. Bien que la difficulté d'approche des grandes oeuvres littéraires du Moyen Age soit bien plus complexe encore que celles du XVIème. Il n'empêche; ces jours-ci, à Queen's, j'ai été plongé dans le Moyen Age, au début du XIIIème - du moins entre les séminaires que je donnais ici, aux moments de répit! En effet, je suis en train de préparer pour la fin du mois une prestation au Musée du Louvre, devant le tableau de Delacroix qui s'appelle *L'entrée des Croisés à Constantinople*. Il ne s'agit pas d'histoire de l'art. J'ai fait, pour cette intervention, un certain nombre de lectures et j'avais, en particulier, trois livres de chevet. Le premier était *l'Essai sur les moeurs* de Voltaire car je pensais bien que Delacroix et les croisades, ça ne devait pas être très positif pour lui. Vous savez sans doute que le tableau s'intitule *L'entrée des Croisés* mais qu'on le désigne très souvent comme: *La Prise de Constantinople*. Or, la différence est importante car selon le titre que l'on donne, on représente deux événements distants de quelques mois. Chez les historiens de l'art, cette confusion est constante.

Pour augmenter les possibilités de dialogue entre les personnages du tableau, j'ai lu, outre Voltaire qui était contre, un passage de Fourier dans *le Nouveau monde amoureux* qui était encore plus anti-croisade. Puis j'ai adjoint à mes lectures des textes de l'époque originelle: celui de Villehardouin sur la conquête de Constantinople et celui de Robert de Clari. Vous voyez donc que j'étais ces jours-ci plongé dans un certain Moyen Age... et que c'était, une fois de plus, pour en tirer quelques citations - qui me permettront d'inventer des histoires et d'écrire! (rires)

LISTE DES CONFÉRENCIERS

Laurent BAZIN, Université de Regina, Saskatchewan.
Thierry BELLEGUIC, Queen's University, Ontario.
Johanne BÉNARD, Queen's University.
Ghislain BOURQUE, Université de Chicoutimi, Québec.
Michel BUTOR, Université de Genève.
Mireille CALLE-GRUBER, Queen's University.
Antoine COMPAGNON, Columbia University.
Lucien DALLENBACH, Université de Genève.
Annick DESBIZET, C.N.R. de Musique, Strasbourg.
Béatrice DIDIER, Université de Paris VIII-Vincennes.
Brian T. FITCH, Trinity College, Toronto.
Pierre GOBIN, Queen's University.
Paul HASSOUN, Attaché Culturel, Consulat Général de France à Toronto.
Barbara HAVERCROFT, Queen's University.
Frédéric-Yves JEANNET, Université de Mexico.
Jacques LAMOTHE, Université du Québec à Montréal.
Lois OPPENHEIM, Montclair State College, New Jersey.
Michel PIERSSENS, Université de Montréal.
Leon S. ROUDIEZ, Columbia University.
Jean-Pierre VIDAL, Université de Chicoutimi.
Jennifer WAELTI-WALTERS, Université de Victoria, Colombie Britannique.
Metka ZUPANCIC, Washington College, Tennessee.

TABLE DES MATIERES

DISCUSSIONS AVEC MICHEL BUTOR

ACHEVÉ D'IMPRIMER
EN SEPTEMBRE 1991
PAR L'IMPRIMERIE
DE LA MANUTENTION
A MAYENNE
N° 309-91